GOTTESDIENST PRAXIS SERIE A

Arbeitshilfen für die Gottesdienste
zu den Sonn- und Feiertagen
des Kirchenjahres

Herausgegeben von Erhard Domay

Gütersloher Verlagshaus

GOTTESDIENST-PRAXIS

V. Perikopenreihe

Band 4: 10. Sonntag nach Trinitatis bis
Letzter Sonntag des Kirchenjahres

Gütersloher Verlagshaus

Die Deutsche Bibliothek - CIP-Einheitsaufnahme

Gottesdienstpraxis. - Gütersloh : Gütersloher Verl.-Haus.

Ser. A, Arbeitshilfen für die Gottesdienste zu den
Sonn- und Feiertagen des Kirchenjahres.
Perikopenreihe 5. hrsg. von Erhard Domay.

NE: Domay, Erhard [Hrsg.]; Arbeitshilfen für die Gottesdienste zu den
Sonn- und Feiertagen des Kirchenjahres

Bd. 4. 10. Sonntag nach Trinitatis bis Letzter Sonntag des Kirchenjahres. - 1995
ISBN 3-579-02888-X

ISBN 3-579-02888-X

Umschlagentwurf: Franz Wöllzenmüller, Oberhaching
Umschlagbild: © Benedikt Werner Traut, 79194 Gundelfingen
Brennpunkt 1972, Farbholzschnitt 58 x 66 cm
Satz: Fotosetzerei Steggemann, Herford
Druck und Bindung: Ebner Ulm

Gedruckt auf chlorfrei gebleichtem Werkdruckpapier

Printed in Germany

Inhalt

10. Sonntag nach Trinitatis

Annäherungen an den Predigttext
Jeremia 7,1–11

Manuela Handelsmann, Ralf Handelsmann

Die Gespräche über den Text haben uns viel Freude gemacht. Wir haben sie in vielen Gruppen geführt. Beteiligt waren ca. 120 sog. Laien mit ihrem Basiswissen (3 Klassen der Berufschule Buxtehude, 2 Konfirmandengruppen, Frauengesprächskreis, Kirchenvorstand, Teilnehmer einer Familienfreizeit, Frauen, die in der Gemeinde an verschiedenen Punkten mithelfen) und dazu zwei Pfarrkonferenzen, die sich zu einem Pastoralkolleg in Loccum getroffen hatten (Kirchenkreis Buxtehude und Kirchenkreis Flöha aus Sachsen). Letztere Gruppe ist gesondert aufgeführt, da, wo ihre Voten von dem Rest der befragten Menschen deutlich abweichen.

Welche Befindlichkeiten wurden nach einmaligem Hören ausgelöst?
Auch wenn vieles andere umstritten war, keiner der vielen Menschen, mit denen wir über den Text gesprochen haben, hat schon beim Lesen abgeschaltet. Jeder, jede wurde so oder so angesprochen. Dabei gab es auf der Gefühlsebene deutlich zwei grundsätzlich verschiedene Gefühlslagen. Etwa 75% der Gesprächspartner und Hörer des Textes bekamen sofort negative Stimmung. »Typisch Bibel und Kirche, immer reden ›die‹ einem ein schlechtes Gewissen ein,« so sagte ein Berufschüler, »Kirche und Freude und Spaß, das gibt es wohl gar nicht?« Diese Aussage ist typisch gerade für jüngere Menschen. »Ich fühle mich angeklagt, erpreßt, angegriffen, beschuldigt, verärgert über die Verallgemeinerungen ... usw.« Solche Adjektive waren immer dabei. »Der da redet, meint wohl mich, aber ich bin kein Mörder ...!« oder: »Auch wenn ich ja lieber zustimmen und genauso reden möchte, *das* meint wohl auch mich!« Solche Äußerungen waren die Regel, wobei der Grundtenor dann im weiteren in zwei Richtungen auseinanderging. Einmal blieb die Resignation, weil »man« das ja doch nicht schaffen kann, was da gefordert wird, und auf der anderen Seite waren Stimmen, die unter der Härte der Aussagen »kleiner« wurden und nach Fluchtwegen suchten.
Bei dem Rest von 25% der Hörer wurde spontane Zustimmung ausgelöst (eher bei älteren Menschen). »Jawohl, das ist mal glasklar gesagt, was bei uns dran ist, solche klaren Worte würde ich mir öfter wünschen und auch an die richtigen Adressen!« Häufig änderte sich die Lage im Laufe des Gesprä-

ches, so wie eine Frau es ausdrückte: »Zuerst wollte ich ja auch so ein Prophet sein, aber dann merkte ich, ich bin wohl doch *nur* Zuhörerin!« Eine Besonderheit bei jungen Menschen zwischen 14 und 19 Jahren fiel auf. Unverständnis und Ärger kam auf, weil die Meinung vorherrschte: »Ich denke, Gott hat alle Menschen lieb, wieso soll ich mich jetzt ändern lassen?« Oder: »Das ist doch feindlich gegen Andersdenkende, auf der einen Seite wird von multikultureller Gesellschaft geredet und dann doch wieder diese engen Grenzen.«

Welcher Inhalt wurde wahrgenommen?
Gott will, daß »man« sich gut verhält, das haben alle (auch ohne Klärung von Vokabeln wie Baal u. a.) gehört. Es gab in jedem Gespräch immer wieder spontane Transferleistungen und Übertragungen der genannten Verfehlungen auf die heutige Zeit. Ebenso unstrittig ist angekommen, daß Gott die Menschen unter Druck setzt, bzw. eine Entscheidungssituation herbeiführt, die mit aller Härte »Gute« von »Bösen« scheidet. Probleme machte der Ausdruck »Jahwe«, der Nachfragen aufkommen ließ, wie: »... ist das der Gott von *den* Leuten da?« Regelmäßige Gottesdienstbesucher hatten damit natürlich keine Probleme. Schon bei dem »Tor des Hauses Jahwes« war allerdings der Bezug zum Tempel nicht mehr spürbar. »Haus Gottes« wurde beinahe natürlich mit dem Kirchengebäude gleichgesetzt, dementsprechend folgte dann das Urteil: »Finde ich auch, es gibt doch Leute, die laufen jeden Sonntag in die Kirche und wenn sie privat sind, dann sind das die größten Halunken!« Oder: »So ist das schon richtig. Es gibt genug, die beten zu Gott, wenn es ihnen schlecht geht, aber wenn es ihnen gut geht, dann haben sie seine Gebote wieder vergessen.« Je weiter die Menschen von der Kerngemeinde entfernt waren, desto mehr wurde der Text als Mahnung an die der Kirche nahe stehenden Menschen verstanden. Grundsätzlich wurde anerkannt, daß menschliches Zusammenleben nur gelingt, wenn viele, egal ob Christen oder auch nicht, diese Mahnungen ernst nehmen würden. V. 11b. führte zu langen Diskussionen, weil in drei verschiedenen Gruppen (Berufschüler, Kirchenvorstand und bei Mitarbeitern in der Jugendarbeit) die Frage auftauchte: Wie kann Gott eigentlich das alles geschehen lassen, wenn er wirklich alles sieht? Es passiert ja nichts. »Big brother is watching you, aber dann passiert nichts. Wo ist denn seine Macht?« Völlig klar und eindeutig haben alle mit ihren Worten den Text und seine Forderung nach Umkehr wahrgenommen – und zwar eine Umkehr der Menschen, die einer Wort- und Tateinheit fordert.

Assoziationen, Gedanken und Anfragen der Gesprächsteilnehmer/innen
»Jesus verstehe ich aber ganz anders, das muß aber dazu gesagt werden, daß der nicht so hart ist!« So beschrieb jemand seinen Wunsch nach Evangelium. Die Sehnsucht, es kann doch nicht nur Gesetz und Forderung geben, sondern auch Vergebung und Annahme bei aller Fehlerhaftigkeit, spielte

immer eine Rolle. Es fiel schwer zu ertragen, daß dieser Gott so hart urteilen kann. Das drückte sich auch in den Fragen aus: »Muß man sich bei einer Predigt eigentlich so eng an einen Text halten?« »Dieser Text muß gemildert werden oder?« Fremde, Waisen und Witwen des Textes wurden schnell übertragen in unsere Zeit. Ausländerhaß, der Nord-Südkonflikt, das Zusammenwachsen zwischen beiden Teilen Deutschlands sowie unser z. T. gedankenloser Umgang mit der Umwelt waren Problemkreise, die sofort assoziiert wurden. »Heute wäre Jeremia ein Greenpeace-Mann«, bringt das gut auf den Punkt. Baal und die Fremden Götter waren etwas, wo gerade die Konfirmanden/innen sich angesprochen fühlten. Alkohol, Drogen, Idole, Geldgläubigkeit sowie Okkultismus und spiritistische Praktiken wurden genannt, während bei den Erwachsenen eher Politiker (im allgemeinen und personenbezogen), Machthunger und steigender Egoismus als falsche Götter entlarvt wurden. Trotz dieser spontanen Assoziationen wurde im Laufe der Gespräche die Anklage des Textes wieder dichter bei einem selbst gehört, so wurden aus: »... die Politiker verschaukeln uns doch alle, da in Bonn ...« später: »... ich habe neulich, beim H. (Name einer Gaststätte) auch nichts gesagt, als jemand alle Ausländer als Diebe beschimpft hat ...!« Die Tempelreinigung Jesu, als Doppelgebot der Liebe, Nächstenliebe und Texte, in denen Christus den Menschen mit Gnade begegnet, wurden in die Gespräche eingebracht, oder es wurde nach solchen Texten gefragt. Informationen wurden zu einigen Vokabeln angefordet (Baal, Jahwe); wichtiger war aber eine Situationsbeschreibung, weil unklar blieb, ob der Text als Reaktion auf konkretes Fehlverhalten oder pauschal an alle gerichtet ist. Kurze Hinweise reichen aber aus, denn nur selten haben diese Defizite zu völlig falschen, theologischen Gedanken geführt.

Theologen und der Text

Ich habe den Text Pastoren der Kirchenkreise Buxtehude und Flöha (Sachsen) vorgelegt, die sich zu einem Pastoralkolleg getroffen hatten. Hier sind nur die Unterschiede benannt zu den Reaktionen der »Laien«.

Eine ganze Reihe Kolleginnen und Kollegen haben nach dem 1. Hören überlegt, ob »man« das heute predigen kann. Je nach Prägung ernteten sie dazu Zustimmung oder Protest, weil das doch eigentlich, genauso wie Jeremia es schildert, richtig sei. Bedenken, die Schärfe der Worte so auch weiterzugeben, also den Imperativ, das Gesetz zu predigen, kamen nicht nur aus theologischen Überlegungen heraus (Evangelium und Gesetz gehören untrennbar zusammen), sondern auch, weil (zu Recht) befürchtet wurde, daß viele Menschen heute nach ihrer Façon glücklich werden wollen. Druck würde nur Gegendruck und Abwehr erzeugen, aber keine Vergewisserung oder das Gefühl eingeladen zu sein. Außerdem stellten viele sich die Frage der Glaubwürdigkeit der eigenen Person, da keiner frei von schuldhaftem Verhalten ist. Woher also die Legitimation nehmen, um so massiv Gesetz zu predigen?

Fazit:
Der Text spricht für sich, braucht an sich wenig Erklärungen, will aber gedeutet und ergänzt werden. Die Gefühle der Hörer/innen sind sehr ähnlich und sollten auf keinen Fall unbeachtet bleiben, das gilt besonders für ausgelöste Ängste und Abwehrreaktionen. Die theologische Linie zu Christus und dem Gnadenhandeln Gottes in ihm muß ausgezogen werden.

Zum Gottesdienst

Barbara Berg

Theologisch-homiletische Skizze

Diese sog. Tempelrede führt in die Anfangszeit des Königs Jojakim (608/7-598/7). Nach dem Zeugnis des Jeremiabuches war dieser König, der nach außen ein machtloser Vasall war, für seine Landsleute ein Despot. »Wie andere Tyrannen vor ihm und nach ihm hatte er für Schwarzseher und Kritiker in seinem Staate keinen Platz. Die Leidensgeschichte des Propheten Jeremia nimmt unter seiner Regierung ihren Anfang.« (Gunneweg, Geschichte Israels, Stuttgart 1972, S. 114)
Wenige Jahre später treffen die Ankündigungen Jeremias ein: 586 erobern die babylonischen Truppen Jerusalem.
In seiner Tempelrede greift Jeremia die Sicherheit des Tempelglaubens scharf an und kündigt dem Tempel in Jerusalem das Schicksal des Tempels von Silo an: Zerstörung.
Die Botschaft ist nicht vom Boten zu trennen: Jeremia leidet an seinem Prophetenamt, leidet an jedem Wort, das er zu predigen hat (Jer. 20,7-18). Ein wenig kann ich mich einfühlen in Jeremia, wenn ich zur Verlesung des Predigttextes vor die Gemeinde trete. Ich spüre Angst dabei, Angst um die, die es zu hören bekommen: Brauchen sie nicht anderes? Gebe ich ihnen Steine statt Brot? Werden sie das aushalten und wiederkommen?
Und ich spüre Angst um mich: In was für eine Rolle gerate ich? Ich möchte sagen: Leute, der Text ist nicht von mir! Und ich merke, der Text bringt mich auf Distanz zu den Hörern, ob ich will oder nicht. Wie einsam muß Jeremia sich gefühlt haben! Sicher hat diese Einsamkeit auch grandiose Züge, wußte Jeremia sich doch als Gottesbote, aber der Preis ist hoch: Die aggressive Abwehr der Hörer schäumt auf. Mir fallen belastete Worte wie »Nestbeschmutzer« und »Wehrkraftzersetzer« ein, die ein Jeremia unserer jüngsten Vergangenheit vermutlich zu hören bekommen hätte. Allein die prophetische Tradition in Israel rettet Jeremia vor der totbringenden Wut seiner Hörer.

In der Predigt möchte ich eine Brücke schlagen von der »widerborstig« machenden Gerichtsrede zu den Herzen der Hörer. Der hohe Grad an Abwehr in den Reaktionen, die die »Annäherungen« schildern, löst in mir den Wunsch aus, einen Vermittlungsprozeß zu versuchen.
Ich versuche den Brückenbau mit diesen Bausteinen:

- Ich nehme die Abwehr auf und ernst, denn es ist auch meine,
- ich erzähle etwas von Jeremia, möchte Sympathie wecken,
- in der Hoffnung auf etwas »gelockerte« Abwehr frage ich nach einer möglichen »Innenseite der Szenerie«, die sich in mir selbst abspielen könnte,
- was ist von Jesus her einzubringen?
- Was ermöglicht es mir, diesen Generalangriff auf meine Identität auszuhalten und flexibel und nicht starr und mit Verhärtung zu reagieren? Wie gelingt Umkehr?
- Was ermöglicht mir befreiende Schritte zur Veränderung? Die Verheißung ist verlockend: Lebensgemeinschaft mit Gott, also erfülltes, sinnvolles und beglückendes Leben, heute und für immer.

Unerläßlich zum Bau dieser Brücke ist mir die Erfahrung mit Jesus: Er radikalisiert einerseits noch die Botschaft des Jeremia, indem er mich mit meinen Wünschen, Trieben und Impulsen konfrontiert, nicht nur mit meinem manifesten Tun (Mt 15,10–20). Andererseits ermöglicht Jesus, die Wahrheit über mich annehmend in den Blick zu nehmen und dadurch den Boden für Veränderung zu bereiten. Auf dem Weg dahin bleibt er an meiner Seite – auch im wiederholten Scheitern. So ist die Verheißung schon unterwegs zum Ziel verwirklicht. In Jesus hat sich Gott selber zur Brücke gemacht. Die Forderungen sind bei Jesus noch verschärft, alle Sicherheit ist genommen – das Urteil aber bleibt aus. Anstelle von Angst und Abwehr kann, wenn auch unter Schmerzen, die stets mit einem Identitätsumbau verbunden sind, Vertrauen und schöpferische Phantasie wachsen: Lebenszuwachs.

Vorschläge zur Liturgie

Psalm 139
vielleicht als *Paraphrase:*

Herr, du weiß über mich Bescheid.
Du kennst mich in- und auswendig.
Ehe ich denke, weißt du, was ich meine.
Du bist der einzige, der mich völlig durchschaut.
Meine Wege und Schritte sind dir vertraut,
meine Abwege dir bekannt.

Ehe meine Lippen sich bewegen, hörst du meine Worte.
Bei dir kann ich mein Theater aufgeben.
Du umgibst mich mit deinem Verständnis
und hältst mich bei dir fest.

Es ist gut, das alles zu wissen,
und tröstlich, mit deiner Gegenwart zu leben.
Begreifen kann ich es nicht.
Wollte ich vor dir davonlaufen -
wohin sollte mein Gesicht sich wenden?
Fliege ich mit Raumschiffen davon -
so bist du dort.
Vergrabe ich mich in der Erde -
so bist du dort.
Nehme ich Lichtgeschwindigkeiten zum Mond
und würde mich ins Meer der Ruhe setzen,
auch dort würde mich deine Hand festhalten.
Sage ich: »In der Nacht sind alle Katzen grau -
die Dunkelheit soll mich verstecken«,
so würde durch dich die Nacht zum Tag für mich.

Ehre sei dir, Gott, dem Vater, dem Sohn und dem Heiligen Geist, jetzt und allezeit. Amen.

Kollektengebet

Lieber Vater im Himmel, wir danken dir für diese Stunde der Besinnung und der Ruhe. Wir danken dir für dein Angebot, uns auf unserem Weg zurechtzuhelfen und zu stärken.
Wir bitten dich: Schenke uns aufmerksame Ohren und Herzen, daß wir von deiner Liebe angerührt und in Bewegung gesetzt werden. Das bitten wir dich im Namen unseres Herrn Jesus Christus. Amen.

(Psalmparaphrase und Gebet aus: Versöhnung feiern, Materialstelle für Gottesdienst, Nürnberg 1991)

Schlußgebet

Gott, irgendwo in mir spüre ich deine Gegenwart als Unruhe, die mich weitertreibt, zumeist. Als Frage, die mich nicht schlafen läßt. Als kleines Glück manchmal. Als Freude und Friede am Abend bei Kerzenschein. Vielleicht hast du zu tun mit der Freundschaft zweier Menschen. Mit dem kleinen Mut für den neuen Schritt in den Tag. Mit dem Lächeln einer Frau, das mich meint. Gott, ich bitte dich nur dies: Bleib in mir als Unruhe, die schöpferisch macht. Und als Kraft, die meine Schwachheit trägt. Und als Ziel vor meinem Weg.

Oder:

Wir bitten, daß Christus in unseren Herzen wohne, daß wir Christi Liebe erfahren, die alles Wissen dieser Welt übersteigt, daß wir zur Fülle Gottes gelangen.
Glücklich sind die, die ihr Leben wie Pilger führen. Der Herr wird denen Gutes geben, die aufrichtig leben.

Alle: Wir bitten, daß Christus ...

Folge den Geboten des Herrn, liebe ihn, geh seinen Weg: Wähle das Leben, damit du und deine Nachkommen Leben haben. Höre auf Gottes Stimme und halte fest an ihm.

Alle: ...

Bring frohe Botschaft den Armen, verkündige Freiheit den Unterdrückten, laß die Blinden wieder sehen, befreie die Gefangenen, verkündige ein gnadenvolles Jahr des Herrn.

Alle: ...

Sie werden vom Osten und Westen, von Norden und Süden kommen, und sie werden zu Tische sitzen im Reiche Gottes.
(Gottesdienstbuch der 6. Vollversammlung des ÖRK in Vancouver, Genf 1993)

Lieder
aus dem Evangelischen Gesangbuch, (Ausgabe für Niedersachsen) 1994:
360 Die ganze Welt hast du uns überlassen
432 Gott gab uns Atem
606 Kehret um, kehret um, und ihr werdet leben
607 Vertrauen wagen dürfen wir getrost

Predigtvorschlag

Möglicher Anfang
Liebe Gemeinde, ohne Vorwarnung habe ich Sie eben mit einer glühenden Rede konfrontiert, die der Prophet Jeremia einst im Tor des Jerusalemer Tempels ausrief. Vielleicht sind Sie jetzt tief erschrocken. Vielleicht spüren Sie allerhand Ärger über all die Anklagen. Vielleicht sind Sie stinksauer und denken: Welch eine bodenlose Unverschämtheit, welch eine anmaßende Frechheit! Diese Karikatur eines Heuchlers bin ich nicht. Mich kannst du nicht meinen, Jeremia. Dampf ablassen scheint nötig. Wer läßt sich schon gern so in Bausch und Bogen »abkanzeln«? Über die einzelnen Forderungen läßt sich ja reden – aber so nicht. Ich mußte auch erstmal tief durchatmen, um dann erst überhaupt wahrnehmen zu können, wer da das große Wort führt.

Jeremia ist ein Mann, der von Gott einen furchtbaren Auftrag hat: Er muß den Untergang Jerusalems ansagen und miterleben. Jeremia muß aushalten, daß seine Botschaft auf scharfen Widerstand stößt und zurückgewiesen wird. Jeremia muß mitansehen, wie sein Volk dem Untergang entgegengeht, wie das Land von den Babyloniern erobert wird. Jeremia sieht, wie der Tempel von Jerusalem niederbrennt und die Stadtmauern geschleift werden.
So erleidet Jeremia das große Unheil seines Volkes doppelt: in seiner Prophetie, mit der er Haß und Zorn auf sich zieht und dann als Mitbetroffener des Unterganges am eigenen Leibe. Tiefe Verzweiflung spricht aus Jeremias Klage gegen Gott (Jeremia 20). Das ist der Mann, der seine leidenschaftliche Predigt im Tor des Tempels denen zuruft, die mit dem Vorsatz Gott zu ehren zum Tempel gekommen sind. Allerdings: Von den inneren Qualen des Jeremia war in diesem Moment für die Hörer wohl kaum etwas wahrnehmbar. Ich stelle mir vor, er wäre hier. Dann würde ich ihn gerne fragen: Warum so heftig, Jeremia, warum so ein Rundumschlag, warum diese Härte?
Und Jeremia hätte wohl geantwortet: Weil Gott es so will. Sein Wort brennt in mir wie Feuer.
An dieser Glut kann man sich wahrhaftig noch heute beim bloßen Hören verbrennen. Also: Finger weg? Buch zu?

Zum weiteren Verlauf eine Reise in die »Innenwelt« der Szenerie

1. Diese unangenehme Stimme des Jeremia kenne ich auch aus mir selbst. Wenn mein Gewissen sich – durchaus nicht immer überzeugend, dennoch hartnäckig – zu Wort meldet, ist das auch oft ätzend und quälend. Und ich mühe mich ab, diese Stimme zum Schweigen zu bringen. Es geht mir ja viel besser, wenn ich mit mir in Einklang bin, wenn mein Gewissen Ruhe gibt und mich schlafen läßt, wenn ich aus meinem Herzen keine Mördergrube, »Räuberhöhle« mache.
2. Stichwort »Herz«: Mir fällt Lied 129 ein: »Zieh in meinem Herzen ein, laß es deinen Tempel sein.« Oder 1. Korinther 3,16: »Wißt ihr nicht, daß ihr Gottes Tempel seid?« Welch ein Widerspruch! Nächster Einfall: Ein Kindergebet. »Ich bin klein, mein Herz ist rein, soll niemand drin wohnen als Jesus allein.« In meiner Erinnerung hatten bestimmte Menschen, ein Wellensittich und etliche Plüschtiere Platz in meinem Kinderherz. (Später brachte mein Bruder mir die weithin bekannte anale Version obigen Gebetes bei, die in meinen Augen vor allem eine Abwehrleistung gegen einen nicht einlösbaren Anspruch darstellt.)
3. Jesus verschärft noch die Tempelrede des Jeremia (Matthäus 15,10–20), indem er mich mit meinen Wünschen, Trieben und Impulsen konfrontiert. Sein Blick geht ins Herz und sieht, was dort so alles sein Unwesen treibt und worüber ich selbst manchmal erschrecke. Aber all das ge-

hört zu mir, und vieles davon vermag ich nicht mit meinem Willen zu steuern. Ja, manches begegnet mir nur im Traum und ist meinem Bewußtsein kaum oder gar nicht zugänglich.

4. Mir hilft die Zachäusgeschichte: Als Jesus beim Durchzug durch Jericho den Zöllner im Baum entdeckt, spricht er ihn mit seinem Namen an. Jesus weiß, wen er vor sich hat: Zachäus, den Betrüger, den Ausbeuter, den Egoisten. Und ich glaube, Jesus sieht auch die ängstlichen Seiten des Zachäus, seine seelische Armut, die ihn nötigt, sich zu bereichern, vielleicht, weil er das Gefühl hat, zu kurz gekommen zu sein. Jesus nimmt den ganzen Menschen Zachäus wahr und lädt sich bei ihm ein. Für einige Stunden ist Jesus ihm ganz nahe, und das wird Zachäus zur Erlösung. Unter dem liebevoll annehmenden Blick Jesu kann Zachäus »auspakken« und sich selbst anschauen und zeigen. Scham und Trauer mögen groß gewesen sein, aber dieser Vorgang, ohne daß Jesus entrüstet das Haus verläßt, wirkt so befreiend, daß es Zachäus möglich wird, neue Wege für sein Leben zu planen.
   Erst nimmt Jesus Wohnung bei Zachäus und erfüllt so die Verheißung, die Gott durch Jeremia gab. Dann vermag Zachäus sein Leben von dem Zwang der Wiederhoung zu befreien und geradezu spielerisch-lustvoll neu zu entwerfen.
   Wenn ich mich angenommen fühle, kann ich auch herbe Kritik ertragen und bekomme Kraft und Lust zur Veränderung. Wenn dann trotzdem ab und an mein Herz weit eher einer Räuberhöhle gleicht als einem Tempel Gottes, dann hilft nur Hinschauen und Aussprechen und so verarbeiten, was in mir ist. Viele Psalmbeter fanden den Mut dazu im Gebet. Ich vertraue darauf, daß Gott mich aushält mit allen meinen Facetten.

Möglicher Schluß

Was Jeremia im Namen Gottes fordert, ist noch immer ohne Abstriche Gottes Anspruch: Bessert euer Leben.

Was Jeremia im Namen Gottes verheißt, ist noch immer gültig: ... so will ich bei euch wohnen.

Das entscheidend Neue durch Jesus ist, daß die Reihenfolge vertauscht ist: »Wieviele ihn aber aufnahmen, denen gab er Macht, Gottes Kinder zu werden.« Und Gottes Kinder leben nach Paulus in einer herrlichen Freiheit ...

Kontext

In der Bibel tritt dem Menschen, der sich selbst definiert hat und fertig mit sich selbst ist, der Prophet entgegen, die Stimme von außen, die den selbstgenüßlichen Menschen irritiert und ihn zum Fasten, Weinen und Klagen auffordert ... Die Bekehrungsrufe der Bibel sind nicht moralistisch, nie nur Entkleidung und Bloßstellung des Menschen. Sie sind immer Versprechungen des Lebens ... Von Schelte allein kann keiner Leben und kommt niemand zum Leben. Das, wovon man sich abwenden soll, muß zugleich als die schlechtere Lebensmöglichkeit und als der verkappte Tod dargestellt werden. Das, wozu man sich hinwenden soll, muß als der größere Reichtum und die eindeutigere Schöpfung erscheinen. Der Prophet, der sich auf Publikumsbeschimpfung beschränkt, wird nicht überzeugen. Bußrufe sind Verlockungen zu einem Leben, das noch aussteht und noch nicht versucht wurde. Was Lernen, Veränderung und Bekehrung möglich macht, das ist nicht allein die Aufdekkung des bisherigen Elends, sondern die Erwartung eines bisher noch nicht eingelösten Versprechens von Glück. Bekehrung kommt nur zustande, wo große Träume von menschlichem Glück eingeübt werden. Man kann erst umkehren, wenn man gelernt hat, daß das Leben nicht gleichgültig ist, und wenn eine Vision vorhanden ist, die Charme genug hat, uns anzulocken. Zur Umkehr wird man nicht getrieben, man wird zu ihr gezogen. (Fulbert Steffensky, Feier des Lebens, Stuttgart 1984)

11. Sonntag nach Trinitatis

Annäherungen an den Predigttext Lukas 7,36–50

Traugott J. Simon

Von fünf Fragestellungen ausgehend haben wir uns in einem Gesprächskreis mit dieser Perikope auseinandergesetzt:
- Welche *Botschaft* höre ich aus diesem Text?
- Verbindet mich mit diesem Text eine *eigene persönliche Geschichte oder Beziehung?*
- *Wie geht es mir heute damit:* mit diesem Text, seiner Botschaft und meiner eigenen Geschichte mit ihm?
- Welchen *Titel* möchte ich diesem Text geben?
- *Offene Fragen* zu diesem Text ...?

Die sieben TeilnehmerInnen (6 weiblich, 1 männlich) trugen dann ihre Gedanken zusammen, die ich hier gebündelt und im Überblick wiedergebe.

Die Botschaft, die ich/wir höre/n

Als Stichworte tauchten auf: Sünde, Liebe, Leben, Gnade, Vergebung, Glaube, Wertmaßstäbe. Die Geschichte spiegelt »Jesu Sicht von Sünde und Vergebung«, etwa nach dem Motto: »Gnade vor Recht«. Je größer die erlassene Schuld, umso größer oder besser: reicher die Liebe, mit der ein Mensch sich verschenken kann. Für Jesus spielt dabei die »jeweils gängige Moral (= Wertmaßstäbe, die Menschen aufrichten) keine Rolle«. Er ignoriert sie. Daraus folgt: »Ich kann in dem Maße lieben, wie ich mich mit meinen dunklen Seiten annehme, mir und anderen vergebe.« So zeigt Jesus einen Glauben, bei dem eigene Sünden »zur Vergebung gebracht« werden. Das ist die Grundlage für Liebe und Leben.
Leben wird dabei verstanden als vielfältiges Er-Leben; will heißen: Leben, das sich auf Vieles einlassen kann.
So wird letztlich »alles eine Frage der Liebe«.
Das ermöglicht der/dem Einzelnen: »Wenn ich tief in meinem Herzen etwas spüre, sollte ich dem nachgehen (siehe die Frau, siehe Jesus), auch wenn es nicht populär ist«. Das umfaßt den Umgang mit den Gefühlen und hört bei körperlichen Empfindungen und Wünschen nach Beziehung und Nähe noch nicht auf.
So können – das ist unser Fazit bei allen unterschiedlich gehörten Botschaften – neue Anfänge wachsen!

Eigene Beziehungen zum Text
Die Geschichte - oft gehört - hinterließ keine starken, eindeutigen Eindrücke!
Bekannter ist eher die (Markus 14) Fassung, Jesus sei durch die Frau für seinen Tod gesalbt worden; also doch ein Eindruck: Ist sie (nur?) Teil der Leidensgeschichte Jesu?
Die Pharisäer scheinen den meisten Eindruck gemacht zu haben: sie ernteten immerhin Verständnis, lösen auch Gefühle der Genugtuung aus.
Insgesamt bleibt die ganze Geschichte aber eher ambivalent. Wobei die Klassifizierung der Frau als »Sünderin« störend empfunden wird, die Geschichte dadurch als ganze abwertend klingt.
Bemerkenswert ist die Erinnerung, daß manche früher erlebten Ausleger/Prediger dieses Textes sich mit ihren *Worten* wohl *gegen* die Pharisäer aussprachen, *sich selbst aber ablehend* gegenüber ungewöhnlichen Lebens- oder Glaubensäußerungen *vierhielten* - eine tiefe *Spannung* zur Perikope selbst!
Schließlich setzt die Geschichte dieser Begegnung zwischen der Frau und Jesus auch die positive Erinnerung frei an die Füße eines bestimmten Menschen und eine wohltuende Erfahrung mit körperlicher Nähe ...

Wie geht's mir heute damit?
Da wird es nun ganz unterschiedlich: manche ließ dieser Text »einfach kalt«, diese »Sündengeschichte«, manche erlebt sie »sehr zwiespältig«. Von befremdlich« und »peinlich« - bis hin zu einem »Super-Beispiel für neues Verhalten« und »überraschend, befreiend« reichte die Bandbreite der Reaktionen.
Emotional war es möglich, den Pharisäern nachzufühlen, »daß sie Recht und Ordnung hochhalten« wollen, als die Frau »alles Normale durchkreuzt«. Aber beide Haltungen werden dann doch als (zu?) extrem« empfunden - die der Pharisäer wie die der Frau. Vielleicht auch die Jesu? Faszinierend wie abstoßend wird so diese Geschichte erlebt. Dahinter der Wunsch, »selbst außergewöhnlich zu handeln, aber nicht extrem«, lieber zusammenbringend, vermittelnd.
Ganz anders die Gefühle, wenn die nicht bekleideten Füße Jesu bedacht werden: »peinlich, befremdlich und unverständlich« wirken beide, die Frau wie Jesus. Dazu die Frage: Machen Kleider Leute - oder auf Frauen und Männer bezogen: Machen (bestimmte) Schuhe (bestimmte) Frauen? Und »warum in der Öffentlichkeit einer (Haus-)Gesellschaft eine so intime Begegnung«?
Überhaupt wirken die damaligen Sitten und Gebräuche einer männlich dominierten Gesellschaft fremd, auch die Begrüßungszeremonie des Füße-Waschens, auf die Jesus Bezug nimmt. Zugleich wird jedoch die Sehnsucht ausgedrückt, selbst lebendige Formen menschlicher, körperlicher Begegnung zu finden, zu erfahren.

Schließlich ist da noch die »Uberraschung und die Freude an dieser revolutionären Begegnung« und der »Ärger über die kleinkrämerischen Pharisäer«; und »Erleichterung über den befreienden Schluß: was läßt diese Frau und was läßt Jesus an persönlicher Begegnung, an körperlicher Intimität, an liebender Wohltat und Zuneigung zu«! Bewunderung und auch Neid (Könnte ich das?) mischen sich. Am Ende überwiegt aber doch deutlich die »Aufwertung der Frau gegenüber gängiger bürgerlicher Moral«.
Dorthin passen auch die warm gewordenen Füße einer Teilnehmerin, die diese Erzählung als »große Aufforderung« hört, »die Füße als erdende Bodenverbindung ernstzunehmen – und nicht nur den entgegengesetzten, in der Luft schwebenden Kopf« ... »Was trägt uns?« Die Spannungen bleiben im Gespräch durchaus bestehen ...

Neue Titel für diese Geschichte
Entsprechend unterschiedlich fallen die Vorschläge für mögliche Titel zu dieser Geschichte aus:
»Genußvolle Hingabe.«
»Aufwertung meiner Gefühle: Wem wenig vergeben wird, der liebt wenig.«
»Die Liebe zählt, nicht die Moral.«
»Die Sündenvergebung oder: das andere Gastmahl.«
»Aufwertung der Frau oder: Jesus wirft wichtige Wertmaßstäbe über den Haufen.«
»Liebe befreit jeden so, wie er/sie es braucht.«
»Die Liebe ist größer als die Sünde.«
Eine breite Auswahl für anregende Einfälle!

Offene Fragen
Offene Fragen bleiben. Einige davon haben wir zusammengetragen:
Was bringt die Frau zu ihrem außergewöhnlichen Verhalten? Kennt sie die Leute nicht? Was soll mir/uns eine so befremdliche Geschichte sagen?
Hintergrundinformationen wären wichtig zu:
- Anrede »Meister«;
- Bedeutung von Fußwaschungs- und Salbungsritualen;
- Meint »Sünderin« eine Prostituierte, Hure, Dirne?
- Was bedeutet der Satz »Wem wenig vergeben wird, der liebt wenig«? Ist er Fragestellung oder Forderung? (Wenn du wenig vergibst, kannst du wenig lieben)?

Die Fragen münden schließlich in ein Gespräch darüber, wie und wo *heute* diese Geschichte spielen könnte; ob und wie dieser Text Kindern zugänglich werden kann/sollte, also: Wie berührt dieser Text heutige Moralvorstellungen, wenn wir ihn nicht nur intellektuell-asketisch lesen oder hören. Wie ist es möglich, sich selbst zu lieben und anzunehmen, Berührungsängste abzubauen und die eigene Leiblichkeit schätzen zu lernen?
Schließlich die Frage: Ist dieser Text peinlich? Gar gefährlich? Oder befreiend?

Zum Schluß
Die Begegnung und die Auseinandersetzung mit der Geschichte, die Lukas uns aus dem Haus des Pharisäers berichtet, ist lohnend, sicher auch anstrengend. Aber auch anregend für unsere Art, miteinander zu leben und zu glauben. Eine verlockende Aufgabe für Gottesdienstvorbereitung, Predigt und Liturgie - nicht nur am 11. Sonntag nach Trinitatis!

Zum Gottesdienst

Uli Müller-Weißner

Theologisch-homiletische Skizze

Meine Begeisterung über diese Perikope hält sich in Grenzen: Der Text ist bekannt, das Setting ebenfalls: Jesus, Sünder/in, Pharisäer; lädt ein zu schnellen Schlüssen und Entschlüssen, was den Skopus angeht. Eine Durchsicht meiner früheren Predigten zur Perikope bestärkt die gefühlsmäßige Ambivalenz: Jesus, derjenige, der so ganz andere Wertmaßstäbe anlegt als wir es tun; der Pharisäer als dunkle Negativfolie, vor der zu leuchten, uns - im Nachhinein - nicht schwerfällt; etc. Ich spüre meine Unzufriedenheit mit den früheren Zugängen zu dieser Geschichte. Sie rührt von dem Gefühl, bisher dem ›Eigentlichen‹ noch nicht gerecht geworden zu sein, noch nicht tief genug ins Verständnis der Geschichte vorgedrungen zu sein.
Die »Annäherungen« bestärken das Gefühl und erinnern mich an eigene Gedanken und Worte, das Gefühl, »daß manche Ausleger/Prediger dieses Textes sich mit ihren Worten wohl *gegen* die Pharisäer aussprachen, *sich selbst aber ablehnend* gegenüber ungewöhnlichen Lebens- und Glaubensäußerungen *verhielten* - eine tiefe Spannung ...«.
Das trifft! Macht mich nachdenklich und dann neugierig!
Die Revue der möglichen Themenkreise:
1. Jesus und die Pharisäer
2. Das Gleichnis in den Versen 41-42
3. Die Frage nach Jesu Vollmacht (V. 49)
4. Jesus und die Frau - Jesus und die Sünderin
5. »Dein Glaube hat dir geholfen«
6. »Gehe hin in Frieden«
Ich bringe den Text mit in die nächste Presbytersitzung. Eine eher neben-

sätzliche Äußerung in der Runde verstärkt die Neugierde, eröffnet mir eine neue, spannende Perspektive. Eine Frau bemerkt ganz lakonisch zum Stichwort »Sünderin«: »Und wenn das mit der Prostitution der Frau selbst egal war, wenn sie selbst ihre Sünde wo ganz anders empfand, von dem wir alle gar nichts wissen!«
Erste Frage, der ich nachgehe: War sie eine Prostituierte? Wenn ja, was hieß dies zur Zeit Jesu und was bedeutete dies für sie und in ihrer gesellschaftlichen Umgebung? *Strack/Billerbeck* (S. 162f.)* klärt mich auf: Prostitution war in der jesuanischen Zeit weniger ein moralisches als eher ein soziales Problem – oft die letzte Erwerbsmöglichkeit der Frau, wenn der Mann als Ernährer ausfiel. ›Karriere nach unten‹ nennen wir das heute, ähnlich dem mitunter rapiden Absturz in die Sozialhilfe, den Normalverdienerfamilien in der BRD '94 bei längerter Arbeitslosigkeit erleben und erleiden.
Diese Antwort auf meine erste Frage bringt mich auf die Spur eines meiner bisher gehüteten homiletischen Geheimnisse: Ich fühlte mich bisher zum Retter der – moralisch vielleicht anrüchigen (»aber da stehen wir doch drüber! ...«), aber dennoch von Christus angenommenen – Sünderin berufen, führte die Zuhörer in die beliebte Falle, die da heißt: Wir sind doch auch nicht besser als die Pharisäer. Wenn ich sie dann drin hatte, vergabe ich ihnen großzügig. Ich predigte vor allem mich und meine »gütige Menschenliebe«.
Ich denke weiter: Was ist, wenn die eigentliche Sünde gar nicht die Prostituition ist? Wenn das die Frau auch gar nicht meint, als sie sich wortlos als Sünderin begreift! Anfrage an unser Sündenverständnis! Was heißt in dem Zusammenhang dann Vergebung der Sünde? Bringt sie eine Veränderung der Lebensweise mit sich? Was geschieht denn, wenn sie Jesus verläßt? Gibt sie ihren Beruf auf, oder übt sie ihn weiterhin aus, jetzt aber mit reinem Herzen? Die gesegnete Hure?
Ich lüfte mein zweites, bisher gut gehütetes homiletisches Geheimnis: Ich sah bisher vor allem eines: die – gütigerweise großzügig zu bewertende – sexuelle Verfehlung und ich schloß von hier auf eine gesamtpersönliche Versündigung. *Schlatter* (S. 236)* beschreibt sie konsequent als »eine Frau, die ihre Ehre verloren hatte ...«.
Weist die Frau diese Interpretation zurück, hinterläßt sie erst einmal einen irritierten Mann und mit mir wohl eine ganze Reihe irritierter Männer. Denn es war eine plausible Verurteilung, zu der ich mich großmütig verhalten konnte. Vor allem gab es die klare Grenze, wo gut endete und nicht-gut begann. Wie eine gläserne Wand, vor der ich, der moralisch Einwandfreie stehe und entschieden gütig auf die Sünderin dahinter blicke. Verläßt die Frau dieses Setting, was ist denn dann noch sündig? Plötzlich werden die Karten neu gemischt. Und ich sitze mit am Tisch und bin Mitspieler.
Nächste Frage: Was ist, wenn sie wieder geht – besser: Was ist *sie,* wenn sie wieder geht? Eine »Pretty woman«? Die Julia Roberts aus dem Lukas-

evangelium? Ich entdecke ganz tief verborgen in mir ein – zumindest kulturhistorisch nachweisbar männliches – Wunschbild: die Prostituierte – durch göttlich/männliche Liebe zur brav-biederen Hausfrau mutiert, ihrer Verfügbarkeit, aber auch ihrer Macht beraubt. Sündhaft schön, aber rechtschaffen ehrlich. Von ›Irma la douce‹ über ›Suzie Wong‹ und die ›flambierte Frau‹ bis zu ›Pretty woman‹ zieht sich ein roter Faden. Die Sünde zur Biederkeit befreit?
Noch eine lakonische Frage der Presbyterin: »Kannte sie den Pharisäer vielleicht als Freier?«
Steht davon irgendetwas im Text? Nein, aber es ist die gespannte, ambivalente Realität zwischen Mann und Prostituierter, zwischen ihm und ihr, die seine geheimsten Wünsche und Gelüste kennt! Es ist die uralte Geschichte der Begegnung zwischen Mann und Frau, der Geheimnisse und der geheimen Wünsche. Und es ist offensichtlich, daß Jesus seinen Platz mittendrin hat, aber nicht darin verwickelt ist. Er ist mittendrin bis zur körperlich intimen Nähe, die sich in den Berührungen, die er zuläßt, ausdrückt (siehe dazu auch die ›Annäherungen‹). Luise Rinser spielt in ihrem Roman ›Mirjam‹ meisterhaft mit diesem Thema, wenn sie die intensive, doch schillernde Beziehung der Maria von Magdala zu Jesus in einem Moment verdichtet bis zum Kuß – hochspannend und anregend zu lesen (zur Stelle S. 50).
Die Perspektiven beginnen sich zu verschieben: Die Frau tritt zurück. In den Blick gerät der Mann, der Pharisäer, der sie so eindeutig auf eine Rolle fixiert (›weil sie ihn so eindeutig kennt?‹), der sich festhält an der äußeren gesetzlichen Ordnung, als Damm gegen die Flut der innersten geheimen Wünsche und Bilder. *Schlatter (S. 238):* »Der Pharisäer fällt an seiner Gerechtigkeit tiefer als die Frau ...« Gleichzeitig übernimmt sie die Rolle der Gastgeberin, denn sie ist es, die die Begrüßungsrituale vornimmt (V. 44 ff.). Bei wem ist Jesus denn nun zu Gast? Oder ist gar er der eigentliche Gastgeber? Und wer ist der/die hinzukommende Sünder/in? Ist da noch ein Unterschied auszumachen? Ist es ein gradueller oder prinzipieller Unterschied? Ist sie die »bessere«, weil sie unumwunden zugibt, auf Vergebung angewiesen zu sein?!
Eine Frage läßt mich nicht mehr los: Was geschieht wohl, wenn *sie* wieder geht? Hat sie sich verändert, gibt sie ihren Beruf auf, »sündigt sie hinfort nicht mehr«?
»Geh hin in Frieden« (V. 50) – wir entlassen mit diesen Worten die Kommunikanten – nach der Vergebung, die auch nur durch den Glauben wirksam wird! Was geschieht in den Tagen, die dann kommen, wenn *wir* dann wieder (vom Altar) weggehen? »Geh hin in Frieden« – was geschieht, wenn *sie* geht? Sie, wir – die Horizonte verschmelzen. Die Zeiten treffen sich, Vergangenheit, Gegenwart und Zukunft verschmelzen: Die Vergebung, die Jesus ausspricht (V. 47), gerät in einen zeitlichen Zusammenhang, denn sie umfaßt sowohl was war und ist, als auch schon jetzt, was kommen wird –

ohne, daß dadurch der Imperativ des »Gehe hin in/zum Frieden« geschmälert würde.
Hier werde ich ansetzen.

* Hermann L. Strack und Paul Billerbeck, Kommentar zum Neuen Testament, Bd. II, München 1978
Adolf Schlatter, Die Evangelien nach Markus und Lukas, Stuttgart 1954
Luise Linser, Mirjam, Frankfurt/M. 1983

Vorschläge zur Liturgie

Lieder
Genannt sind die Liednummern des neuen Gesangbuches
144,4 Aus tiefer Not laß uns zu Gott
351,1–5 Ist Gott für mich so trete …
353 Jesus nimmt die Sünder an
354 Ich habe nun den Grund gefunden
355,1+3 Mir ist Erbarmen widerfahren

Eingangsvotum
Wir feiern diesen Gottesdienst im Namen Gottes. Gott nimmt uns so an, wie wir sind. Jesus Christus gibt uns die Orientierung für unser Leben und Zusammenleben. Gottes Geist verbindet uns mit Menschen, die anders sind als wir.
(Heidi Rosenstock, Hanne Köhler, Du Gott, Freundin der Menschen, Kreuz Verlag, Stuttgart 1991, S. 15)

Eingangsgebet
Gott, Vater und Mutter, wie schnell fangen wir an,
verächtlich über andere zu denken und zu reden.
Es ist wie eine Sucht,
sich selber ins rechte Licht zu setzen,
die anderen in den Schatten zu drücken.
Gott, du erlöst uns von diesem Hochmut
und machst uns zu Menschen deiner Liebe.
Wir bitten dich um deine befreiende Gegenwart,
wenn wir hier singen und beten, reden und hören.
(nach Elementen aus: Liturgieentwürfe für das Kirchenjahr, Materialheft 36 der Beratungsstelle für Gestaltung, Frankfurt 1982)

Fürbittengebet
Gott, du kennst uns.
Vor dir brauchen wir uns nicht zu verstellen,
das war so und wird auch so bleiben.

Was gewesen ist, brauchen wir nicht zu vergessen und nicht zu verleugnen.
Wir wollen es bewahren als Erfahrung und Hilfe für die Zukunft
und daran denken:
Du willst uns aufrichten, wenn wir gefallen sind.
Bei dir ist mehr Freude über einen Sünder oder eine Sünderin,
die versucht ein neues Leben anzufangen,
als über 99 andere, die glauben, das nicht nötig zu haben.
Du gibst uns nicht auf und wir dürfen immer wieder neue Anfänge erleben.
Laß auch uns immer wieder mit anderen neu anfangen.
Laß uns zur Freude für andere werden,
damit wir dein Geschenk an uns
weitergeben: Das Geschenk der Liebe,
die keine Bedingungen stellt, die uns annimmt wie wir sind. Amen.
(Heidi Rosenstock / Hanne Köhler, Du Gott, Freundin der Menschen, Kreuz Verlag, Stuttgart 1991, S. 75)

Vorschlag zur Predigt

Liebe Gemeinde,
manchmal treffen wir Menschen, von denen glauben wir ganz selbstverständlich, sie schon lange zu kennen. Wir könnten nicht erklären, woher dieses Gefühl rührt, aber der Zauber ist oft von einem auf den anderen Moment da. Ein Blick oder ein Lächeln, die Art den Kopf zu halten oder das Timbre der Stimme. Die ersten Augenblicke sind da die entscheidenden. Sie lassen dann ganz alltägliche Begrüßungen zu unerwartet intensiven Begegnungen werden. Und auch beim Abschied erlebe ich manchmal einen überraschenden Blick, einen Händedruck oder einige besondere Worte; dann spüre ich, daß sich die Begegnung mit diesem Menschen über die Zeit des Zusammenseins hinaus verlängert, eine unerwartete Fortsetzung in die Zukunft hinein erfährt. Und ich ertappe mich dann dabei, daß ich – ohne zu wissen, woher ich diese Sicherheit nehme – sage: »Wir sehen uns bestimmt noch einmal wieder!« Und es geschieht dann auch so. Manchmal werden alltägliche Begegnungen, Begrüßung und Abschied zu kleinen geheimnisvollen Begebenheiten. Nur achten wir selten darauf.
Vor langer Zeit wurde eine Frau von einem Mann mit merkwürdigen Worten verabschiedet, nachdem das Kennenlernen eher beiläufig geschah, eben wie selbstverständlich; nach einem Mittagessen mit überraschenden Wendungen und ungewöhnlichen Vorkommnissen. Wir wissen nicht, wie die Frau heißt, wir wissen überhaupt wenig über sie, nicht einmal ihre Stimme haben wir gehört, aber wir glauben, wie sooft, alles über sie zu wissen, denn sie wird uns vorgestellt als eine Sünderin.
Sie wird verabschiedet mit den Worten: »Geh hin in Frieden.«

Text lesen
Was glauben Sie, hat Sie getan, als sie das Haus verließ – wie geht es denn weiter mit ihr?

Zum möglichen weiteren Verlauf
Szenenwechsel:
Auch jeder Gottesdienst endet bei uns mit einem Abschied mit dem Segen, Gottes guter Geist geht mit uns hinaus und begleitet uns durch die Woche. Das ist gut so. Aber 11 mal pro Jahr werden wir noch mit einem zusätzlichen Wunsch verabschiedet: »Geht hin in Frieden«, sage ich zu den Menschen, wenn sie nach dem Abendmahl vom Altar weg und zurück auf ihren Platz gehen. Man kann diesen Abschiedswunsch ganz verschieden hören: Gehet hin in eine friedliche Zeit; unter Gottes Frieden; geht hin und werdet zum Frieden für andere, stiftet Frieden in der Welt im Großen wie im Kleinen, geht friedlich hin. Doch einerlei, wie wir diesen Segenswunsch verstehen, ob als Wunsch, der *uns* zum Segen werden soll oder als Wunsch, damit *wir* Segen *anderer* werden – das, was kommen soll, es hat vor allem damit zu tun, was vorher mit uns geschehen ist. Vorne vor dem Altar. Wir waren vorher beim Abendmahl – uns wurde vorher *vergeben.* In Brot und in Wein hat uns Jesus gesagt: Es kann passiert sein was will, ich halte es aus und ich halte dich damit aus.
Ein erstaunliches Versprechen, das uns da gegeben wird. Und einen anspruchsvollen Wunsch erhalten wir mit auf den Weg: »Gehet hin in Frieden, zum Frieden, als friedliebende Friedliche«.
Was ist seitdem alles geschehen, in Wochen seit dem letzten Abendmahl? ... Haben wir den Abschiedswunsch in die Tat umgesetzt – sind wir zum Frieden geworden? ...
Im Abendmahl ist Jesus Gastgeber. In der Perikope verschiebt sich die Gastgeberrolle je nach Perspektive, vom Pharisäer, zur Frau – denn sie ist es, die die Begrüßungsrituale vollzieht, zu Jesus – denn er ist es, der den/die Sünder/in einlädt, Gäste an seinem Tisch zu sein.
Zurück zur Frau:
Was glauben Sie, hat sie getan, als sie das Haus verließ – wie geht es denn weiter mit ihr?
...
Vermutungen, was geschehen könnte:
Ich mache verschiedene Angebote und schließe mit dem meiner Meinung nach plausiblen Ausblick: die Frau bleibt, was sie ist – shocking? Trotzdem oder gerade deswegen wird sie getragen von der Vergebung.
...
Zurück zu uns, wenn wir vom Abendmahl weggehen, hinaus in unseren jeweiligen Alltag. Was geschieht mit uns? Verhalten wir uns anders als vorher? Wir bleiben was wir sind – shocking? Und auch wir werden, trotzdem oder gerade deswegen, getragen von der Liebe Gottes, von der Gnade, die

nichts ungeschehen macht, uns nicht aus der Verantwortung entläßt, aber alles auffängt. Von daher fällt ein besonderes Licht auf die zeitliche Bedeutung der Gnade - von Ewigkeit zu Ewigkeit - sie ist eben immer da, umfaßt das, was war, was ist und was sein wird!

Möglicher Schluß
Betrachten wir noch einmal Jesus und die Frau und den Pharisäer. Ich habe den Eindruck, liebe Gemeinde, daß sich die ganze Szene verändert hat. Jesus ist nun der Gastgeber, denn er lädt ein zu seinem Tisch, und beide, Pharisäer und Frau, sind von ihm als Gäste eingeladen und empfangen. Da öffnet sich die Perspektive, der Blick weitet sich und läßt erkennen, daß auch wir mit am Tisch sitzen - so wie wir sind, nicht im gebügelten Sonntagsstaat oder perlweißen Hemd, sondern so wie wir sind: Oft genauso kleinlich, selbstgerecht und mißgünstig wie der Pharisäer, so griesgrämig und ängstlich vorm Leben - oft aber auch so bereit um Verzeihung und Vergebung zu bitten, offen für Neues wie die Frau. Und uns alle erwartet Jesus als Gastgeber. Er weiß, was wir getan haben, er kennt unser gegenwärtiges Handeln, er sieht kommen, was wir noch tun werden - er entläßt uns damit nicht aus der Verantwortung, aber er bietet uns die Vergebung an. Uns, dem Pharisäer und der Frau. Schockierend? Nein. Tröstlich!

Alternative Stichworte zur Predigt
Wir legen Menschen oft darauf fest, wie wir sie sehen, nicht wie sie sind. Sie werden damit zur Projektionswand unserer eigenen Wünsche und Ängste, etc. Dies geschieht der Frau, geschah und geschieht in der Traditionsgeschichte der Perikope bis heute. Eine unvermittelte Aktualität des Textes ist spürbar, wenn wir uns auf diese Sichtweise einlassen können. Sünde in diesem Zusammenhang hat viel zu tun mit Verhärtungen der Welt- und Menschensicht, die durch die überwältigende Offenheit der jesuanischen Sichtweise von Mensch und Welt aufgehoben wird.
Eine vollständige Umbewertung dessen, was uns so vertraut als Wertehorizont erscheint ist immer noch - auch heute - die große Zumutung.

Kontext

Die Sehnsucht des Menschen nach Ordnung ist ein sittlicher Vorwand, mit dem er den Frevel, Menschen zu hassen, rechtfertigt.
(Milan Kundera, Abschiedswalzer).

12. Sonntag nach Trinitatis

Annäherungen an den Predigttext Markus 8,22–26

Bernd Giehl

Protokoll des Gesprächs am 28.10.92 über Markus 8,22–26 im Bibelkreis der Gemeinde.

Oberflächlich betrachtet: ein einfacher Text. Jesus beweist anhand dieser Blindenheilung seine Macht, die ihn als von Gott gesandten Messias ausweist. Diese oder eine ähnliche Feststellung hatte ich als Ergebnis unseres Gesprächs erwartet. Ich hatte ihn in ein Treffen des wöchentlich in der Gemeinde stattfindenden Bibelkreises mitgenommen. Der Bibelkreis, das ist eine Gruppe von sechs bis sieben Erwachsenen zwischen zwanzig und vierzig Jahren, den es seit etwa zwei Jahren gibt und der sich selbst leitet. Aber dann läuft das Gespräch schnell in andere Bahnen. Einer der Teilnehmer signalisiert ein Unbehagen – nicht so sehr am Text als an den Wundern überhaupt. Für ihn sind die Wunder Jesu eher Randphänomene, Erlösung dagegen – die eigentliche Aufgabe Jesu – versteht er als Reinwaschung von der Sünde. Ein anderer widerspricht mit dem Hinweis auf Jesaja 35,5 (»Dann werden die Augen der Blinden aufgetan …«). Davon läßt die Gruppe sich überzeugen, auch wenn offen bleibt, ob die Wunder Jesu nun der Beglaubigung seiner Sendung oder zur Erfüllung der Verheißungen dienen. Daß Jesus mit ihnen die Menge beeindrucken will, schließt die Gruppe nach kurzer Diskussion aus.
In einem neuen Gesprächsgang werden die Einzelheiten der Geschichte untersucht. Die Eröffnung setzt voraus, daß die Kraft Jesu, Wunder zu tun, sich herumgesprochen hat. Niemand in der Gruppe zweifelt daran, daß Jesus tatsächlich all die Wunder getan hat, die ihm zugeschrieben werden. Was aber einige verunsichert, ist die Tatsache, daß Jesus nicht alle Kranken allein mit Hilfe seines Wortes geheilt hat, sondern daß er – wie andere Wunderheiler auch, sagt einer – den Körperkontakt zu dem Kranken mittels Handauflegung oder sogar durch Benetzung des kranken Glieds mit seinem Speichel sucht und auf diese Weise die Heilung herbeiführt. Schon die Absonderung des Kranken führt zu der Frage: Warum tut Jesus das? Weil er keine Show abziehen will, weil er zur Heilung Nähe und Intimität braucht, heißen die Vermutungen. Beim Speichel denken einige an Augentropfen,

die man zur Linderung von Entzündungen benutzt und daran, daß man sich den Finger benetzt, wenn man sich die Augen wischt. Besondere Probleme bereitet die Heilung in zwei Stufen. Die Vermutung wird geäußert, daß hinter dem zweistufigen Heilungsvorgang die Absicht steht, den Lesern symbolisch etwas mitzuteilen, aber keiner der Teilnehmer weiß so genau, was das sein könnte. Auch der Verweis des Pfarrers auf die, die Perikope einrahmenden Geschichten, in denen von Blindheit und Sehen im übertragenen Sinn die Rede ist (nämlich in Bezug auf die Person und Sendung Jesu) befriedigt nicht.
In einem dritten Gesprächsgang kommen wir schließlich noch einmal auf die Frage zurück, warum in manchen Geschichten Jesus nur durch sein Wort heilt und in anderen Hilfsmittel wie Speichel, Handauflegung oder Erde benutzt. Vielleicht - so vermuten einige - wollte Jesus in dieser Geschichte seine Jünger lehren, wie man heilt; schließlich wird auch in der Apostelgeschichte von Heilungen erzählt. Andere Vermutungen gehen dahin, daß jeder Heilungsvorgang etwas Individuelles an sich hat, genauso wie die Geschichte des Kranken je einzigartig war.
Am Ende stellen die Teilnehmer des Abends fest, daß die auf den ersten Blick so einfache Geschichte doch viel komplizierter ist, als man denkt. Manche bedrückt das, andere zeigen sich eher positiv überrascht von den vielfältigen Deutungsmustern, die die Geschichte bietet. Einer sagt sogar: Ich kann mir den Weg wählen, der zum Verstehen dieser Geschichte führt.

Zum Gottesdienst

Wolfgang Roth

Theologisch-homiletische Skizze

Zweimal berichtet Markus in seinem Evangelium von einer Blindenheilung: Hier die Heilung des Blinden in Betsaida, in Kapitel 10,46 ff. die Heilung des blinden Bartimäus in Jericho. In seiner Komposition des Evangeliums gestaltet Markus beide Erzählungen zu zentralen Schlüsselperikopen. Sie haben jeweils eine Brückenfunktion. Sie leiten einen neuen Abschnitt des Weges Jesu ein und wollen sein Verständnis zugleich erschließen. Es geht schon Markus um beides: um die Heilung eines blinden Menschen und um das Sehendwerden der Jünger. Es geht um ein reales Geschehen und dessen symbolische Bedeutung.
So hält Luise Schottroff (Gottesdienstpraxis V 2, 1982, S. 138) den »Inhalt der Geschichte (für) eine vermutlich sogar bis ins Detail zutreffende Beschreibung eines historischen Geschehens.« Und: »Im Kontext von

Mk. 8,14–21 und Mk. 8,27–38 könnte die Geschichte zeigen wollen, daß Jesus Blinde heilt und so auch die Blindheit (im übertragenen Sinne, s. 8,17) der Jünger.« (aaO)

Diese beiden Ebenen der Geschichte, Text und Kontext, können, denkt man exegetisch ausschließlich historisch-kritisch, im Blick auf die Predigt zu Schwierigkeiten führen. Friedrich G. Lang hält es (in Gottesdienstpraxis V 4, 1988, S. 128) für »die entscheidende Frage, ob die Perikope magisch oder symbolisch zu verstehen ist. Ist sie Ausdruck primitiven Wunderglaubens oder reflektierter Theologie?« Und Christian Gremmels behauptet gar (in Predigtstudien V 2, 1983, S. 192): »Der theologische Skopus unserer Perikope ist weniger in ihrem Text als vielmehr in ihrem Kontext aufzusuchen.« Und er fragt sich infolgedessen, ob man nicht »– statt über die Erzählung selbst – über deren Rahmen predigen« könne (aaO).

Hält man, wie F. G. Lang (aaO), die Geschichte »ganz von der Markus-Redaktion durchdrungen« (S. 129), so bleibt eine »Gleichnisgeschichte« übrig, in der es um das schrittweise zum Glauben kommen der Jünger geht. Als hermeneutische Konsequenz formuliert Lang folgerichtig als Thema des Textes und der Predigt: »der Fortschritt im Glauben«.

Wer sich allerdings um des Kontextes willen vom eigentlichen Text verabschiedet, versäumt, was in ihm steckt. Er nimmt z. B. die eschatologische Dimension des Textes nicht wahr. »Im Handeln Jesu an den Kranken wird die Gottesverheißung Jes. 29,18; 35,54 vgl. 61,1 erfüllt. Diese Krankenheilungen sind ein zentraler Punkt der messianischen Praxis ... Die Heilungen einzelner Menschen werden als Beginn der Königsherrschaft Gottes begriffen.« (Schottroff, aaO, S. 139).

Eugen Drewermann will mit seinem tiefenpsychologisch-analytischen Zugang die rein historisch-kritische Exegese und ihre Ergebnisse überwinden. Während L. Schottroff noch feststellte: »Die Wundertaten Jesu sind auch nicht damit erklärt, daß man z. B. die Blindheit dieses Blinden als psychogen ansieht«, sondern sie als »sichtbare Gestalt« der »maßlosen Liebe Gottes, der auf der Seite der Armen ist«, verstehen soll (aaO, S. 139), fragt Drewermann doch nach: »Was ist das für eine Erblindung, ..., die durch Anspeien und Handauflegung geheilt wird?« (in: Das Markusevangelium, Erster Teil, Walter-Verlag, Olten 1987, S. 520; vgl. auch Drewermann, Und legte ihnen die Hände auf, Patmos Verlag, Düsseldorf, 1993, S. 132 ff.) Er versucht in seiner Analyse einleuchtend, Jesu heilendes, therapeutisches Verhalten aus der Krankengeschichte des Blinden heraus zu verstehen:

»Er streichelt den Blinden, den man zu ihm bringt, wie eine Mutter ihr Kind – ebenso schützend, ebenso zärtlich, ebenso sanft. ...« Jesus vermittle dadurch »ein Gefühl, von Grund auf behütet und umfangen zu sein. Und auch das Bestreichen der Augen mit Speichel wird man in diese Richtung verstehen müssen: Es soll mit dem Empfinden von Wärme und Feuchtigkeit in dem Kranken ein Gefühl auslösen, noch einmal in den Mutterschoß zurückzukehren und in der gleichen Weise wie damals unbedroht und unangefochten zu sein.

Versteht man den Sinn solcher Gebärden, so begreift man ineins auch den Sinn der Erkrankung, auf die sie antworten. Alle psychisch bedingten Erkrankungen lassen sich lesen als verzweifelte Selbstheilungsversuche, und speziell die psychogene Blindheit wird man ... (so) verstehen müssen. ... Wie muß der Anblick der Welt ihn verletzt haben, daß er davor nur noch die Augen verschließen mag? ... Erst unter Annahme eines solchen Erlebnisgrundes versteht man die übrigen Details dieser Wundergeschichte des Markusevangeliums in ihrer inneren Stimmigkeit und psychologischen Stringenz.« (Markusevangelium, S. 525–527)

Mit Hilfe seiner tiefenpsychologischen Hermeneutik analysiert Drewermann nun die Erzählung wie den »Verlauf einer psychotherapeutischen Behandlung« (aaO, S. 528). Er übersetzt jedes Detail aus der rekonstruierten Krankengeschichte und aus dem Verhalten Jesu: die innere Notwendigkeit der Absonderung, das weiblich-mütterliche Symbol der Bäume, die Aufforderung an den Geheilten, nach Hause und nicht ins Dorf zurückzugehen.

Von seinem gleichfalls tiefenpsychologisch geprägten Verständnis des Textes kommt Helmut Hark zu ähnlichen Einsichten: »Bei den von Jesus geheilten Blinden dürfte es sich um psychogene Erblindung gehandelt haben, die ihren Ort in den aufgezeichneten Problemzusammenhängen haben dürften.« (Jesus der Heiler, Walter-Verlag 1991^2, S. 154)

Ebenfalls »Therapeutische Einsichten aus biblischen Geschichten« vermittelt Michael Nüchtern in seinem Buch »Was heilen kann«, Vandenhoeck (Transparent Bd. 6), Göttingen, 1994. Darin ist für unseren Zusammenhang der Abschnitt »Berühren und Loslassen«, S. 75–83, lesenswert.

Einen ganz anderen Zugang zu dieser Geschichte beschreibt Heidemarie Langer in ihrem Buch »Vielleicht sogar Wunder«, Kreuz Verlag Stuttgart, 1991, S. 107–116. Im bibliodramatischen Erarbeiten erfahren Menschen sich selbst in der Geschichte. Aus dem bibliodramatischen Prozeß hier ein paar eindrucksvolle Äußerungen der Teilnehmerinnen: »Das ist wunderbar. Das ist eigentlich genau, was ich brauche. Weggeführt zu werden aus dem ganzen Rummel des Dorfes, der Familie. Die Augen zumachen zu dürfen und eine gute Hand zu fühlen, die mich führt. Ich möchte gar nicht die Augen aufmachen. Ich bräuchte das eigentlich sehr, sehr lange.« (S. 109)

Durch Nachspielen der Geschichte in der Gruppe erleben die Frauen, wie groß die menschliche Nähe zwischen Jesus und dem Blinden gewesen sein muß – und das Vertrauen zwischen beiden. »Alle erzählen später, wie wohltuend diese kleine Übung für sie gewesen sei. Wie eine Augen- und Seelenmassage, die Kühle des Speichels oder des Wassers. Und viele wissen zu berichten, daß eben diese Kühle, dies Flüssige sie innerlich wie auf einen Punkt brachte, zentrierte. Als wäre hier plötzlich durch die äußere Berührung ein Inneres aufgefangen.« (S. 111)

Die Predigt bereite ich für den Gottesdienst in einer psychiatrischen Klinik vor. Ich will uns eine seelsorgerliche Predigt halten. Dabei werde ich klar und direkt, möglichst nicht zu lang, vielleicht in einer anschaubaren

Geschichte noch einmal zusammenfassend reden müssen. Wenn ich an den Patienten vorbeirede oder sie langweile, werden sie mich womöglich spontan unterbrechen. Wenn ich *zu sehr* ihre innere Not treffe, kann der Druck für sie zu groß werden, daß sie aufstehen und gehen werden. Die Predigt soll berühren, behutsam die Augen öffnen für das eigene und das fremde Leid und das Wunder seiner Verwandlung. Sie soll auch Augen öffnen für den, den dieses Leid so anrührte, daß er das Wunder vollbrachte, Menschen so zu berühren, daß sie heil wurden.
Ich könnte mir zu diesem Text auch eine narrative Predigt aus der Sicht des Geheilten vorstellen (Vgl. dazu das schöne Beispiel von Siegfried Metzger in »Begegnen, berühren, heilen«, hrsg. v. R. Steinhilger, Quell Verlag Stuttgart, 1991, S. 34ff.) Auch eine selbstkritisch christologische Predigt über unsere Verblendungen und den Ort Christi bei den Leidenden und Getretenen würde mich reizen. Dann hießen die Fragen: Was sehen wir alles nicht im Blick auf die Natur, im Blick auf den Umgang mit uns selbst, im Blick auf unsere Jugend, im Blick auf die Zukunft der Gemeinde.

Vorschläge zur Liturgie

Eingangsvotum
Das geknickte Rohr wird er nicht zerbrechen, und den glimmenden Docht wird er nicht auslöschen. (Jesaja 42,3)

Eingangspsalm
Siehe Vorentwurf der Erneuerten Agende, Bielefeld 1990, zum 12. Sonntag nach Trinitatis, S. 284

Eingangsgebet

Herr,
laß mich jetzt hier zur Ruhe kommen.
Vieles verschlägt mir die Sprache,
vieles verstellt mir den Blick.
Aussichtslos komme ich mir manchmal vor,
ohne Zukunft.

Öffne du mir jetzt Ohren und Augen,
daß ich dein heilsames Wort höre
und wieder meinen Weg sehe,
der mich hierher gebracht hat,
der aber weiterführt,
dessen Strecke und Ziel du schon längst kennst.

Komm, Herr, begleite mich,
daß ich wieder klar sehen und gehen kann. Amen.

Lieder
»Nun lob, mein Seel, den Herren«, EG 289, 1+3+5; vor der Predigt: aus »Ich will dich lieben, meine Stärke«, 400,4–6 oder »Ich möcht', daß einer mit mir geht«, 209,1–4; nach der Predigt: aus »Lobe den Herren, o meine Seele«, 303,6 oder aus »Du meine Seele singe«, 302,6 oder das sehr schöne neue Lied »Meine engen Grenzen«:

2. Meine ganze Ohnmacht,
was mich beugt und lähmt,
bringe ich vor dich. Wandle sie in Stärke.
Herr, erbarme dich.

3. Mein verlornes Zutraun,
meine Ängstlichkeit,
bringe ich vor dich. Wandle sie in Wärme.
Herr, erbarme dich.

4. Meine tiefe Sehnsucht
nach Geborgenheit,
bringe ich vor dich.
Wandle sie in Heimat.
Herr, erbarme dich.

T: Eugen Eckert
M: Winfried Heurich
S: Jürgen Kandziora

aus: LP/MC »Aus Liebe zum Menschen. Ökumenische Messe für den Frieden«, Nr. 9980

Zum Thema paßt auch das leicht sing- und lernbare Lied: »Ein Funke ist genug«, vor allem Strophen 1 und 3, aus: »Songs junger Christen«, Hänssler Verlag, Neuhausen-Stuttgart.

Lesung
Die alttestamentliche Lesung des Tages Jesaja 29,17–24 würde ich nur bis Vers 20 einschließlich lesen. Geeignet ist auch die Epistel des Sonntags Apostelgeschichte 9,1–20.

Fürbittengebet

Für alle, Herr, die blind durchs Leben gehn, bitten wir:
Sei du das Licht auf ihrem Weg, das ihre Augen öffnet.

Für alle, die blind in ihrem Haß oder ihrer Verzweiflung sind, bitten wir: Schenk' ihnen neue Einsicht, die klärt und weiterbringt.

Für alle, die sich verstrickt haben in Schuld und Ausweglosigkeit, bitten wir: Gewähre ihnen Nachsicht, daß sie Vergebung und Hoffnung erfahren.

Für Eltern bitten wir:
Laß sie das Glück und die Not ihrer Kinder sehen.

Für Jugendliche bitten wir:
Laß sie Sinn in ihrem Leben finden, Zufriedenheit und Arbeit und gute Freunde.

Für Menschen, die an Verantwortung schwer tragen, bitten wir um Weitsicht, daß sie in Weisheit die richtigen Entscheidungen treffen und Fehler korrigieren können.

Für die Unbekümmerten und Ungestümen, die ihr Leben ausprobieren müssen, bitten wir um Vorsicht, daß sie wenig Schaden nehmen.

Für die Schwachen unter uns, die Älteren und Kranken, bitten wir um Rücksicht und Nachsicht der Starken und Gesunden.

Für uns alle, Herr, denen oft die Sicht getrübt ist, bitten wir um Umsicht, die kleinen und großen Wunder am Rand des Weges nicht zu versäumen.

So bitten wir: Sei du das Licht, die Wärme und die Freundlichkeit, der du die Augen öffnest. Amen.

Vorschlag zur Predigt

Möglicher Predigtanfang

Diese Geschichte geht gut aus! Am Ende ist ein zuvor kranker Mensch gesund. Am Ende sieht er, klar und deutlich, der zuvor vielleicht jahrelang in Blindheit gefangen war. Am Ende ist Heilung, ist klare Sicht, Durchblick, die neue Lebensperspektive.

Doch bis dahin ist ein weiter Weg. In dieser Geschichte – und dann auch in unseren Geschichten. Darum brauchen wir diese Geschichten aus der Heiligen Schrift, die gut ausgehen, an deren Ende Befreiung und Heilung stehen, damit wir durchhalten in unseren noch unheilen eigenen Geschichten. Darum brauchen wir diese Heilungsgeschichte von dem blinden Mann, um uns darin selbst, unser eigenes Leid und seine Veränderung zu entdecken.

Zum weiteren Verlauf

»Und sie brachten zu ihm einen Blinden« –

(Ich versuche nun, die Geschichte des Textes mit den Geschichten der Hörer zu verknüpfen, wobei die Deutung der biblischen Geschichte helfen soll, die je eigene Geschichte zu verstehen. Dabei folge ich der Dramaturgie des biblischen Textes).

Wie gut ist's, wenn man Freunde hat, die für einen handeln, wenn man selbst nicht mehr kann. Oder wollten sie den Kranken nur abschieben? Manchmal weiß man das ja nicht genau: Wollen sie mir helfen, helfen lassen oder wollen sie mich los sein? ...

Jedenfalls kam er in Bewegung, dieser blinde Mann. ... Er wird zu einem Menschen gebracht; zu einem ganz besonderen, wie sich herausstellen wird ...

Und Jesus läßt die andern stehen, in ihrer eigenen Finsternis. Er sieht jetzt nur den Einen. Und er nimmt ihn liebevoll und kräftig bei der Hand und führt ihn weg von ihnen.

Manchmal ist schon das wohltuend, fast heilend: Einfach weg von ihnen, Abstand finden ...

Ganz wie eine Mutter, liebevoll und zärtlich, berührt Jesus diesen erwachsenen Mann. Er berührt seinen wunden Punkt, seine Augen, mit denen er nicht mehr sehen kann, weil er schon lange nicht mehr sehen will ...

Einmal wieder Kind sein dürfen, wenn auch nur für eine kleine Zeit. Da gehen die Augen über. Da kommt lange Eingefrorenes in uns in Fluß ...

Wie ein Arzt fragt Jesus hier: »Siehst du etwas?« Er will den bislang sprachlosen Mann offenbar zum Reden bringen. Heilung in uns hat immer auch mit Zum-Reden-bringen zu tun ...

(zu seiner verblüffenden Antwort:) Merkwürdig: Es sind doch gar keine Menschen da! Aber offensichtlich sind sie immer für ihn da, sind sie sein Thema, die Menschen, ob blind oder sehend. Und doch hat sich etwas verändert. Er sieht sie wie Bäume, wie wandelnde Bäume, diese Menschen, die vermutlich daran schuld sind, daß er seine Sehkraft verlor ... Es ist alles noch im Unklaren, im Umbruch, im Werden. Gesundwerden ist doch ein langer und langsamer Prozeß. Gesundwerden vollzieht sich in mehreren Stufen ...

Jesus schickt den Geheilten heim zu sich. Nicht gleich wieder zurück ins Dorf. Er muß wohl erst zu sich selbst kommen, bevor er sich den Blicken der andern wieder aussetzen kann ...

Abstand – zärtliche Berührung – Zeit – Jesus, der den Menschen das Heil Gottes brachte, ließ so einen Menschen heil, wieder gesund werden.

Möglicher Schluß

Vielleicht ist das gar nichts Außergewöhnliches, sich so zu begegnen. Liebende wissen ein Lied dvon zu singen. Bettina Wegner z. B.:

»Nimm deinen Segen nicht von mir / deine Hände liegen / und deine Liebe und bleib hier / wenn alle Vögel fliegen.

Und wenn du in der Tür schon stehst / dann komm noch einmal wieder / und hör mich an, bevor du gehst / und höre meine Lieder.

Leg deine Hand auf mein Gesicht / so, daß mich niemand sieht / Dann, Liebster, fürchte ich mich nicht / vor allem, was uns blüht.
Nimm deinen Segen nicht von mir / laß deine Hände liegen / und deine Liebe und bleib hier, / wenn alle Vögel fliegen.«
(Aus: Deine Güte umsorgt uns, Hrsg. Martin Schmeisser, Verlag am Eschbach, 1989)

Zum Schluß lese ich Ihnen eine kleine Geschichte vor, die zeigt, daß das Wunder damit beginnt, daß einer die Not sieht, und daß das Wunder geschieht, wenn viele Helfer Ideen haben und viele kleine Schritte tun:

»Es war einmal eine kleine Blume, die stand mitten in der Wüste. Täglich wartete die kleine Blume auf einen Regentropfen. Immer hatte man ihr erzählt, wie wichtig und schön der Regen sei. Doch wenn es wirklich nach Regen roch, kamen die Geier und fingen alle Hoffnung ab. Mit Mühe hielt sich die kleine Blume im lockeren Boden und hatte einfach Angst. Angst vor der sengenden Hitze, Angst vor der Einsamkeit, Angst vor dem nächsten Sturm.
Ein Kolibri sah ihre Traurigkeit und sagte dies den anderen Tieren weiter. Der Stier hatte kein Interesse. Für ihn galt nur, was stark ist. Auch der Bernhardiner blieb kalt, ihn rührte nichts. Sein Hobby war die Langeweile. Und die Elster, die immer so große Töne schwang, sagte, sie habe zuviele Termine und wirklich keine Zeit. Da war der Kolibri verzweifelt; denn was sollte er, ausgerechnet der kleinste unter den Vögeln tun? – Da schwirrte er kurzentschlossen zu den Ameisen und berichtete ihnen von den großen Traurigkeiten der Blume.
Ohne zu zögern bildeten die kleinen Tiere eine lange Kette, schleppten Grassamen und Früchte bis an die Wurzeln des Kummers, benetzten alles ein wenig mit Tau, und es dauerte nicht lange: da wuchs Leben mitten in der Wüste, und die kleine Blume entwickelte sich zu einem strahlenden Glanz, den ihr niemand zugetraut hatte.
Und alles war nur möglich, weil der Kolibri die Ameisen benachrichtigt hatte.«
(Aus: Willi Hoffsümmer, Kurzgeschichten 2, Grünewald-Verlag Meinz, 1983, S. 122 f.)

Kontext

Die Blinden und der Elefant
In einer Stadt hinter den Bergen, so lautet eine alte Erzählung, waren alle Menschen blind. Sie hatten sich daran gewöhnt. Da alle blind waren – und dies schon seit Menschengedenken –, litt keiner mehr darunter.
Eines Tages kam ein fremder König in diese Gegend. Draußen, vor den Toren der Stadt, lagerte er sich mit seinen Soldaten. In dem Troß, den der König mitführte, gab es etwas Besonderes: einen Elefanten. Zu feierlichen Anlässen ritt der König auf ihm.
Als die Leute in der Stadt von dem Elefanten hörten, wollten sie wissen, wie er aussieht. Vier eilten hinaus vor die Tore, um seine Gestalt und Form festzustellen. Da sie blind waren und also den Elefanten nicht sehen konnten, betasteten sie ihn mit den Händen. Jeder berührte den Elefanten an einer anderen Stelle. Jeder machte sich auf diese Weise ein Bild vom Elefanten. Und jeder hielt sein Bild für richtig. Als die vier zurückkamen, fragten die in der Stadt Gebliebenen: »Wie sieht der Elefant aus? Sagt es uns!« Und sie erzählten, was sie wußten.

Einer, der den Rüssel des Elefanten ertastet hatte, meinte: »Das Tier gleicht einer großen Wasserpfeife, aber warm und weich.« Ein anderer, der das Ohr betastet hatte, sagte: »Das Tier ist wie ein riesiger Fächer oder wie ein Teppich.« Für den dritten, der ein Bein angefaßt hatte, war eindeutig: »Ich spürte es, es war eine Gestalt wie eine feste Säule.« Und der vierte, der die Hand auf den Rücken des Elefanten gelegt hatte, war überzeugt: »Er ist ein Thron, hoch erhaben über dem Boden.« Jeder der vier war sicher, recht zu haben. Jeder erzählte, was er erkannt hatte.

So kamen die Bürger der Stadt ziemlich durcheinander. Sie konnten sich kein Bild machen. Keiner wußte, wie der Elefant wirklich aussahe. Keiner kannte das Ganze.

Persische Gelehrte fügen an diese Geschichte an: Genauso ist es mit Gott.

(aus: Bernhard Wilde, Meine zehn Gebote. Burckhardthaus-Laetare Verlag, Offenbach, 1980).

13. Sonntag nach Trinitatis

Annäherungen an den Predigttext Matthäus 6,1-4

Hartmut Wenzel

Das Gespräch über diesen Text wurde in einem Hauskreis geführt, dessen Teilnehmer/Innen der mittleren Generation angehören.

Erste Reaktion
»Das ist ein einfacher, verständlicher Text. Er spricht uns unmittelbar an. Auch wir neigen dazu, mit unserer Frömmigkeit, unserer Wohltätigkeit Ansehen bei den Menschen zu erlangen. Wir lieben, um geliebt zu werden. Weil wir dieser Schwäche immer wieder erliegen, brauchen wir die klare Mahnung Jesu. Hoffentlich sagt es der Pfarrer auch so deutlich wie der Text!«

Nötige Information
So sehr die Gesprächsteilnehmer/Innen darin einig waren, daß eine Predigt über diesen Text sie in ihrer Lebenswirklichkeit heute ansprechen sollte, so nötig erschienen ihnen doch auch Informationen über die jüd. Frömmigkeitspraxis von damals. Besonders deshalb, weil die Verbindung von Heuchler und Synagoge Anlaß zu antijudaistischen Vorurteilen geben könnte. Die Wendungen von »Ausposaunen« und »laß deine linke Hand nicht wissen, was die rechte tut«, so sprichwörtlich sie auch geworden sind, müssen erklärt werden. Die Begriffe »Frömmigkeit«, »Gerechtigkeit«, »Almosen« und »Heuchler« sind für den heutigen Menschen unklar. Man versteht den Text zwar gut im Zusammenhang, denoch hat sich der Sprachgebrauch dieser Begriffe heute geändert.

Persönliche Zusprache
Richten sich aber die Mahnungen des Textes an uns persönlich, – immer wieder wurde betont, daß hier jeder selbst gemeint ist und jeder hier auch sein »Problem« erkennt – dann muß die Predigt auch klarmachen, wie wir dem Anspruch Jesu heute folgen können. Ein Geschäftsmann erzählte, daß er für die Publizität seiner Firma öffentlich Gutes tun muß. Ist das falsch? Darf die Kirche, wie neuerdings versucht wird, für sich zu werben? Wie ist die Gratlinie zu beschreiben, auf der man einerseits das Evangelium nicht

unter den Schaffel stellen, andererseits sich selber aber nicht auf den Scheffel stellen darf? Wo ist der Unterschied zwischen einer zur Schau gestellten Frömmigkeit und dem öffentlichen Bekenntnis des Glaubens? Galt früher der regelmäßige Gottesdienstbesuch oft als fromme Sitte, so hat sich das heute verändert. Was sollen wir denen antworten, die uns Gottesdienstbesuchern vorwerfen, wir wollten unsere Frömmigkeit zeigen? In einer Zeit, in der in der Öffentlichkeit »Frömmigkeit« meist negativ verstanden wird, wird erwartet, daß die Predigt des Pfarrers nicht auch die letzten »Frommen« vertreibt, sondern Mut macht zu einem Leben, in dem wir nicht vor Menschen, sondern allein bei Gott Anerkennung suchen. »Ich möchte ganz konkret in der Predigt hören, wo und wann ich in der Situation bin, zum »Heuchler« zu werden, wieweit ich meinem eigenen Gewissen folgen darf und wo die Grenzpfähle stehen, die Jesus hier aufgestellt hat.«

Erfahrungen

Wir kennen viele Leute, die sich so verhalten wie die Heuchler, die unser Text bechreibt. Gerade unsere Leistungsgesellschaft verführt uns, unsere Vorzüge herauszustellen und überall nach Beifall zu suchen. Unsere Frage ist, wieweit wir uns dieser Gesellschaft schon angepaßt haben und uns auch anpassen müssen. Müssen wir uns nicht auch gut verkaufen? Von den guten Werken, die in den sozialen Einrichtungen der Kirchen getan werden, sieht und hört man viel zu wenig. Die Volkskirche mit dem System der Kirchensteuer entlastet uns, unsere »Almosen« zur Schau zu stellen. Wir geben anonym. Aber müssen wir nicht, angesichts des Hungers in der Welt und des relativen Reichtums in unserem Land, zu größeren Spenden aufrufen und ein gutes Beispiel geben? Es ist die Aufgabe der Predigt, daß der Spender sich nicht durch seine Gabe gerechtfertigt, sondern allein durch den Zuspruch der Gnade Gottes bestätigt weiß.

Fragen

Einige Teilnehmer des Gesprächskreises fragten gleich am Anfang, wie die in diesem Text enthaltene Vorstellung vom Lohn mit der Lehre von der Rechtfertigung allein aus Gnade zu vereinbaren sei. Sie meinten, hier einen Widerspruch zwischen dem Text und Paulus zu erkennen. Wer Gutes tut, tut es aus Dank für Gottes Güte. Er rechnet nicht mit Lob, weder von den Menschen noch von Gott. Er ist selbstverständlich wohltätig, so wie die Linke nicht weiß, was die Rechte tut. Diese Gesprächsteilnehmer erwarten, daß in der Predigt klargestellt wird, inwiefern sich Bergpredigt und Paulus nicht widersprechen. So wichtig ihnen diese Frage war, so machten sie aber auch deutlich, daß sie keine dogmatische Predigt erwarten, sondern Ermahnung und Ermutigung zur Hilfe für den Nächsten.
Darin waren sich alle einig, daß eine Predigt über diesen Text sie ermutigen soll, nicht um ihrer selbst willen, sondern um des Nächsten und um Gottes

willen, heute im guten Sinne fromm zu sein und Gutes zu tun. Weil wir darin immer versagen, sind klare Worte nötig, wie auch die zum Teil überspitzten Formulierungen des Textes besonders anschaulich sind.

Zum Gottesdienst

Stefan Claaß

Theologisch-homiletische Skizze

Die Mahnung zum Almosengeben ist untrennbar mit den beiden folgenden zum Beten und Fasten verbunden. Alle drei benennen gemeinsam jüdische praxis pietatis, Übungen der Frömmigkeit, die über Gottes Weisung (Gesetz) noch hinausgehen.
Für Almosen steht das Wort sedaqa, gleichbedeutend mit Gerechtigkeit, Frömmigkeit und den daraus resultierenden Handlungen.
Auch hier findet sich Kritik an zweckdienlicher und Lob an heimlicher Wohltätigkeit (Baba Batra 9f.). Obwohl es sich um verdienstliche Taten handelt, besteht die höchste Form doch in der imitatio Dei, dem Handeln aus Gottesliebe.
Die meisten Exegeten sehen in den Mahnungen eine Rede Jesu, auch wenn Matthäus durch V. 1 einen redaktionellen Leitfaden gibt.
Da Almosengeben, Beten und Fasten ebenso jüdischer wie christlicher Glaubenspraxis entsprechen, ist anzuerkennen, daß auch die Kritik an mißratener Praxis parallel formuliert wurde. Antijudaistische Auslegung wäre gleichermaßen antichristliche Auslegung.
Zum Kontext: Interessant ist die Brücke von teleios (vollkommen) zu dikaiosyne (Gerechtigkeit) in 5,20 einerseits und 6,1 andererseits: »Gerechtigkeit und Vollkommenenheit meinen, je nach verschiedenen Seiten, dasselbe. Beidemal steht die eschatologische Erfüllung der Beziehung des Menschen zu Gott im Blick ... Diese Ganzheit ist die Gerechtigkeit, die der Beziehung zu Gott und dem Nächsten wirklich gerecht wird.« (Goppelt, Theologie des NT, 559.)
Wie also ist das Wort in V. 1 zu übersetzen?
Gerechtigkeit oder Frömmigkeit (wie in früheren Luther-Revisionen) – beides ist zutreffend, denn Matthäus bezeichnet damit einen Glauben, der sich vollkommen Gott verdankt, daraus lebt und handelt. Ein Schlüsselwort des Evangelisten für solch lebendigen Glauben ist die Barmherzigkeit (s. 5,7; 9,13; 12,7). In den »Annäherungen an den Text« wird nach dem Zusammenhang der Rechtfertigungslehre gefragt. Matthäus sieht in der dikaiosyne zwar auch die geschenkte Gerechtigkeit, zugleich aber auch die

sich weiterschenkende Frömmigkeit. Die Zuwendung Gottes weckt die Hinwendung des Menschen zu Gott und zu den Nächsten. Die dikaiosyne ist die Sphäre Gottes, in die wir hineinversetzt werden, die uns die Luft zum Ein- und Ausatmen des Glaubens schenkt und sich menschlichen Berechnungen entzieht.
Almosen (griech. eleemosyne, gleicher Wortstamm wie eleeos, Barmherzigkeit) bezeichnet alle Art von Wohltätigkeit und tiefer Zuwendung (vgl. Tobit 1,3; 12,8; Sirach 7,10).
In unserem Sprachgebrauch ist es dagegen negativ besetzt im Sinne von: mit einer Kleinigkeit abspeisen. Geprägt durch die Verflachung des Almosengedankens im Mittelalter zum mechanisch-verdientlichen Werk richtet sich unser Augenmerk bei dem Stichwort eher auf die Gebenden; biblische Aufmerksamkeit gilt den Empfangenden. Nicht was wir übrig haben ist gefragt, sondern was andere nötig haben.
Die Gefahr, Wohltätigkeit zweckdienlich einzusetzen, ist nicht zu umgehen. Daher wurde stets die Mahnung mit auf den Weg gegeben, sie heimlich zu üben: »Das Almosen muß so verborgen bleiben wie die Hüfte des Menschen.« (Jüd. Stimme aus dem 3. Jh. n Chr.) Obgleich das »Ausposaunen« (V. 2) nicht klar belegt ist, wurden größere Spenden doch öffentlich genannt und gefeiert. Wiederum wäre antijudaistische Kritik auch antichristlich - in nicht wenigen Kirchen dürfte das Genannte zu betrachten sein anhand von Stifterfiguren, Plaketten oder Spendenlisten für die neue Orgel ...
Die hypokritai, die *Heuchler,* sind eigentlich Schauspieler. Sie stellen etwas dar, um bei anderen Reaktionen hervorzurufen. Ob sie dabei subjektiv unehrlich handeln, wie unser Sprachgebrauch suggeriert, ist nicht gewiß. Kritisiert wird, daß sie mit ihren Handlungen eine Absicht verbinden, sei es zu Missions- oder auch zu Machtzwecken (Schottroff, Gottesdienstpraxis V, 5, 1982). Denn immer da, wo Wohltätigkeit zweckdienlich wird, leidet die Würde der Empfangenden, sie werden eingebunden in die Absichten der Gebenden.
Von *Lohn und Vergeltung* wird bei Matthäus in 6,1–18 am intensivsten gesprochen. »Ich habe meinen Lohn empfangen« war eine übliche Quittungsformel im Geschäftsverkehr. Deutlich wird, daß der Lohn bei Gott oder bei den Menschen zwei »Verrechnungsarten« sind, die nichts miteinander zu tun haben und zumindest nicht voneinander ablesbar sind (vgl. Römer 2,29). Schließen sie sich gar gegenseitig aus?
Unbestritten ist, daß Almosen vor Gottes Angesicht stattfinden (Apostelgeschichte 10,4.31), bestritten wird die Berechenbarkeit des Lohns. Wohltaten sind die freie Antwort auf Gottes zuvorkommende Liebe; Lobpreis der Wohltäterinnen und Wohltäter durch Menschen ist letztlich bedeutungslos.
Chaotische Zustände beklagen wir, wenn wir etwa einer Verwaltung vorwerfen, es wisse *die linke Hand nicht, was die rechte tue.* Bei einem einzelnen

Menschen eine schiere Unmöglichkeit, macht diese fröhliche Ubertreibung deutlich, wie das Geben vor sich gehen soll: zweckfrei und so natürlich, daß es zu unserem Wesen gehört wie das Atmen und das Lächeln. Tiefenpsychologisch ist »die linke Seite als Symbol für das ›Unbewußte‹ zu verstehen, während ›rechts‹ die bewußte Hälfte der Psyche bezeichnet.« (E. Drewermann, Tiefenpsychologie und Exegese II, Olten 1985, S. 407.) Leider hat Drewermann bei seinem Zitat von Matthäus 6,3 die Seiten vertauscht, so daß das Geben gerade nicht unbewußt gefühlsmäßig geschieht, sondern wohlüberlegt und bewußt.

Konsequenzen für die Predigt: Die Dreiheit des Glaubenslebens (Beten, Almosengeben, Fasten) erinnert an die Dreiheit des Liebesgebotes (zu Gott, zu den Nächsten, zu sich selbst). Es geht also nicht an, jeweils erst die eine Seite, dann die andere zu betrachten – primär ist die Beziehung. Bei jeglichen Wohltaten ist nach der gottgefälligen Beziehung zwischen Gebenden und Empfangenden zu fragen. Dies soll der erste Schritt der Predigt sein.

Danach wird es darum gehen, in den Text hineinzusteigen, um die Kritik Jesu nachvollziehen zu können. Es wird umso besser gelingen, je mehr wir die Heuchler »entteufeln«, sie stattdessen als alltäglich schauspielerische Menschen sehen. Der Heuchler als Mensch wie du und ich – nicht von vornherein böswillig und bigott, sondern um den Glauben bemüht, von Selbstzweifeln geplagt. Die »Annäherungen an den Text« haben das unter dem 3. Punkt wunderbar verdeutlicht. Die Kritik Jesu wird zu einem Plädoyer gegen die Schauspielerei und für eine natürliche Barmherzigkeit führen.

Deshalb ist im dritten Schritt zu fragen, wie wir solche Natürlichkeit zu gewinnen vermögen (s. die in den »Annäherungen« erwartete deutliche Ermutigung). Hier geht es um die Auseinandersetzung mit der Kritik an öffentlichem Wohltun, die ich übersetzen möchte als zweckdienliches, lohnorientiertes Geben. Befreiung aus dieser Zwanghaftigkeit werden wir dann gewinnen, wenn klar wird, daß unsere Barmherzigkeit nur aus der von Gott zuvor erfahrenen Zuwendung zu leben vermag.

Vorschläge zur Liturgie

Introitus: Psalm 112,5–10

Lieder

EG 182 (Suchet zuerst Gottes Reich), EG 307 (Gedenk an uns, o Herr/ Selig ...), EG 355 (Mir ist Erbarmung widerfahren), EG 418 (Brich dem Hungrigen dein Brot), EG 428 (Komm in unsre stolze Welt), Menschenskinderlieder 71 (Geht nur hin, bewahrt den Traum), Ubi caritas et amor (Taizé).

Lesungen
Evangelium nach Matthäus, 18,21–35 (Schalksknecht) in Verbindung mit EG 355 als Vorauserfahrung von Barmherzigkeit. Epistel: 1. Joh. 3,14–18.

Eingangsgebet
Milliarden von Jahren hat es gedauert, bis sich um die Erde eine Sauerstoffhülle gebildet hat, die Atmosphäre, in der Lebewesen atmen können. Wie lange wird es dauern, bis eine Atmosphäre der Liebe und des Friedens sich gebildet hat, in der wir leben können wie Menschen, die sich Gott verdanken?
(Nach L. Zenetti, Sieben Farben hat das Licht, München 1975.)

Sündenbekenntnis
Liturg/in: Du öffnest deine Hand, Gott, und schenkst Leben in Hülle und Fülle.
Konfirmand/in: Für die einen bleibt es bei der Hülle: sie hungern und dürsten nach Liebe, nach Gerechtigkeit, nach Nahrung.
Konfirmand/in: Die anderen nehmen geschenkte Fülle in Besitz: ohne zu schauen, woher sie kommt, wofür sie fruchtbar werden könnte.
Alle: Du hast uns aufeinander hingewiesen, Gott. Wir aber fürchten das Teilen: das Teilen von Aufmerksamkeit, von Zeit, von Gütern unseres Lebens. Hilf uns teilen, Gott, damit wir wieder zueinander finden: unsere Nächsten und wir – zu dir. Kyrie eleison (EG 178.9)

Gnadenzuspruch: Gott spricht: Ich will meinen Geist in euch geben und will solche Leute aus euch machen, die in meinen Geboten wandeln und meine Rechte halten und danach tun. (Ezechiel 36,27)

Fürbitten
Liturg/in: Wir wollen vor dir, Gott, die Litanei vom Menschen beten:
Alle: Wir, die wir Schuhe tragen,
beten zu dir mit den Hunderten von Millionen,
die barfuß auf dem Sand, im Staub oder auf harten Steinen gehen.
Liturg/in: Wieviele Schuhe, wieviele Kleider wären nötig?
Alle: Wir, die wir jeden Morgen die Zeitung lesen
und lange Jahre auf der Schulbank saßen,
beten zu dir mit allen,
denen das Lernen verwehrt ist.
Liturg/in: Wieviele Schulen, wieviele Stunden wären nötig?
Alle: Wir, die wir Nahrungsmittel in der Mülltonne versenken,
beten zu dir mit allen,
die im Abfall nach Eßbarem suchen.
Liturg/in: Wieviel Verzicht, wieviel Teilen wäre nötig?
Die Litanei vom Menschen ist lang, Gott.
Alle: Wir, die wir Geschwister sein wollen,

beten zu dir mit allen,
die durch deinen Geist erwarten:
maßlos unbescheiden sind wir, Gott,
in der Bitte um deinen Geist der Kraft und der Liebe und der Hoffnung.
Maßlos unbekümmert möchten wir uns auf den Weg machen:
damit die Litanei vom Menschen
sich in einen fröhlichen Kanon verwandelt. Amen.
(Nach einer Vorlage von Pierre Charles)

Vorschlag zur Predigt

Möglicher Anfang

Gottesdienst in einer amerikanischen Gemeinde. Ich sitze mit vierhundert fröhlichen Menschen in der Kirche. Die Predigt hat von den barmherzigen Samaritern unserer Tage erzählt, hautnah in den Straßen der Innenstadt. Der Chor stimmt einen zündenden Gesang an, die Helfer gehen mit den Sammelkörben durch die Reihen. Die Kollekte wird zum Altar gebracht und gesegnet, alle senken die Köpfe zum Fürbittengebet. Aber der Pastor hebt die Hand und sagt: »Liebe Gemeinde, die Gaben reichen noch nicht, um unsere Armenküche in diesem Monat zu finanzieren. Grabt noch einmal in euren Taschen, die Helfer machen eine zweite Runde.«
Bei uns undenkbar? Warum eigentlich?
Woran orientieren wir unsere Großzügigkeit? An der Zweckbestimmung der Kollekte? Meist ist sie schon vergessen, wenn wir in unserem Portemonnaie kramen.
Richten wir uns danach, wieviel wir übrig haben, ohne nachher selbst Not leiden zu müssen? Eher nicht, wir wollen ja nicht auffallen. Wir legen brav unser Zweimarkstück ins Körbchen und haben uns wieder einmal freigekauft.
In jener amerikanischen Gemeinde wird nicht nur vorher nachgedacht, für welches Projekt am Sonntag gesammelt werden soll, sondern auch überschlagen, wieviel Geld dafür gebraucht wird. Die Zuwendung der Gemeinde orientiert sich daran, was nötig ist.
Die Mahnung Jesu zur Wohltätigkeit sagt nichts darüber, wieviel wir geben sollen. Das ist nicht zu berechnen. Aber alle Zuwendung für andere steht unter seiner Verheißung: Selig sind die Barmherzigen, denn sie sollen Barmherzigkeit erlangen. Die Barmherzigkeit lenkt unseren Blick weg von uns selbst, hin auf die anderen. Sie freut sich daran, abgeben zu können, um anderen Menschen aufzuhelfen. Sie fragt nicht, was wir übrig haben, sondern schaut darauf, was andere nötig haben.

Zum weiteren Verlauf

Hier sollte der Einstieg in den Text erfolgen. Es muß deutlich werden, daß Jesus von Selbstverständlichem redet. Wohltun an anderen gehört zur

Gerechtigkeit/zum Glauben wie das Atmen zum Leben. In diesem Bild werde ich verweilen: Ist unsere Barmherzigkeit unterentwickelt, leidet sie an Atemnot - wir werden ohnmächtig. Hyperventiliert sie angesichts der Not der Welt - fallen wir ebenfalls in Ohnmacht.
Um das rechte Maß zu finden, bedarf es des Nachdenkens über das Leitwort »Gerechtigkeit«, das Gebende und Empfangende auf einer Stufe sieht. Test: Wie weit gelingt es, uns in die jeweils anderen hineinzuversetzen?
Im nächsten Schritt könnten wir die Heuchler aus ihrer Verbannung in die Böswilligkeit etwas näher zu uns zurückholen. Heuchler sind vielleicht nur »Hechler«, die mehr Atem einsetzen, als gut ist, geräuschvoll ihr Wohltun zu dokumentieren. Wer muß sich angesichts der Mahnung Jesu nicht an die eigene Nase fassen?
Im dritten Teil der Predigt wird es um die zentrale Kritik am öffentlichen Tun gehen. Wodurch solches Wohltun diskreditiert wird, ist seine Ausrichtung auf Anerkennung, auf Ziele.
Missions- oder Machteifer: zweckdienliches Wohltun mißachtet die Empfangenden, degradiert sie zu Objekten. Die Barmherzigkeit wird ausgeworfen wie ein Bumerang, der tunlichst zu uns zurückkehren sollte. Wer den Blick auf die kollektive Dimension weiten mag, findet gewiß Anschauung in einer Entwicklungshilfe, die sich vorrangig Anschlußaufträge für die eigene Wirtschaft erwartet.
Daß die rechte Hand gibt, ist ein Plädoyer für die rationale Besonnenheit des Wohltuns. Absichtslos ist nicht gleichbedeutend mit emotional.

Möglicher Schluß
Die große Frage, liebe Gemeinde, bleibt zum Schluß: Wie gewinnen wir das rechte Maß der Barmherzigkeit? Wie erobern wir uns jene Natürlichkeit und Leichtigkeit des Gebens, die Jesus im Sinn hatte?
Mit dem Einfachen tun wir uns am schwersten. Würden wir beispielsweise anfangen, über unser Atmen nachzudenken, wird es uns zweifelhaft und merkwürdig anstrengend. Erst nach langem Üben vermögen weise Menschen, die natürlichste Form des Atmens zurückzugewinnen. So, hoffe ich, wird es mit der Barmherzigkeit auch sein: durch langes Üben läßt sie sich finden.
Barmherzigkeit üben wird Teil unseres Lebens sein wie das Atmen. Wir öffnen uns und saugen die Güte Gottes in unserem Leben in uns auf wie klare frische Luft an einem neuen Morgen. Die so gewonnene Energie treibt uns an, Gutes zu tun. Kein Lohn soll uns winken. Aber vielleicht die Aussicht, ein wenig zur Freude Gottes an seiner Schöpfung beizutragen.

Kontexte

Wer sich selbst anschaut, leuchtet nicht. (Sprichwort)

Wenn wir so lebten, wie wir sollten, so würden die Kinder der Heiden uns mehr anstaunen, als jene, die Wunder wirken.
(Johannes Chrysostomus)

Aus der ach so karg gefüllten Schale unseres Herzens laßt uns Liebe schöpfen, wo nur immer einer Seele Schale leersteht und nach Liebe dürstet. Nicht versiegen drum wird unsere Schale, steigen wird die so geschöpfte Flut, nicht fallen. Fülle wird das Los des so verschwenderischen Herzens.
(Christian Morgenstern)

»Du warst einst ein Rattenfänger«, sagte die alte Frau, »und trotzdem bin ich dir nicht überallhin gefolgt.« Sie setzte hinzu: »Man muß auf jeden Fall die rechte Melodie kennen, sonst geht es einem an den Kragen.«
»Was ist denn deine Melodie?« fragte er.
»Sei gradlinig, lebe in Einfalt, bewahre dir die Bewußtheit deiner selbst, laß deine rechte Hand wissen, was deine linke tut.«
»Das wäre ja furchtbar!« rief er.
(Hannah Tillich: Ich allein bin, Gütersloher Verlagshaus, Gütersloh 1993, S. 20)

14. Sonntag nach Trinitatis

Annäherungen an den Predigttext
1. Mose 28,10–19 a

Wolfgang Roth

Gruppe: Predigtvorbereitungskreis Godramstein

Unser erster Eindruck war: der Text ist uns nah und fern, vertraut und fremd zugleich. So wurde noch keiner von uns in die Flucht geschlagen, so träumte noch keiner von uns von Gott. Und doch kennen wir das auch: Heimatliches, Vertrautes, Altes verlassen müssen – einen Traum von Gott haben. Wir sind nicht Jakob. Unser Interesse nimmt zu: Was war mit ihm? Warum mußte er sich auf den Weg machen, wo spielt das ganze? Uns interessiert Geschichte und Geographie der Szene.
Wir verstehen, daß einer, der einen so folgenschweren Fehler machte, der sich geistliche und weltliche Rechte ergaunerte, Angst bekommt und sich auf Anraten aus dem Staub macht. Uns verwundert, wie schnell Gott zur Stelle ist, wie fraglos er den erschlichenen väterlichen Segen bestätigt.
Uns beschäftigt für eine Weile der Unterschied und das Gemeinsame von väterlichem und göttlichem Segen. Wir blättern zurück, lesen Kap. 26,27 ff., sind fasziniert von dem handfesten, materiellen Segenswunsch des Vaters Isaak und vergleichen ihn mit dem spirituellen, mutmachenden Segen Gottes in 28,13 ff.
Dann sind wir schnell bei uns und fragen, woran wir denn konkret denken, wenn wir einem Menschen Segen wünschen. Wir wünschen uns dabei Isaaks Phantasie und Jakobs traumhafte Gewißheit.
Wir kommen zum Traum Jakobs zurück. Wie gut, daß er in dieser Nacht träumte. Einer aus unserer Gruppe, der schon einmal dort war, erklärt, daß es von Beerscheba bis Bethel etwa 80 km weit ist, daß Jakob also zwei Tagesreisen zu Fuß unterwegs war, immer nach Norden, daß zu seiner inneren Erschöpfung nun auch die körperliche kam. So ganz erschöpft kommt ihm ein Traum, fängt also seine Seele an zu sprechen. Der Traum ist die Sprache der Seele, sagt jemand, die ›Fremdsprache‹ der Seele ergänzt ein anderes Gruppenmitglied. Wie schön, daß Jakob seinen Traum wichtig nahm, fügt eine Teilnehmerin hinzu.

Wir machen uns daran, den Traum zu verstehen, seine Fremdsprache aus dem Lebenszusammenhang Jakobs heraus zu übersetzen. Uns fällt ein, daß Träume in der Nacht ja oft das fortsetzen, was am Tag abbricht, daß sie das vollenden, was in unserem Wachbewußtsein in die Brüche geht, daß sie das in unserer Seele ausgleichen, was wir an unverarbeiteten Erfahrungen nicht verkraften.

Jakob hat viel, fast alles verloren. Auf ein vages, weites Ziel hin macht er sich auf den Weg. Hinter ihm liegen Heimat, Familie, Land und Schuld. Vor ihm liegt nur eine gefährliche, fremde, umgewisse Zukunft. Da sieht seine Seele in der Nacht, woran er bei Tag im Traum nicht gedacht hätte. Er sieht eine Leiter zwischen Himmel und Erde. Was durch seine Schuld abgerissen ist, die Verbindung zwischen Himmel und Erde, die sieht seine Seele in der Nacht der Erschöpfung neu entstehen: eine Leiter und ein Auf und Ab von Engeln. Es kommt Bewegung in Jakobs erstarrte Beziehung zum Leben und zu Gott.

Er, um den es seit dem Verlust von Heimat, Familie, Recht und Sicherheit still geworden ist, er hört, und er hört erstaunlicherweise Gott, der ihm Unglaubliches zusagt: Land, Nachkommen und Segen durch ihn für die ganze Welt. Und daß es ihm nicht vorkommen mag, als verspräche ihm sein eigenes, geplagtes Ich das Blaue vom Himmel herab, vernimmt er zu dieser unglaublichen Zusage das Angebot Gottes von Schutz und Begleitung, Geborgenheit also in unwirtlicher äußerer und innerer Landschaft.

Wo ihm am Tag seiner Flucht Hören und Sehen vergeht, bekommt in der Nacht der Erschöpfung seine Seele Sehen und Hören neu geschenkt. Als er am Morgen erwacht, hat Jakob die Wende seines Lebens verstanden. Aus Dankbarkeit und Ehrfurcht macht er aus seinem Schlaf- und Traumstein einen Altar. Am äußersten Tiefpunkt seiner menschlichen Geschichte war ihm der lebendige Gott begegnet. Ganz oben und ganz unten, außen und innen kamen wieder zusammen, Zukunft tat sich auf, weil der Himmel offen war.

Aber der Blick und das Gehör dorthin muß die Pforte passieren, die hier wie so oft gar nicht himmlisch, sondern hart wie Stein ist und nur im Traum sich erschließt.

Wir fragen uns in der Gruppe, ob uns Ähnliches widerfährt. Wir schauen uns die Steine an, die uns im Weg liegen, ob sie aus dem Stoff sind, aus dem sich Altäre bauen ließen. Wir fühlen uns durch die Geschichte ermutigt, mit Gott zu rechnen: Wenn er sich schon so mit Jakob einließ, warum dann nicht auch so ähnlich mit uns!? Auch wenn sich keiner wie Jakob auf der Flucht befindet, wir wollen schon mal Öl besorgen ...

Zum Gottesdienst

Ralf Handelsmann

Theologisch-homiletische Skizze

Exegetische Skizze

Es ist selbstverständlich, daß die Perikope im Zusammenhang der Geschichten um die Person Jakobs herum gesehen werden muß. Einzelne Aspekte (z. B. die Ungeheuerlichkeit der göttlichen Offenbarung und Verheißung an den »Segensschwindler« Jakob) werden nur aus dem Zusammenhang heraus erkennbar.

Exegetisch bedeutsam ist, daß in dem Textabschnitt Verse jahwistischer (Verse: 13–16+19) und elohistischer Bearbeitung (Verse: 11–12+17–18) zusammenkomponiert sind. Diese Komposition geht eigentlich bis Vers 22, wobei die Begrenzung bis Vers 19 a sinnvoll ist, da die restlichen Verse lediglich die Kultgründungsaussagen um »Bethel« verstärken sollen.

In dem jahwistischen Teil wird inhaltlich die Verheißung an Jakob (Segen) ausgebreitet, in der dem hoffnungslosen Flüchtling Land, Nachkommenschaft und Machtfülle über die Grenzen hinweg versprochen wird. Es ist eine echte Theophanie, incl. der feierlichen Anrede an Jakob durch Gott selbst. In dem elohistischen Teil wird die eigentliche Traumvision und deren Inhalt geschildert (Leiter, usw.). Es handelt sich hierbei um ein wortloses Traumbild, wo Jakob an dem Ort ist, an dem Himmel und Erde sich berühren. Der Kultort Bethel steht dabei im Vordergrund. Hier ist Gott, nicht irgendwo. Jakobs »frommes Schaudern« (v. Rad) drückt die Ehrfurcht vor dem Geschehen und vor der Heiligkeit des Ortes aus (siehe zur Stelle u. a. W. Thiel; Gottesdienstpraxis Exegesen V. 4; 1988 und Gerhard v. Rad ATD Band 2–4 Göttingen, 11. Aufl. 1976).

Systematisch-theologische Skizze

Wichtigstes Thema des Textes ist für mich die Frage nach dem verborgenen und offenbaren Gott (deus abskonditus – deus revelatus). Ich könnte auch sagen: die Frage nach der Nähe oder Ferne Gottes von uns Menschen. Die Leiter reicht bis auf die Erde, Himmel und Erde berühren sich, aber es ist nicht der Himmel auf Erden. Es herrscht geschäftiges Treiben der Boten Gottes, ein Auf und Ab im Dienste Gottes für die Menschen, aber Jakob wird nicht eingeladen in den Himmel. Die Leiter (exegetisch besser: eine Steinrampe oder Treppe) ist kein gangbarer Weg für Menschen. Selbst in den jahwistischen Versen wendet Gott sich dem Jakob zu, aber er kommt nicht auf die Erde, sondern er bleibt oben stehen. Die Himmel sind offen, der Ort Bethel (Haus Gottes) ist etwas Besonderes, aber es bleibt dabei, daß Menschen Gott nicht in ihre Nähe holen können. Der Himmel wird nicht

verfügbar, aber Gott gewährt Einblicke in sein Reich, die den Menschen Jakob vor Ehrfurcht zittern lassen und die seinem Leben eine neue Bahn angeben.
Damit eng zusammen hängt der Themenkomplex von »Schuld und Vergebung« (Gesetz und Evangelium), bzw. der Segenszusage Gottes an den sündigen, gescheiterten Jakob. Nirgendwo erklärt Gott, warum der dem Menschen Jakob, der menschlichen Segen immer nur erschlichen hat, nun so eine Zusage macht. Gott macht den Gescheiterten zu seinem Werkzeug, er wird wieder neu angenommen und das Leben des zu Recht Vertriebenen erhält einen neuen Sinn. Gott gewährt ihm Einblick in seinen Willen und damit in die Zukunft. Er kommt Jakob nahe und beauftragt ihn. Alles Trennende verliert an Bedeutung. Gott gewährt sein Evangelium, ohne die Verfehlungen unter dem Gesetz zu verharmlosen.
Die Einblicke, die Gott gewährt, führen zu einer deutlichen Veränderung bei dem Menschen Jakob. Er war auf der Flucht, der ergaunerte Segen und sein erschlichenes Erstgeburtsrecht haben ihm nur Verbannung und Lebensangst eingebracht. Nachdem Gott ihm erschienen ist, läßt sich »Buße und Umkehr« spüren. Es bleibt eben kein Traum für Jakob, sondern er errichtet einen Altar, gießt Öl (Besitz) aus und versucht in der Zukunft die Verheißungen zu erfüllen. Die Stelle erinnert mich an den Ausspruch Jesu an die Sünderin: »Geh hin und sündige in Zukunft nicht mehr!« (Johannes 8,11 a) Gott sehen, erahnen oder spüren verändert das eigene Leben. Gott zeigt sich nicht nur in feierlichen Momenten, sondern oft dann, wenn Menschen (hier Jakob) es am wenigstem erwarten können.

Homiletische Konsequenzen
Die Textstelle beinhaltet viele Ambivalenzen, die sich z. T. in den Begriffspaaren der Exegese und Systematik wiederfinden lassen. Ebenso wirkt der Text auch auf die Hörer (siehe z. B. den ersten Satz der Annäherungen). Dies muß aufgenommen werden und darf nicht vorschnell geglättet werden. Die Person Jakobs eignet sich dazu, theologische Inhalte exemplarisch deutlich zu machen.
Am 14. Sonntag nach Trinitatis kommt in unserer ländlichen Gemeinde das Leben in der Kirchengemeinde nach der Sommerpause gerade wieder auf Touren. Die »neuen« Vorkonfirmanden werden im Gottesdienst sitzen, genau wie das traditionelle Publikum. Die Bildhaftigkeit der Person Jakobs und des Textgeschehens legen es nahe, narrative Elemente zum Aufbau eines Spannungsbogens für die Hörer zu verwenden. Damit wird auch das Hörerinteresse nach den genauen Begleitumständen des Geschehens befriedigt. Wenn damit begonnen wird, ist es ratsam, den narrativen Teil von den Abschnitten mit einem Transferversuch abzutrennen. Dies könnte z. B. durch den Einbau eines Liedes in die Predigt geschehen. Das Verlesen des Predigttextes sollte dann entweder als Vergewisserung ans Ende der Predigt gestellt werden oder sogar an Stelle der Epistellesung vorkommen.

In den Annäherungen ist für mich gut deutlich geworden, daß die Hörerwünsche sich nicht wesentlich von Jakobs Wünschen unterscheiden. Jakob wollte Segen um jeden Preis und Gott schenkt seinen Segen, obwohl Jakob ihn nicht verdient hat. Gerade an einem Tiefpunkt in seinem Leben angekommen, wird er von Gott beschenkt. Gott eröffnet Einblicke in seinen Himmel und die Zukunft. Wer von uns wünscht sich das nicht für sein Leben, solche Glaubensgewißheit, solch klare Zukunftsperspektive. Das Verblüffende für mich ist, auch wenn wir nicht oder selten so von Gott träumen, Gott ist spürbar. Er schenkt auch uns Einblicke. Das kann im Gottesdienst geschehen, aber letztlich auch im alltäglichen Einerlei und gerade in menschlichen Krisensituationen. Wir haben es oft nur verlernt, auf die Fingerzeige Gottes zu achten, und wir haben es verlernt, anderen davon zu berichten. Hier wird die Predigerin/der Prediger gefordert sein. Ich möchte vor platten Vergleichen warnen, sondern anregen, die Hörer und Hörerinnen für die eigene Geschichte mit Gott zu sensibilisieren. Wo das Besondere dieser Perikope lebendig genug geschildert wird, werden Parallelen im eigenen Leben sichtbar werden, ohne daß diese ausgesprochen werden müssen.
In dem Textgeschehen steckt eine ungeheure Dynamik. Jakob ist auf dem Weg (ein schwerer Abschnitt seines Lebens, ein Tiefpunkt), die Boten sind in einem ständigen Auf und Ab *pro nobis* begriffen und Gottes Verheißung beschreibt nicht einen Zeitpunkt, sondern einen Zeitraum, dessen Abgrenzung in die Zukunft offen bleibt. Ich halte es für wichtig, diese Dynamik in die Predigt aufzunehmen, d.h. es muß nichts Abgeschlossenes geboten werden. Auch gegensätzliche Begriffspaare (z.B. Gottes Himmel berührt die Erde, aber der Himmel ist nicht offen für Jakob) können stehen bleiben und spiegeln so ein Stück die Wirklichkeit menschlichen Glaubens wider. Dazu paßt auch, daß Jakob ein paar Kapitel weiter mit Gott am Jabbok ringt und er ihn eben nicht erkennt. Er ist schon gesegnet und trotzdem verlangt er dort noch einmal den Segen.

Vorschläge zur Liturgie

Biblische Lesungen
Ich schlage vor, Texte zu nehmen, wo Menschen trotz ihres Scheiterns, trotz ihrer inneren Widersprüche von Gott beauftragt und damit gesegnet werden. Die Berufungsgeschichte des Paulus, Petrus und seine dreimalige Verleugnung von Jesus, Jesus und die Ehebrecherin und viele andere mehr bieten sich an.

Lieder
Kanon: »Der Himmel geht über allen auf...« z.B. in: Mein Liederbuch Nr. B 61 aus dem tvd-Verlag Düsseldorf // »Gottes Liebe ist wie die Sonne...« z.B. in: Mein Liederbuch Nr. B 18 aus dem tvd-Verlag Düsseldorf // »Herr,

gib mir Mut zum Brücken bauen ...« z. B. in: Mein Liederbuch Nr. B 60 aus dem tvd-Verlag Düsseldorf // »Lob den Herren ...« aus: Evangelisches Gesangbuch (EG Nr. 316 (bes. Str. 5) // »Gott liebt diese Welt ...« aus EG Nr. 409 // »Der Mond ist aufgegangen ...« aus EG Nr. 482 Strophen 3–5 // Schlußlied: »Komm, Herr, segne uns ...« aus EG Nr. 170 // nach der Predigt: »Komm, bau ein Haus ...« mit der Refrainzeile: ... und beschreibe den Himmel der uns blüht! Z. B. aus: Mein Liederbuch Nr. 83 aus dem tvd-Verlag Düsseldorf.

Eingangs- oder Kollektengebet

Guter Gott, so nennen wir dich, denn wir hoffen für uns, daß du dich gut um uns kümmerst. Wir hoffen darauf, daß du in diesem Gottesdienst und in unserem Alltag spürbar an unserer Seite bist. Aber wir wissen auch: manches Mal suchen wir dich, ohne dich zu finden, manchmal bleibst du im Verborgenen und bist doch da. heute bitten wir dich darum: Schenke uns Einblicke in deinen Himmel, in deine Pläne mit uns. Dein Sohn Jesus Christus sei unser Fürsprecher bei dem, was wir bitten. Amen.

Fürbittengebet

Hinweis: Die abgedruckte »Kyrie-Strophe« aus Taizé (z. B. in Kirchentagsliederheft 1983 Nr. 641) soll zwischen den Bitten mit der Gemeinde gesungen werden. Der Gesang ist (auch für ungeübte Sänger/Sängerinnen) leicht lernbar.

Gesang aus Taizé; Melodie: J. Berthier

Jesus Christus, du hast uns allen gezeigt, wie gut es unser Gott mit uns meint, darum bitten wir dich: Gewähre auch anderen Einblicke in deinen Himmel, die dich noch nicht gespürt haben in ihrem Leben. Laß sie erleben, was Jakob erlebt hat, damit ihre Wege in die richtige Richtung gehen und weniger Leid über diese Welt kommt. Wir bitten dich, indem wir gemeinsam zu dir singen:
Kyrie eleison, Christe eleison!

Wir bitten dich für die Opfer menschlicher Gewalt und menschlicher Lüge. Laß uns nicht schweigen, sondern handeln, wo wir gebraucht werden. Hilf, daß wir anderen die Herzen öffnen für deinen Willen, für das, was wir von dir gespürt haben. Gib, daß wir es schaffen, für andere Steine aufzurichten, die ihnen erzählen von deiner Güte und deiner Nähe. Dazu brauchen wir dich, darum singen wir jetzt gemeinsam zu dir:
Kyrie eleison, Christe eleison!
Wir bitten dich für die Menschen in unserer Gemeinde und in unserem Bekanntenkreis, die im Moment nicht ein, noch aus wissen. Ob sie krank sind, arbeitslos, hoffnungslos oder ob ihre Beziehungen zu anderen zerstört sind. Öffne ihnen deinen Himmel, damit sie neue Träume haben. Schenke ihnen so deine Nähe, die tröstet und verändert. Und Herr, laß uns da Vergebung üben, wo das nötig ist. Wir singen gemeinsam zu Dir:
Kyrie eleison, Christe eleison.
... dann entweder das *Vater Unser* oder ein schlichtes »So sei es, so soll es sein!«

Vorschlag zur Predigt

Liebe Gemeinde!
Ich möchte Ihnen eine Geschichte von einem biblischen Schlitzohr und Gauner erzählen. Der Mann heißt Jakob und ist einer der Stammväter Israels im Alten Testament. Jakob ist der zweite Sohn von Isaak und Rebecca. Genau damit hat er so seine Probleme. Der 2. Sohn ist er, eben nicht der Erstgeborene, der mehr Rechte hat. Nicht der, der mal alles erben wird. Jakob ist nicht einmal der stärkere Bruder. Das läßt ihn nicht ruhen. Mit List und Heimtücke ergaunert er sich erst von seinem Bruder das Erstgeburtsrecht für eine Mahlzeit. Dann betrügt er auch noch den fast blinden Vater um seinen Segen und bringt das Erbe an sich.
Ich glaube, jeder kann sich ausmalen, daß weder der Vater noch der Bruder besonders fröhlich waren. So macht das Muttersöhnchen sich auf die Flucht. Rebecca, seine Mutter, hatte ihm bisher immer geholfen, aber was jetzt? Flucht in Schimpf und Schande, sonst blieb ihm nichts mehr.
Bald 80 Kilometer hat er schon zu Fuß zurückgelegt. Nicht über grüne Wiesen, sondern in einer Wüstengegend. Er ist fertig! Müde, von Dornen zerkratzt, durstig und ohne ein Dach über dem Kopf muß er draußen schlafen. Als Kopfkissen kann er sich nur einen Stein suchen. Er ist am Ende. Ob er wohl beim Einschlafen seine Betrügereien schon bereut hat?
Doch dann geschieht etwas Merkwürdiges. Jakob träumt. Na ja, nicht einfach so, denn für ihn ist dieser Traum ganz real. Er zweifelt nicht daran, daß seine Traumbilder Wirklichkeit sind. Er sieht den Himmel Gottes im Traum. Jedenfalls ein Stück davon. Eine Leiter geht von seinem Schlaf-

platz bis an den Himmel und darauf herrscht viel Betrieb. Boten sind zwischen Himmel und Erde unterwegs, um alles nach Gottes Willen zu regeln.
Aber das ist nicht alles! Er fühlt sich angesprochen von Gott. Er, der Betrüger und Lump bekommt eine ungeheuere Zusage von Gott. Das Land, wo er geradc schläft, soll einmal sein Eigentum sein, ihm wird eine große Familie versprochen. Ein ganzes Volk soll aus seinem Geschlecht hervorgehen und Gott will bei diesem Volk und bei Jakob mit seiner Hilfe bleiben.
Gott schenkt ihm Einblick in den Himmel und in die eigene Zukunft. Wer von uns wünscht sich das nicht? Aber gerade diesem Jakob wird das geschenkt, wieso ihm? Gott sagt nicht warum. Er begründet nicht, was er tut! Aber es wirkt! Jakob wacht auf und ist völlig durcheinander. Diesen Traum kann er nicht abtun. Ganz tief in seinem Inneren, da geschieht etwas. Jakob verändert sich. Gott hat ihm etwas gezeigt und das krempelt sein Leben um. Er hat wieder ein Ziel vor Augen. Und das wichtigste, er weiß, daß Gott um ihn herum ist.
Danke sagen zu Gott, das kann er wohl nicht, aber er richtet einen Stein auf als Zeichen für das, was Gott ihm gezeigt hat. Und schließlich kippt er aus seinem spärlichen Besitz wertvolles Öl auf diesen Stein. Gott soll doch wenigstens sehen, daß er verstanden hat! Jakob hat selber Fehler gemacht. Sein Weg war falsch. Doch jetzt hat Gott ihm Einblick in das gewährt, was gut und wirklich wichtig ist. Den Ort dieses Geschehens nennt er darum Bethel, das heißt: Haus Gottes! Schließlich durfte er Gott nahe kommen.

Skizzierte Fortsetzung
Nach diesem Teil des Erzählens werde ich eine deutliche Zäsur machen und das Lied »Gottes Liebe ist wie die Sonne, sie ist immer und überall da ...« singen lassen. Ich werde das einleiten, indem ich auf den Inhalt des Liedes verweise, der die Sehnsucht der Hörer und Hörerinnen treffen dürfte: Gott ist immer da, aber genau wie bei Jakob ist es eine geschenkte Sternstunde des Lebens, wenn ich ihn spüren kann!
Dann müßte dem Hörer/der Hörerin deutlich gemacht werden, wo es Berührungspunkte zwischen ihm/ihr und Jakob gibt. Ich würde folgende Punkte vorschlagen:

1. Jakobs Sehnsucht nach Segen, nach Zuwendung, letztlich nach Liebe. Ich werde bei der Sehnsucht nach menschlicher Liebe, menschlichem Segen anfangen und dann auch die Sehnsucht nach Gottes Segen, seiner Hilfe für uns anklingen lassen. Umfragen belegen z. B., daß die Sehnsucht nach dem »Transzendenten« in unserer Gesellschaft eher größer wird.
2. Jakob sieht den Himmel offen, aber der Unterschied zwischen Himmel und Erde bleibt. Das erlebe ich im Alltag genauso. Es gibt in meinem Leben Momente, da könnte ich die ganze Welt umarmen, aber der nächste Tag kann völlig anders aussehen. Wem es hilft, der sei auf K. Barth

und den »unendlichen, qualitativen Unterschied« verwiesen oder auf Tillichs Rede von der »göttlichen Essenz«, die aber für uns nur unter den Bedingungen der »weltlichen Existenz« erlebbar ist. Jakob wird nicht eingeladen in den Himmel zu kommen, und Gott bleibt oben auf der Leiter. Und trotzdem verändert dieser Berührungspunkt sein Leben. Wenn meine Kinder mich nerven, weil sie ihren dreckigen Mund an meinem Hemd abputzen, dann ist manchmal nur Ärger da und trotzdem sind die Kinder ein Stück weit ein »Einblick in den Himmel« für mich. Eine Ehe wird nie nur Sonnenschein sein. Zu hoffen, daß es nur glückliche Momente gibt, ist der Anfang vom Ende, denn solche Überforderung hält kein Partner/keine Partnerin aus. Aber es bleibt bestehen, daß Momente höchsten Glücks möglich und gut sind.

3. Jakob wünscht sich Segen, will glauben an Menschen und an Gott. Das geht mir auch so und doch ist der Zweifel immer dabei. Auch bei Jakob ist und bleibt das so! Er sieht Gott in seinem sehr realen Traum, aber morgens ist der Traum vorbei. Er ist gestärkt, aber der Alltag kommt wieder. Selbst Konfirmanden hoffen bisweilen auf »den lieben Gott« und bestreiten dann doch wieder seine Existenz, weil »... er sich ja nicht beweisen läßt«. Menschen kehren der Kirche den Rücken, treten aus und sagen doch beinahe im selben Atemzug, daß sie schon an »irgendein höheres Wesen« glauben. Für Jakob bleibt Gott nicht ein »Irgendwer«, sondern der Segen Gottes ist konkret. Das unterscheidet unseren Gott von anderen.
4. Genau wie Jakob sind wir alle miteinander Menschen mit Fehlern. (Ich vermeide das Wort Sünder, weil es nur noch sehr bedingt von meinen Predigthörern richtig verstanden wird.) Diese Tatsache ist bekannt und nicht schwer zu vermitteln. Wichtig ist aber, daß »Gott trotzdem Einblicke in seinen Himmel schenkt«. Auf Gott zu hoffen, ihn im Gebet zu bitten, ist nicht vergebens, denn selbst mit Jakob, dem Betrüger hat der Großes vorgehabt. Selbst ihm schenkt er unverdientes Glück. Luthers »sola gratia« gilt. Wenn ich in meinem Leben zurückschaue, dann kann ich das bestätigen. Ich habe weder meinen Geburtsort in Nordeuropa verdient, noch die Chance eines Studiums, noch das Glück in meiner Familie. (Konkretere Beispiele sind nur dann sinnvoll, wenn sie authentisch und nachvollziehbar für alle Hörerinnen und Hörer sind.)
5. Jakob war »ganz unten« als Gott sich zeigte. In meiner Berufspraxis erlebe ich häufig, daß Menschen mir genau das berichten. Es mag gut sein, die Anwesenden auf solche Erfahrungen hinzuweisen. Das Problem ist nur, daß in der Regel Beispiele gefährlich sind, weil die Gemeinde Rückschlüsse auf Personen ziehen kann. Ich würde hier nur etwas einbringen, was mein eigenes Schicksal betrifft.

Bevor ich zum letzten Teil komme, müßte eine Bündelung kommen, wo in zwei/drei Sätzen die bisher gebrachten Transferpunkte genannt werden.

Dann schließe ich mit dem Versuch, die Hörer zu ihren »Einblicken in den Himmel« zu führen, die jedem (davon bin ich überzeugt) schon geschenkt worden sind.

Schlußteil
Ich habe versucht, Ihnen und euch zu zeigen, wieso dieser Jakob mit seinen Einblicken in den Himmel etwas mit uns zu tun hat. Ich weiß wohl, das kann ich nicht beweisen. Aber ich glaube, das brauche ich auch nicht. Wenn ich nicht ganz daneben liege, dann werden die meisten von Ihnen und euch schon so ein Erlebnis gehabt haben. Gott zeigt sich nämlich auch heute noch. Daran glaube ich, weil ich das so erlebe. Vielleicht zeigt er sich nicht in solch einem eindrücklichen Traum, vielleicht auch nicht wirklich in einem so deutlichen Bild wie bei Jakob. Aber horchen oder sehen Sie doch in sich hinein! Schließen Sie dazu doch bitte einmal die Augen.
Gab es nicht auch in Ihrer Vergangenheit Momente, wo Gott sich Ihnen gezeigt hat? Denken Sie einmal an die schweren Zeiten in Ihrem Leben. Haben Sie die Kraft, wieder auf die Füße zu kommen, nur aus den eigenen Fähigkeiten gezogen? Oder war da mehr zu spüren? (... Pause ...) Ist nicht manchmal ein Stoßgebet erhört worden? (... Pause ...) Und sei es auch ganz anders als erwartet? (... Pause) ...) Haben Sie nicht auch schon Momente erlebt, die ihnen vorkamen, wie der Himmel auf Erden? (... Pause ...)
Ich will Sie und euch zu nichts überreden, Ihnen auch nichts einreden, was nicht da ist. Aber wenn da etwas ist in Ihrem Leben, wenn Gott Ihnen an einer Stelle einmal einen Einblick in seinen und Ihren Himmel geschenkt hat, dann halten Sie diesen Moment fest. Er kann tragen, manchmal ein Leben lang! Jakob wußte das, wußte auch, daß er diesen Augenblick festhalten muß. Er hat einen Stein aufgerichtet und Öl darauf gegossen. Was werden Sie tun, damit Ihnen diese Momente nicht verloren gehen im Alltag? (Pause) Schreiben Sie Tagebuch, ritzen Sie ein Zeichen in einen Baum vor Ihrer Tür, erzählen Sie einem Vertrauten von dem Erlebten? (Pause) Wege wird es viele geben. Ich wünsche Ihnen nur, daß Sie Ihren Weg finden. Ich wünsche Ihnen, daß Sie Gottes geschenkte Einblicke in den Himmel bewahren können. Amen!

Kontext

Azuriah Ubatha, der Künstler des Miserior-Hungertuches, schreibt im Katalog zu seiner Wanderausstellung (Miserior, Aachen 1994, S. 21) sinngemäß: »Die Leiter ist ein Symbol der Hoffnung. Viele Menschen stehen vor ihren Sprossen und wollen hinaufgelangen zu einem besseren Leben. Im jüdischen Bereich ist die Leiter mit einer zerbrochenen Sprosse auch ein Symbol der Versuchung, der Sünde und sexuellen Leidenschaft.« Also zwei Symbole in einem.

15. Sonntag nach Trinitatis

Annäherungen an den Predigttext Lukas 17,5-6

Stefan Claaß

Im ökumenischen Bibelgesprächskreis unserer beiden Gemeinden lasen wir zunächst das ganze Kapitel 17. Auf die Bitte, das Augenmerk besonders auf die Verse 5 und 6 zu richten, folgte längeres Schweigen. Dann: »Das ist wohl ein Rätsel. Vom Verstand her kann man's nicht glauben ...«
Das Bild des sich selbst versetzenden Maulbeerbaumes nahm uns dann derart gefangen, daß der Kontext nur in Randbemerkungen gewürdigt wurde.
Im Rückblick auf meine Notizen sehe ich zwei Gesprächsphasen, die auch verschiedenen Blickwinkeln entsprechen.

1. Die Ungeheuerlichkeit des Bildes: die Lesenden als Zeitgenossen Jesu und der Jünger

a) Unser Verstand nimmt das Bild Jesu kopfschüttelnd entgegen. Das Geschilderte könnte kaum widernatürlicher ausgedacht sein. Sind Verstehen und Glauben doch keine Geschwister, ja sind sie denn nicht einmal entfernt verwandt?
Glaube - und nichts ist unmöglich???

b) »Übertreiben macht anschaulich!«, pflegte ein gern zitierter Großvater zu sagen. Ein beliebiges Samenkorn zählt nicht, nein, es muß das kleinste sein. Ein einfacher Baum reicht nicht, nein, es muß der besonders zähe Maulbeerbaum sein. Das Nachbarfeld ist nicht weit genug, nein, es muß das Meer sein. Jesus muß ein humorvoller Mensch gewesen sein, um die devote Bitte der Jünger so beantworten zu können.

c) Die Jünger - das sind wir. In dieser Szene fühlen wir keine Distanz; auch wir wünschen, erhoffen uns Glauben, der uns so stark macht, daß wir anderen verzeihen können (s. Vers 4). Auch wir scheitern mit unseren Glaubenstestverfahren, auch unser Glaube wird radikal in Frage gestellt. Warum tut Jesus das? Empfindet er die Bitte um Glaubensstärkung als zu egoistisch?

2. Die Ungeheuerlichkeit des Glaubens: die Lesenden als Zeitgenossen des Lukas und seiner Gemeinde

a) Wie nehmen wir unseren Glauben wahr? Oder auch: Als wie wahr erfahren wir unseren Glauben? Vielleicht ging es schon der lukanischen

Gemeinde ähnlich wie uns. Glaubenserfahrung entspricht nicht der erhofften umfassenden neuen Existenz. An Gerechtigkeit mangelt es, an Frieden, an Liebe - und auch an Vergebung (V. 4). Unser Glaube reißt keine Bäume aus, geschweige denn, daß er neue Pflanzungen ermöglicht.
Bewegt sich überhaupt etwas?

b) Humor hat eine erfrischend korrigierende Funktion ohne zu verletzen. Jesu Antwort macht eine »Innenbetrachtung« des Glaubens unmöglich; auf die Außenbeziehungen kommt es an, auf die Folgen, auf die Bewegung. Natürlich bewegt der Glaube Wichtigeres als Maulbeerbäume - entscheidend ist, daß auch der kleinste Glaube nicht um sich selbst kreist, sondern *andere* bewegt.

c) Die unter a) beschriebene Erfahrung kann im Dialog mit Jesu Wort zwei Konsequenzen entwickeln.
Sie könnte beispielsweise zu einer simplen Theodizee verleiten: Daß wir soviel Ungerechtigkeit, Unfrieden etc. erfahren, liegt am Nichtvorhandensein wahren Glaubens. Selbst der kleinste Krümel fehlt fast allerorten.
Jesu Wort könnte aber auch unserer glaubensarmen Erfahrung aufhelfen, indem es uns weniger über Prüfverfahren nachdenken läßt, als daß es in uns kolossale Vorfreude auf die ungeheuerlichsten Bewegungen weckt.

Im Rückblick auf unser Gespräch geistert der Begriff des »Spiels« durch meinen Kopf: Wir haben mit dem Bild Jesu gespielt, weil wir immer stärker seine Einladung dazu verspürten. Aus Spiel wurde Ernst, als wir uns neben Lukas an seinen Schreibtisch setzten und ihn zu beraten versuchten, ob und warum er jene kurze Szene in sein Evangelium aufnehmen solle …

Zum Gottesdienst

Hans Schmiedehausen

Theologisch-homiletische Skizze

Das tragende Bild ist in hohem Grade exzentrisch: Ein fest verwurzelter Maulbeerbaum soll sich auf Befehl selbst ausreißen und im Meer wieder einpflanzen. Aufgrund der Erfahrungen beim Gespräch an der Basis (vgl. »Annäherungen an den Text«) muß ich beim Verlesen des Predigttextes mit unterschiedlichen Spontanreaktionen rechnen. Einige werden das Bild kopfschüttelnd als widernatürlich und unsinnig ablehnen, andere werden auf Anhieb vermuten, daß Jesus nicht ohne Humor ein bewußt überzogenes Bild gebraucht: »Ubertreiben macht anschaulich«. Diese zweite Reaktion will ich verstärken. In den Evangelien finden sich eine ganze Reihe vergleichbarer »Übertreibungen« im Ausdruck: das Ausreißen des Auges und das Abhacken der Hand oder des Fußes (Markus 9,43 ff.; Matthäus 5,29 f.), der Mühlstein um den Hals (Markus 9,42; Matthäus 18,6; Lukas 17,2), das Kamel, das durchs Nadelöhr geht (Markus 10,25; Matthäus 19,24; Lukas 18,25), das Tüpfelchen im Gesetz (Matthäus 5,18; Lukas 16,17) und schließlich, fast austauschbar mit dem Bild vom Maulbeerbaum, der sprichwörtlich gewordene »Glaube, der Berge versetzt« (Markus 1,23; Matthäus 17,20; 21,21; vgl. auch 1. Korinther 13,2).

»Wenn ihr Glauben hättet« oder »Wenn ihr Glauben habt« - die Frage nach der angemessenen Übersetzung des »echete« in Vers 6 halte ich nicht für entscheidend. Ob Jesus feststellt, daß die Apostel noch nicht einmal den »Senfkornglauben« haben, oder ob er ihrem vorhandenen kleinen und bisher folgenlosen Glauben große Dinge zutraut - offensichtlich brauchen die Apostel das Wachstum ihres Glaubens dringend. Nicht ohne Grund verwendet der Text zusätzlich das Bild vom kleinen Senfkorn, das seinen Sinn nur erfüllt, wenn ein großer Baum aus ihm wird (vgl. Lukas 13,19; Matthäus 13,31).

Ich empfinde jedenfalls in der Antwort Jesu (Vers 6) keine Abwehr der Bitte der Apostel (Vers 5). Die zu diesem Text immer wieder gestellte Frage, ob der Glaube quantitativ oder nur qualitativ meßbar sei, halte ich an dieser Stelle für eine unnütze theologische Spitzfindigkeit.

Ohne Bild formuliert verstehe ich die beiden Verse folgendermaßen: Die Gemeindeleiter der frühen Kirche zur Zeit des Lukas (»Apostel«) haben offenbar Erfahrungen mit ihrer Glaubensarmut gemacht, wollen resignieren und fürchten den geistlichen Bankrott. Ihnen soll geholfen werden. Sie bitten: Herr, stärke uns den Glauben! Und die Antwort des auferstandenen Herrn lautet: ja, ich will's tun. Aber wartet nicht auf bessere Zeiten, wartet nicht mit eurem Mut! Auch die geringste Zuversicht auf den großen Gott hat alle Chancen, über sich selbst hinaus zu wachsen und die Welt zu verändern.

Diesen Skopus möchte ich verbinden mit dem Wochenspruch (1. Petrus 5,7) und dem Evangelium des 15. Sonntags nach Trinitatis (Matthäus 6,25–34) sowie mit den zur Predigt ausgewählten Liedern: Nur ein Glaube, der die Sorge um sich selbst verlernt, wird sich so nach dem Reiche Gottes ausstrecken können, daß die Welt sich darüber wundert.

Vorschläge zur Liturgie

Begrüßung mit Wochenspruch

»Alle eure Sorge werft auf ihn; denn er sorgt für euch.« Dieses Wort lädt uns ein, Gott über alle Dinge zu vertrauen. Um einen Gott ganz und gar vertrauenden Glauben soll es heute gehen, um den Glauben, »der Berge versetzt«.

Eingangspsalm und Psalm
Lobet den Herren, denn er ist sehr freundlich (EG 304, EKG 199), passend dazu: Psalm 147,1; 3-5,7-9

Bittruf
»Sorgt nicht«, sagt Jesus. / Wir könnten sorgloser leben, / unsere Sorgen auf Gott werfen; / aber wir trauen uns nicht. / Uns regieren Angst und Klage, / wir verzagen und werden unglaubwürdig. / Wir bitten um Gottes Erbarmen ...

Lobpreis
»Sorgt nicht«, sagt Jesus. / Ihr könnt klein anfangen / mit schlichtem Vertrauen. / Gott will euren Glauben stärken, / immer wieder. / Mit allen, die darauf warten, / laßt uns singen ...

Kollektengebet
Gott, du Beschützer aller, die auf dich hoffen / sei uns barmherzig, damit wir über vergänglichen Dingen das ewige Gut nicht verlieren. Wir bitten dich durch ihn, unseren Herrn Jesus Christus / der mit dir und dem Heiligen Geiste lebt und Leben schafft von Ewigkeit zu Ewigkeit.

Lesung
Matthäus 6,25-34

Weitere Lieder
Vor der Predigt: Befiehl du deine Wege (EG 361,1-5). Nach der Predigt: Geh aus, mein Herz, und suche Freud (EG 503,13-15). Schlußstrophe: Verleih uns Frieden gnädiglich (EG 421).

Vorschlag zur Predigt

Möglicher Anfang
»Der Wolken, Luft und Winden gibt Wege, Lauf und Bahn, der wird auch Wege finden, da kein Fuß gehen kann.« Paul Gerhardts Strophen trauen Gott zu, daß er in allen Fällen für uns sorgen wird. Tun wir es auch? »Das Leben ist mehr als die Nahrung, das Leben ist mehr als die Kleidung.« Verstehen wir, was Jesus meint? Was ist denn unser Leben? Wer füllt es aus? Jesus erinnert an Elementares. Die Wiesenblumen wachsen und blühen, weil Gott es so will. Die Spatzen werden satt, weil Leben in ihnen ist und Speise für sie wächst. Und ihr, fragt Jesus, wie ist das mit euch?

Fällt es uns schwer, diesen Gedanken aufzunehmen, so elementar, wie Jesus es meint? Wir verdanken unser Leben der Güte Gottes »von Mutterleib und Kindesbeinen an«. Also: Sieh die Vögel! Schau die Lilien! Und sieh auf dich selbst! Entdeck das Wunder deines Lebens und deines Atems! Spür den Puls in deinen Adern und die Wärme des Körpers! Freilich: Alles hat seine Zeit. Wiesenblumen werden gemäht und welken dahin. Spatzen liegen eines Tages tot da, auch darin uns Menschen vergleichbar. Und doch fällt kein Sperling zur Erde ohne Gottes Willen – das hat Jesus auch gesagt und hinzugefügt: Ihr seid mehr wert als viele Sperlinge. Ihr sterbt erst recht nicht, ohne daß Gott es weiß. Darum ist das Leben so wunderbar, gerade in der Flüchtigkeit des irdischen Daseins. Seht es doch an den Lilien, »die ziehen sich viel schöner an als Salomonis Seide«!
Welche Kraft muß in einem Glauben verborgen sein, der das Irdische derart aus Gottes Händen nimmt, sich in allen Dingen auf Gott verläßt und ihm allein vertraut! Es gibt eine biblische Redewendung, die sprichwörtlich geworden ist: Solcher Glaube versetzt Berge!

Zum weiteren Verlauf

1. Konkrete Erfahrungen von Glaubensschwäche im persönlichen Leben, im Leben der Gemeinde und im gesellschaftlichen Bereich: Was uns schwerfällt, wo wir versagen und unglaubwürdig werden. Lukas erzählt, daß die »Apostel« ähnliche Erfahrungen machten. Lesung des Predigttextes. »Die Sache mit dem Maulbeerbaum ist nur ein anderer Ausdruck für den ›Glauben, der Berge versetzt‹. Gemeint sind keine besonderen Attraktionen, sondern ein Glaube, der etwas bewegt, was sich sonst nicht bewegt: Man wird sich über die Christen wundern, wenn ihr Glaube zu wirken und zu wachsen beginnt.«
2. Glaube ist wie ein Senfkorn: »Wartet nicht auf bessere Zeiten, wartet nicht mit eurem Mut« (W. Biermann). Alles muß klein beginnen und wachsen wollen. Aus dem kleinen Samenkorn wächst ein gewaltiger Baum. »Wir brauchen keinen großen Glauben, sondern den Glauben an den großen Gott. Gott wird uns als Kleine groß und als Schwache kräftig machen (vgl. 2. Korinther 12,9). Er stößt aber auch die Gewaltigen vom Thron: Die individuelle und institutionalisierte egoistische Grundstruktur unserer Gesellschaft, die selbst die natürlichen Lebensbedingungen und die Mitgeschöpfe gefährdet (aktuelle Beispiele! Thema Tierschutz nicht vergessen, vgl. Eingangspsalm!), stützt er nicht. Die Götzen wakkeln schon. Ein klein wenig Wahrheit genügt, sie zu stürzen. Ein bißchen Zivilcourage kann die Atmosphäre grundlegend verändern.«
3. Selbst der kleinste Glaube geht große Risiken ein. »Mag sein, daß alle Welt sagt: Ihr spinnt! Ihr lauft Utopien nach! Ihr wollt mit dem Kopf durch die Wand! Ihr werdet ihn euch blutig schlagen und die Welt doch nicht ändern! Dann hilft mir das verrückte Bild vom Maulbeerbaum, dann bin ich voll unbändiger und klammheimlicher Vorfreude auf unge-

heure Bewegungen, die kommen werden. Dann will ich aber auch nicht vergessen, daß Jesus den Weg des Leidens gegangen ist.« (Lukas 17 gehört zum Reisebericht auf dem Wege zu Passion und Auferstehung!)

Möglicher Schluß

»Jesus rechnet damit, daß seine Nachfolger lernen, ihr Vertrauen ganz und gar auf Gott zu setzen, und die Sorge um sich selbst verlernen. Er wird unseren schwachen Glauben stärken. Es mag dauern, bis der Glaube wächst, blüht und Frucht trägt. Auch ein Senfkorn wird nicht über Nacht zum großen Baum.

Jesus rechnet aber auch damit, daß selbst der schwächste Glaube von Anfang an Folgen hat. Und wenn es nur dazu reicht, daß jemand uns für ›komische Käuze‹ hält oder für exotische Pflanzen in Gottes großem Garten.

Von dem französischen Christen Jaques Maritain, einem katholischen Philosophen, erzählt man folgende Anekdote: Als er todkrank danieder lag und die Ärzte keinen Pfifferling mehr für sein Leben gaben, erhielt er das nicht gerade feinfühlige Telegramm eines Bekannten: ›Erfahre soeben, daß Du im Sterben liegst. Bitte gedenke meiner im Himmel!‹ Maritain ließ zurücktelegrafieren: ›Ausgezeichnete Idee! Werde mir Knoten ins Leichentuch machen!‹ Ein komischer Vogel? ›Der Vogel, scheint mir, hat Humor!‹ (W. Busch) Oder besser: ›Glaube ist der Vogel, der singt, wenn die Nacht noch dunkel ist‹ (R. Tagore).«

Kontext

Eine Lilie stand an abgelegenem Ort, sorglos und froh, der Sonne zugewandt. Aber eines Tages kam ein kleiner Vogel und besuchte die Lilie. Am nächsten Tage kam er wieder, und so fort, bis sich die Lilie in den Vogel verliebte, weil der so lustig war. Doch es war ein schlimmer Vogel. Er ließ die Lilie spüren, wie frei er war und wie fest sie an den Boden gewurzelt blieb. Und er erzählte ihr von herrlichen Lilien, die es anderswo gäbe, so prächtig, wie keine Lilien sonst. Darüber wurde die Lilie bekümmert, und sie begann, sich mit ihrem Schicksal zu beschäftigen. Immer kümmerlicher kam sie sich vor und wünschte sich sehnlichst, an anderer Stelle zu wachsen, unter Kaiserkronen, von denen der kleine Vogel erzählt hatte. Eines Tages bat sie den Vogel: Nimm mich in deinem Schnabel zu den anderen Lilien! Da löste der Vogel das Erdreich um ihre Wurzeln und flog mit ihr davon. Er wollte sie dahin tragen, wo sie in Gesellschaft von vielen schönen Lilien eine Prachtslilie oder gar eine Kaiserlilie werden könnte. Doch unterwegs verwelkte die Lilie. – Hätte die bekümmerte Lilie sich genügen lassen, Lilie zu sein, so wäre sie nicht bekümmert gewesen. Wäre sie nicht bekümmert gewesen, so wäre sie stehengeblieben, wo sie stand in aller Schönheit. Wäre sie stehen geblieben, dann wäre sie eben die Lilie gewesen, über die der Pfarrer am Sonntag sprach, als er die Worte des Evangeliums wiederholte: Seht die Lilien! Ich sage euch, daß auch Salomo in aller seiner Herrlichkeit nicht bekleidet gewesen ist wie eine von ihnen. (S. Kierkegaard in: Was man lernt von den Lilien auf dem Felde und den Vögeln des Himmels).

Erntedankfest

Annäherungen an den Predigttext Matthäus 6,19-23

Hans Schmiedehausen

Wir lasen den Text im Juli im Kreis von Gemeindegliedern, die zum Teil kleine Gärten bewirtschaften. »Was wäre wohl, wenn wir die Johannisbeeren jetzt nicht sammelten, wenn wir keine Marmelade kochten und die reiche Ernte verkommen ließen?« Andere protestierten auf andere Weise: »Mein Herz ist bei so vielen irdischen Dingen, von denen ich auch als Christ gar nicht lassen will. Ich liebe Musik (hat nicht sogar Luther die Musica als gute Gottesgabe gepriesen? Heißt es nicht: sie ›vertreibt das traurig Leben‹?). Ich tanze gern (soll nicht Augustin einmal gesagt haben: ›Mensch, lerne tanzen, sonst wissen die Engel im Himmel nichts anzufangen mit dir‹?).« – »So viele gute Erinnerungen habe ich mir aufbewahrt – sind das nun irdische Schätze oder ›Schätze im Himmel‹?« – »Ich hebe eine Dekorationspuppe auf, an der mein Herz hängt. Zehn Jahre lang stand sie über meinem Bett. Jetzt liegt sie im Keller, sorgfältig verpackt, damit sie nicht verstaubt.« – Ein Architekt erinnert an heute übliche Sicherungseinrichtungen in den Wohnungen. »Ich bewundere die Menschen, die nicht alles aufheben und Überflüssiges wegwerfen können. Wir haben viel zu viele Dinge, die wir gar nicht brauchen und trotzdem aufheben. ich glaube, aus diesem Grunde brauchen wir so viele Schlösser und Alarmanlagen.« – »Motten kommen auch in Sachen, die man nötig braucht. Lebenswichtige Dinge rosten und müssen ständig vor Rost geschützt werden. Diebe stehlen nicht nur Luxusartikel, inzwischen fahren sie mit dem Möbelwagen vor und laden die ganze Einrichtung ein.«
»Warum wird hier das Irdische so streng vom Himmlischen getrennt? Ich kann Materielles und Ideelles nicht sauber auseinanderhalten. Für mich ist beispielsweise die Liebe zum Nächsten höchst irdisch.« – »Aber das kann man doch nicht ›Sammeln‹ nennen. Wer liebt, sammelt nicht, Liebe teilt aus.« – »Wir können einander ein Stück Himmel auf Erden bereiten. Sind das dann Schätze im ›Himmel‹?« – Eine Krankenschwester erinnert sich an strahlende Augen bei Patienten, die sich über etwas Anteilnahme dankbar freuten: »Ich sehe darin einen reichen Schatz.« – »Aber bitte diese Schätze so sammeln, daß die rechte Hand nicht weiß, was die linke tut!« – »Ich hätte aber doch recht gern hin und wieder mal etwas für mich, wenigstens etwas Zeit.

Und hin und wieder ein wenig Anerkennung. Manchmal fühle ich mich schamlos ausgenutzt, weil einige Leute meinen, ich müßte für sie zur Verfügung stehe. Ich will nicht die einzige Dumme sein.«
Das Auge ist des Leibes Licht: Augen strahlen auch Seele aus. Wer mit leuchtenden Augen lebt, kann keine bösen Gedanken haben. Begabte Ärzte beherrschen die Augendiagnose. Es kommt darauf an, ob ich einen Menschen mit Liebe oder voll Mißtrauen anschaue. »Mißtrauisch wird, wer ständig seine Habe bewachen muß; wer Angst haben muß, etwas zu verlieren (auch sein Selbstbewußtsein, seine Identität), bekommt einen finsteren Blick.« – »Solche Verfinsterung des Blicks führt zu Haß und Krieg. Diese Finsternis steckt an.« – Das Auge ist des Leibes Licht – »Wo ist der Docht für dieses Licht? Wer zündet es an? Wer schützt es vor dem Wind?«
Nach dem Hinweis, daß der Text für das Erntedankfest bestimmt sei: »Die Ernte ist groß, aber zu wenige können sammeln. Das Evangelium vom reichen Kornbauern betrifft uns alle.« Wir nehmen nicht mehr dankbar wahr, was gewachsen ist, gehen nicht verantwortlich um mit den Früchten der Erde. Die Länder des Nordens haben Jahrhunderte lang gesammelt auf Kosten des Südens. – Seitenblick auf Vers 24: »Das ist das 1. Gebot für unsere Zeit. Als ›Kirche im Kapitalismus‹ sollten wir endlich zum Stachel in einer das Kapital anbetenden Gesellschaft werden!« – »Das Verbot des Schätzesammelns hat eine ökologische und eine psychologische Seite: Wir sollen nicht das letzte aus dem Boden herauspressen, auch nicht aus uns selbst.«
»Gott will uns geben, was wir brauchen. Volle Fleischtöpfe garantiert er nicht. Wir beten um das ›tägliche Brot‹, es geht ›von der Hand in den Mund‹, wie damals beim Mannawunder in der Wüste.« – »Damit die Israeliten aber am Sabbat nicht zu sammeln brauchten, durften sie sich am Tag zuvor doch einen Vorrat anlegen. Die Bibel macht aus dem Verbot der Vorsorge kein Prinzip.«
Eine Liederstrophe: »Es ist ja, Herr, dein G'schenk und Gab / mein Leib und Seel und was ich hab / in diesem armen Leben. / Damit ich's brauch zum Lobe dein, / zu Nutz und Dienst des Nächsten mein, / wollst mir dein Gnade geben ...« (EG 397,2)

Zum Gottesdienst

Hartmut Wenzel

Theologisch-homiletische Skizze

1. In dem aus zwei Einzelsprüchen bestehenden Predigttext bringt Matthäus an zentraler Stelle der Bergpredigt seine Kritik am Besitz zum Ausdruck.

Die Verse 19 und 20 verweisen auf die Erfahrung. Es lohnt nicht, irdische Schätze zu sammeln, weil sie von Motten aufgefressen oder von Dieben gestohlen werden. Dagegen lohnt es sich wohl, himmlische Schätze zu sammeln, denn sie sind unvergänglich.

Vers 21 stellt, auch im Wechsel vom Plural zum Singular, eine Zuspitzung des Vorigen dar. Der Schatz eines Menschen zeigt an, woran sein Herz hängt. Im Verhalten zum Besitz geht es um die Mitte des Menschseins.

Die Verse 22 und 23 sind bildhaft zu verstehen: Wie das ganze Leben des Menschen in Finsternis gerät, wenn das Auge blind ist, so ergeht es auch dem, der nicht mehr durch Gottes Licht erhellt, sondern von irdischem Besitz geblendet wird. Auch hier noch eine Zuspitzung des gesamten Textes: Es geht nicht um Nebensächliches, sondern um Finsternis und Licht. Hier gilt ein Entweder - Oder.

2. Die besondere Schwierigkeit einer Predigt über diesen Text ist die Verbindung mit dem Kasus Erntedankfest. Auch in einer Großstadt will die Gemeinde an diesem Sonntag danken für das, was wir gesammelt und geerntet haben. Der Großstädter sieht in dem Landwirt heute nicht mehr den reichen Kornbauer, der habgierig seine Scheune füllt. Er fühlt sich mit den Nöten vieler Bauern heute solidarisch.

3. An keinem anderen Sonntag in der Kirche sind die irdischen Güter, die Früchte des Feldes, die auf dem Abendmahlstisch liegen, so deutlich sichtbar. Wie können wir uns darüber freuen und dafür danken, wenn der Text zum Verzicht auf irdischen Besitz auffordert? Die Antwort des Textes lautet: Eben nur so, daß wir die irdischen Güter als vergänglich erkennen. Matthäus argumentiert nicht moralisch, er appelliert an den gesunden Menschenverstand. Es ist sinnlos, irdische Schätze zu sammeln in der Absicht, damit unser Leben abzusichern. Indem wir von ihnen Sicherheit erhoffen, haben wir den falschen Blick, sind wir blind. Wir sollen die irdischen Dinge sehen als das, was sie sind: Als vergängliche, einmalige Gaben, die nicht zum Sammeln auf Vorrat, wohl aber zur Freude, zum Gebrauch, zum Genießen da sind.

   Es sind keine Schätze, auf die wir unser Leben bauen können. Gott ist unser einziger Halt. Ihm überlassen wir die Sorge für unser Leben, im Vertrauen auf ihn erkennen wir, daß alles, was wir haben, seine gnädige Gabe ist. »Es geht durch unsere Hände, kommt aber her von dir.«

Vorschläge zur Liturgie

Lieder

EG 508: Wir pflügen und wir streuen.
EG 497: Ich weiß, mein Gott, daß all mein Tun.

Schriftlesungen
Lukas 12,16–21
Psalm 104

Eingangsgebet
Vater im Himmel, wir danken dir, daß wir auch in diesem Jahr das tägliche Brot erhalten haben. Wir danken dir für die Früchte des Feldes, die die Bauern eingebracht haben und für die Erträge der täglichen Arbeit, die wir uns verdient haben. Für alle irdischen Güter danken wir dir, die uns erfreut und die wir genossen haben. Vor deinem Angesicht erkennen wir auch unsere Schuld. Wir leben im Überfluß und andere leiden Hunger. Wir häufen immer mehr an und wollen uns dadurch sichern. Wir meinen, alles stünde uns verdientermaßen zu und wir brauchten dir nicht zu danken. Herr, vergib uns. Laß uns mithelfen, deine Schöpfung zu bewahren, die Hungrigen zu speisen und denen zu helfen, die Not leiden. Erfülle unsere Herzen mit Dank, daß wir in dir den Geber aller Gaben loben und auch anderen Menschen Grund geben, dir zu danken, weil wir mit ihnen teilen.

Schlußgebet
Herr, unser Gott, wir danken dir, daß du uns erinnert hast, daß wir dir gehören im Leben und im Sterben. Du hältst uns fest, und wir müssen uns nicht mehr festhalten an Geld und Besitz. Du allein bist unser Gott, und wir brauchen dem Götzen Mammon nicht dienen. Deshalb bitten wir dich um die Kraft, daß wir loslassen können, daß wir abgeben und teilen. Öffne unsere Herzen und Hände, daß wir den notleidenden Nächsten erkennen, daß wir die Hungrigen speisen, die Fremden unter uns aufnehmen und deine Gaben weiterreichen. Erinnere uns immer wieder daran, daß wir mit leeren Händen in die Welt gekommen sind und mit leeren Händen gehen werden und allein auf deine Gnade Verlaß ist. Und schenke uns so den Mut, daß wir ankämpfen gegen alle Habsucht, allen Egoismus, alle Ungerechtigkeit in unserer Gesellschaft und in unserer Welt. Lehre uns bedenken, daß wir nicht vom Brot allein leben, sondern von deinem Wort, damit wir nicht mit Sorgen auf die irdischen Dinge sehen, sondern sie als Zeichen deiner Gnade erkennen, für die wir dir jeden Morgen neu danken können.

Vorschlag zur Predigt

Möglicher Anfang
Ein wunderbarer Anblick: Unser Abendmahlstisch ist heute geschmückt mit den Früchten der Erde. Korn und Kartoffeln, Gemüse, Äpfel und Brot. Vor uns liegt etwas von dem, was wir Menschen gesät und geerntet haben. Zeichen auch für die Früchte unserer Arbeit, für das, was wir produziert und verdient haben. Wir feiern heute, wir danken für das, was die Bauern

für uns eingebracht haben und was wir selber als Ernte dieses Jahres einsammeln konnten. Aber wie jeden Sonntag liegt auch heute die geöffnete Bibel auf dem Abendmahlstisch. Darin steht die Bergpredigt und in deren Mitte unser Predigtext.
(Verlesung des Predigttextes)

Weiterer Verlauf
Da liegen die schönen Früchte, wir wollen uns heute freuen über die reiche Ernte auch in diesem Jahr, wir wollen feiern und danken. Und nun haben wir aus der Bibel Gottes Wort gehört, und Jesus sagt uns: »Sammelt euch nicht Schätze auf Erden!« Soll uns das Fest, soll uns die Freude verdorben werden? Wir haben die reifen Johannisbeeren gepflückt, wir haben ihr Aroma genossen, und eine herrliche Marmelade wurde daraus gekocht. Sollen wir die Ernte verkommen lassen? Es gibt soviele irdische Dinge, die unser Herz erfreuen. Essen und Trinken gehören dazu. Wir haben gespart, den Urlaub genossen und die Wohnungseinrichtung verschönert. Auch in diesem Jahr haben wir uns viele Sachen geleistet, die unser Leben bereichern. Will uns Jesus ein schlechtes Gewissen machen, weil wir diese irdischen Freuden genossen haben?
Jesus will uns nicht die Freude verderben. Im Gegenteil, mit seinem Aufruf, daß wir nicht Schätze auf Erden sammeln sollen, will er uns von einer Illusion befreien, zu der wir im Blick auf die irdischen Güter immer wieder neigen und die uns gerade hindert, daß wir uns an diesen Dingen erfreuen. Wir wissen doch aus Erfahrung, die Johannisbeeren sind nur einmal reif. Wir müssen sie pflücken und genießen, wir müssen Marmelade daraus kochen, sonst verkommen sie. Alle Früchte, die wir ernten, sind zum baldigen Verbrauch bestimmt. Natürlich müssen wir für einige Zeit Vorsorge betreiben. Die Marmelade hält länger. Aber irgendwann verschimmelt auch sie. Erfreuen können wir uns an den irdischen Gütern nur, wenn wir sie nicht als Schätze betrachten, auf die wir unsere Zukunft bauen. Freude erwecken sie ja gerade deshalb, daß wir sie als einmalige, unwiederbringliche Gaben erkennen. Das Säen, das Wachsen, das Ernten der Früchte, das tägliche Brot hat seine bestimmte, begrenzte Zeit. Auch die Früchte auf dem Abendmahlstisch halten nicht lange. Deshalb bringen wir sie nach dem Gottesdienst gleich ins Asylantenheim. Nichts soll verfaulen, alles soll bald genossen werden und auch anderen Freude bereiten.
Auch die Früchte unserer Arbeit, auch unser Verdienst, das, was wir uns erworben haben und was wir besitzen, alles, auch unser Leben, ist vergänglich. Wenn wir meinen, wir könnten Vorräte anlegen und wären so gesichert, dann müssen wir die Motten, den Rost und die Diebe fürchten. So aber zieht nicht die Freude bei uns ein, sondern die Sorge, wie wir unseren Besitz schützen und verteidigen können. Mißtrauen befällt uns, und die Alarmanlagen um unser Geld und Gut werden immer aufwendiger.

Auch wir sind in Gefahr, unsere irdischen Güter als Garantien für die Sicherung unserer Zukunft anzusehen. Das Streben nach immer mehr Wohlstand spielt in unserer Gesellschaft eine verhängnisvolle Rolle. Der Götze Mammon soll uns glücklich machen. Aber unsere Sorge, unser Mißtrauen, unser Egoismus und unsere Habgier wachsen. Nicht Freude, sondern Angst, nicht Dankbarkeit, sondern Neid und Ungerechtigkeit breiten sich aus.

Jesus will uns die Augen öffnen. Er warnt vor der Blindheit, in der wir nicht sehen wollen, daß unser ganz irdisches Leben mit allen Dingen, die wir haben, vergänglich ist. Wir können uns nicht darauf verlassen. Der Mammon ist ein Götze, der uns nicht halten kann. Jesus verweist auf das Haltbarkeitsdatum. Es zeigt uns an, ab wann die irdischen Güter nicht mehr zu genießen sind. Wer sich den Blick darauf erspart, muß mit bösen Überraschungen rechnen.

Davor will uns Jesus bewahren, und deshalb fordert er uns auf, himmlische Schätze zu sammeln. Es gibt nur einen wirklichen Halt, und das ist unser Gott im Himmel. Er hat uns versprochen, uns niemals loszulassen. Allein er hält uns fest im Leben und im Sterben. Sich auf ihn zu verlassen, an ihn zu glauben, ihn zu lieben, das sind die himmlischen Schätze, die wir sammeln sollen. Glaube, Hoffnung, Liebe, sagt der Apostel, sie allein bleiben. Wir sollen in enger Verbundenheit mit Gott leben, so daß wir ihn als unseren Schatz im Himmel erkennen. Es gibt viele Geschichten von Kindern und Liebenden, die uns erzählen, was ein Schatz bedeutet.

Schätze sind meist verborgen. Es ist nicht einfach, sie zu finden. Wenn Gott mein Schatz ist, muß ich ihn suchen. Auch unser Glaube an Gott ist kein fester Besitz. Wir müssen immer neu fragen und suchen, um für Gott offen zu werden. Schatzsuche ist ein Abenteuer, bei dem wir oft auf überraschende Wege geführt werden.

Für Liebende ist der Schatz der, dessen Abwesenheit sie mit Sehnsucht erfüllt und von dessen Nähe sie alles erhoffen. Immer wieder erfahren wir, daß Gott fern und verborgen scheint. Immer wieder gibt es aber auch Zeiten, in denen wir seine Nähe erfahren: Wenn sein Wort uns tröstet, wenn wir im Abendmahl schmecken und sehen, wie freundlich er zu uns ist, wenn wir staunen über die Wunder seiner Schöpfung, wenn wir Vergebung erfahren und neu anfangen können, wenn unser Herz erfüllt wird mit Dank für seine Gaben. Dann geht uns auf, wie reich wir beschenkt sind und daß wir im Licht der Gnade Gottes leben dürfen. Dafür will das Erntedankfest uns Augen und Herzen öffnen: Gott ist mein Schatz, und wo mein Schatz ist, da ist mein Herz.

Möglicher Schluß

Es hat seinen Grund, daß die offene Bibel in der Mitte des Abendmahltisches liegt, auch heute am Erntedankfest, wo sie eingerahmt ist von den Früchten des Feldes. Sie öffnet uns die Augen, sie gibt uns den Maßstab, an dem wir den Stellenwert unserer irdischen Güter, unseres vergänglichen Lebens messen können. Was wir säen und ernten, was wir tun und was wir verdienen, das sind keine Schätze, die auf ewig bleiben. Wir sollen nicht unser Herz daran hängen, so daß sie zum Götzen Mammon werden und uns beherrschen. Sie sind vergänglich, einmalig, unwiederholbar und eben gerade so erfreuen sie unser Herz. Wir sollen sie verbrauchen, wir dürfen sie genießen, aber wir müssen sie nicht horten. Sie sind das tägliche Brot. »Es geht durch unsere Hände, kommt aber her von Gott.« Wir danken Gott dafür, und wir können nicht glaubwürdiger für den Reichtum seiner Gaben danken, als indem wir reichlich davon weitergeben, damit auch die Armen und Hungernden satt werden.

Kontexte

Ohne Besitz
Franz von Assisi wurde einmal gefragt, weshalb er und seine Freunde ohne Besitz lebten. Er antwortete: »Hätten wir Besitz, so müßten wir ihn verteidigen; zum Verteidigen bräuchten wir Schwerter, und mit Schwertern müßten wir bereit sein zum Töten.«
(Helmut Gollwitzer, aus: Die Blumen des Blinden, © Chr. Kaiser Verlag / Gütersloher Verlagshaus 1983, S. 71)

Schon als Kleinkinder mußten wir haben und immer mehr haben. In jeden Gegenstand, den wir fassen konnten, krallten wir uns hinein. Begreifend begriffen wir die Welt. Wir wollten für uns haben, was uns entgegenstand, den Gegenstand. Sie wollen uns haben, wir wollten sie haben; Eltern wollten Kinder haben, als könnte es das geben; wir wollten einen Freund, eine Frau haben, als ließe sich irgendein Mensch nur haben. Ein Haus für uns, einen Garten, eine Farm, als könnte die Erde in Besitz genommen werden durch den Eintrag im Grundbuch. Als gehörte sie nicht vielmehr ausschließlich dem, der sich ihrer erfreut, wie der Wald den Vögeln und das Lied dem Sänger?
Und wenn wir alt werden, müssen wir uns mühen, nicht geizig zu werden, nicht zu meinen, der Besitz toter Sachen könnte uns die schwingende Dauer verbürgen. Aber wir hatten nichts und werden nichts haben. Das alles werden die Motten und der Rost fressen, so sagt Jesus mit einem Sprichwort seines Volkes. Da ist Sicherheit gegen die Not und den Schmerz, da ist Macht im Gelde. Die Bilanz ist gut, die Firma floriert, ein fleißiges Jahr. Der Kaufmann kann dem Neuen ins Auge blicken. Dennoch: das alles werden die Motten und der Rost fressen.
Wer das weiß, kennt sich und sein Leben besser. Der Staat verlangt die Jahresbilanz. Aber Gott will, daß wir mehr sind als das, was wir haben, und uns nicht an das hängen, was wir nicht halten können.
(Johann Christoph Hampe, aus: Worte zum Tage, Gütersloher Verlagshaus, 1973)

Unser Leben ist eine Gabe Gottes, die sich nicht im leiblichen Wohl und auch nicht im Dasein für andere erschöpft. Über unseren eigenen Interessen und über den Nöten der Welt dürfen wir Gott nicht verlieren. Ihm verdanken wir uns selbst und ihm werden wir uns wieder ganz übergeben müssen. Das ist die einzig sichere Per-

spektive menschlichen Daseins. Der reiche Kornbauer hatte sie vergessen und wurde ahnungslos vom Tod überrascht. Den Christen wird man heute nicht mehr Weltflucht und Jenseitssehnsucht nachsagen können. Aber sie hängen ihr Herz auch nicht bloß an das irdische Wohlergehen, sondern denken weiter: »Reich sein in Gott« schließt Ewigkeit in sich, und dorthin geht unser Weg, wenn alles andere - mag es noch so wichtig und wertvoll sein - von uns abgefallen sein wird.
(Ernst Rüdiger Kiesow, aus: Auch in unseren Tagen, Evangelische Verlagsanstalt Berlin, 1978)

17. Sonntag nach Trinitatis

Annäherungen an den Predigttext Johannes 9,35–41

Christa Marahrens-Schürg

Da ist eine Geschichte, in der geht es um »zweierlei Blindheit«. Ein Wunder ist geschehen, ein Blindgeborener wurde am Sabbat von Jesus geheilt, dafür droht ihm und denen, die das glauben, der Ausschluß aus der Gemeinde, denn das, was geschehen ist, soll nicht gesehen werden. Die Gesetze sind verletzt.
Es geht um die Verletzung eines oder sogar mehrerer Tabus. Es geht auch um Macht oder um den Kampf um die Macht, die Macht über die Gesetze, über die Gemeinde, über die Geschicke der Menschen.
Ich spüre Widerstand gegen diese Geschichte: Indem ich mich meinen Assoziationen überlasse, tauchen verschiedene Überlegungen und Fragen auf. Was geht mich dieser Machtkampf um die Einhaltung der Gesetze in der Gemeinde an?

- an Wunder glaube ich so wenig wie an Märchen
- mir fällt nichts ein dazu, weil es mich nichts angeht, weder bin ich blind, noch ein Wunderheiler
- weder mag ich mich mit Pharisäern noch mit dem Blinden identifizieren, am nächsten sind mir die Eltern des Blinden
- unangenehm ist diese Drohnung: die, die sehen, sollen blind werden und umgekehrt
- welche Hybris, zu sagen »ich bin das Licht der Welt!« und »ich bin zum Gericht auf diese Welt gekommen« wie kommt einer dazu?
- eine Geschichte, ein Traum, nicht von mir geträumt!

Beim Stand dieser Überlegungen war für mich deutlich, die Geschichte beschäftigt mich doch, und der Widerstand dagegen kann analysiert werden.
Ich möchte versuchen, vor allem ausgelöst durch die Stichworte »Machtkampf« und »Hybris«, die in mir angeregte Dynamik und den Prozeß zu beschreiben. Wie in der Analyse von Träumen habe ich mich dabei von Einfällen führen lassen, ohne daß von vorneherein eine Perspektive oder ein Ziel sichtbar waren, und ich habe die erkennbaren Abwehrvorgänge zu analysieren versucht.

Und wenn die Geschichte mein Traum wäre?
Die *Traumanalyse* fragt nach *Einfällen:* Während meiner Pfadfinderzeit hat mich einmal unverhofft die Scham überfallen. Ich hatte den Sprachfehler eines anderen Mädchens nachgemacht und war daraufhin von der Leiterin zurechtgewiesen worden, für einen Augenblick war ich aus der Position des jemanden Ausstoßenden zur Ausgestoßenen geworden.

Was hat das mit der Geschichte zu tun? Ich hatte etwas gesehen, etwas zum Lustigmachen, darauf mit dem Finger gezeigt, blind war ich für die Auswirkungen gewesen. Die Leiterin hatte mir die Augen geöffnet für einen in der Gemeinschaft verbotenen Wunsch, sich auf Kosten anderer triumphierend lustig zu machen. Aber nicht nur das, ich war plötzlich selbst schuldig und beschämt und erkannte meine Abhängigkeit unter den Menschen.

In der Geschichte wird der, der sagt, ich werde das Bestehende umkehren, nicht wirklich beschämt.

Mein Einfall zeigt, das hätte ich mir auch gewünscht.

Aus meinen eigenen vielfältigen Erlebnissen heraus, ist es nie so eingetreten, im Gegenteil: Der Herausforderung folgte oft so etwas wie »Kleinbeigeben«.

Das soll wohl in der Geschichte auch geschehen, die Pharisäer versuchen, Jesus und seine Anhänger mit Ausgrenzung zu bedrohen. Es erfüllt mit Neid, was er wagt, und es ist wohl destruktiver Neid, der dem gegenüber aufkommt, der sich der Macht der Gesetze nicht unterwirft, wenn sich doch alle unterordnen. Der Erfolg, die Wunderheilung darf nicht gesehen werden, nicht wahr-genommen, nicht für wahr genommen werden. Sie darf nicht zählen, sie muß zunichte gemacht werden, im Dienste der eigenen Abwehr. Denn sonst wäre ja die eigene Unterwerfung aus Angst entlarvt.

Dieser Neid, so wie er in der Geschichte die Pharisäer ergreift, macht auch meinen Widerstand gegen die Geschichte aus, verhindert und beeinträchtigt wahrzunehmen, was - Unbequemes - geschieht. Es soll nicht sein, daß - wenn ich es selbst nicht kann - jemand die Macht ergreift und die Gegebenheiten auf den Kopf stellt, das Unmögliche tut und damit eine Heilung vollbringt.

Das Unbequeme ist die Veränderung der Ordnung.

Der Neid offenbart aber auch einen *Wunsch.*

Es ist der Wunsch, wie der zu sein, der sich den Gesetzen widersetzen kann, das könnte die erlittenen Scham- und Schuldgefühle ungeschehen machen. Es ist der Wunsch, die eigene Blindheit verändern zu können, der Wunsch, an die eigene Sicht - ganz allein und sicher - glauben zu können, sich nicht ängstlich dort anschließen zu müssen, wo etwas schon gültig ist, wo Bestehendes bewahrt wird, aus Angst vor Einsamkeit. Es ist auch der Wunsch, nicht konfliktvermeidend zu handeln und sich dafür schämen zu müssen.

Immer wieder ist die Versuchung groß, die Konflikte mit Mächtigen zu vermeiden, denn in deren Nähe ist das Wegsehen und Vergessen von Leid und Ungerechtigkeit so verlockend.
Es ist also ein Identifikationsversuch, eine Faszination, die aus der Unabhängigkeit und Stärke herrührt.
Es ist auch der Wunsch, eine Lösung zu wissen, eine Heilung zu vollbringen, herauszufinden aus der Verstrickung der eigenen Widersprüche.
In Identifikation mit jemanden, der so wunschgemäß handelt, entsteht auch *Angst.* Angst vor der phantasierten eigenen Größe. Angst, das Tabu der Gemeinschaft zu brechen; Angst, die Kränkung, die Demütigung denen gegenüber auszusprechen, die sich mächtig sehen. Die Angst, die Macht herauszufordern, die Väter zu töten und letztlich nicht stark genug zu sein.
Dem zu begegnen, der so stark ist zu sagen »ich bin das Licht der Welt, und ich werde die Verhältnisse umkehren« ist höchst unbequem. Es offenbart sich über den Neid eine heimliche Größenphantasie; es offenbart sich auch erneut die alte *Kränkung:* Ich denke, ich sehe richtig, oder bin ich doch wieder blind? Es ist diese Unsicherheit, die auf die eigene Begrenztheit hinweist. Und an dieser Stelle geschieht die unbequeme oder ungewollte Identifikation mit dem Blinden in der Geschichte.
Wie er, werde ich aus eigener Kraft meine Blindheit nicht ändern können, aus eigener Kraft werde ich nicht sehend, nicht als Kind, nicht heute.
Erst dadurch, daß ein Kind geliebt und bei seinem Namen genannt wird, erkennt es sich selbst, immer wieder neu, in seinen angepaßten und unpassenden Seiten. Und doch ist es wenig, was wir an uns selbst erkennen können. Freud hat einmal gesagt, es sei die größte Kränkung für den Menschen, daß er nicht »Herr im eigenen Hause ist«.
In meiner Pfadfindergeschichte war es die Scham und Kränkung darüber, daß mir eine unkontrollierte, von mir nicht gesehene sadistische Aktivität *sichtbar gemacht wurde.* Solche Erlebnisse mobilisieren Abwehrbemühungen vielfältiger Art, Verleugnungen und Verdrängungen, damit die Erinnerung verblaßt, damit wir unsere Wünsche und unsere Affekte vergessen. Aber es werden auch prophylaktische Maßnahmen in gang gesetzt. Es soll dasselbe peinliche Erlebnis nicht noch einmal geschehen. Eine solche vorbeugende Maßnahme ist im Berufswunsch auffindbar.
Psychoanalytikerin zu sein folgt dem Wunsch, sehend zu sein, sich im eigenen Haus auszukennen und sogar in anderen Menschen geheime Wünsche auffinden zu können. Die alten Omnipotenzwünsche werden so wieder aufgerichtet. In der Konfrontation mit der Wunderheilung in der Geschichte ist eine solche Phantasie angeregt und gescheitert zugleich.
Das Verdrängte kehrt wieder, auch die Scham angesichts uralter gescheiterter Omnipotenzwünsche.
Der größte Widerstand erhebt sich gegen die Wiederkehr des Verdrängten, dagegen, blind zu sein, wie der, der in der Geschichte geheilt wird. Das

heißt nämlich, hilfsbedürftig zu sein und einen Glauben zu benötig eigenen Geworfensein, so wie der Blinde in der Geschichte. Einen Gla zu benötigen wie einen Halt, wie Eltern, Liebe, eine Sicherheit, die gege ist, wie das Leben.
Das heißt auch ganz konkret: Ich bin nicht das Licht. Das Licht, das ich s nötig brauche, ist da, einfach da, es ist außerhalb von mir. Ich kann es sehen und ich kann daran glauben, daß das Licht am Morgen die Dunkelheit wieder ablöst.

Zum Gottesdienst

Gert Hartmann

Theologisch-homiletische Skizze

1. Sei es, daß es einem »wie Schuppen von den Augen fällt«, sei es, daß uns die – beglückende oder beschwerliche – Wahrheit allmählig »dämmert«: Solche Redewendungen beschreiben die allen zugängliche Erfahrung, aus Blindheit oder Verblendung sehend geworden zu sein.
Wir wissen auch davon, wie ›Sehende‹ blind werden, z. B. Erfahrung zur ›Betriebsblindheit‹ verkommt, Kompetenz zur ›Fachidiotie‹, eine Theorie zur Ideologie. Das liegt selten an mangelnder Intelligenz. Vielmehr handelt es sich um psychische oder soziale Interessen, die uns verführen, die gewohnte Sicht der Dinge (selbst)betrügerisch aufrecht zu erhalten und uns gegen die Wahrheit zu wehren. In der »Annäherung« finden sich genügend das individuelle und politische Leben betreffende Beispiele. Gerade den Intelligenten, den ›Sehenden«, stehen Argumente zur Verfügung, die Verblendung zu verteidigen und sich so in die ›Sünde‹ (V. 41) zu verstricken.
Demgegenüber kann sogar ›Blindheit‹ verheißungsvoll sein: Nicht immer gilt ›Sehen‹ als Merkmal des Glaubens. Der Liedvers »... ich will die Augen schließen und glauben blind« muß keinen Verzicht auf Aufklärung beschwören. Er kann Ausdruck der in Beziehung zu Gott, zu anderen Menschen und zu sich selbst bisweilen notwendigen Bereitschaft sein, künftige Widerfahrnisse zur Offenbarung werden zu lassen, statt mit vermeintlichem Scharf- oder Durchblick immer nur die Bestätigung der Vorurteile zu suchen.
Solche Erfahrungen sind uns vertraut, ihre – weitgehend unbewußten – Mechanismen sind einigermaßen bekannt. Dabei ist freilich noch nicht die Kenntnis solcher Wahrheiten heilsam: Das Wissen um mögliche Betriebsblindheit hilft wenig, wenn ich in ihr befangen bin.

›Sehend‹ werde ich nur, wenn mir ein Mensch oder ein Ereignis ›die Augen öffnet‹. Dies widerfährt mir gegebenenfalls unverfügbar - aber es hängt allenfalls gelegentlich und keinesfalls notwendig mit Jesus zusammen. Solche Erfahrungen mögen also anschaulich werden lassen, wie es gemeint ist, und was geschieht, wenn »die nicht sehen, sehend werden, und die sehen, blind« (V. 39). Sie führen aber noch nicht zur Kernaussage des Textes, daß Jesus es ist, der Blinde sehend macht.

2. Im Predigttext zeigt sich Jesus als Offenbarer durch das vorher erzählte Heilungswunder. Deshalb muß eindeutig entschieden werden, ob und in welchem Maße die Predigt sich auch auf diese Vorgeschichte beziehen soll.
Die Verse 35–38 sind ohne sie unverständlich. Die Verse 39–41 bedürfen ihrer nicht, sind sogar leichter ohne das - eigene Fragen aufwerfende - Heilungswunder auszulegen. Denn eine anschauliche Demonstration des ab V. 39 Gesagten bietet eher der sich an die Heilung anschließende Machtkampf als das Wunder selbst. Die Handgreiflichkeit der Heilungsgeschichte sperrt sich geradezu gegen eine Vergeistigung, eine eilige symbolische Deutung würde sie leicht übergehen. Geschieht dies nicht schon im Text?: Nicht nur die ›Pharisäer‹ belästigen den Geheilten unversehens mit einem Problem, daß er in *seiner* Blindheit gar nicht hatte, und benutzen ihn so für ihre Zwecke (V. 22). Auch dem johanneischen Jesus geht es kaum noch wirklich um den Blinden und *seine* Gesundheit, wenn das Leiden des Mannes und die Heilungskraft Jesu zur Demonstration der ›Werke Gottes‹ funktionalisiert werden (V. 3).
Deshalb schlage ich als Alternative vor: Entweder man konzentriert sich auf die Verse 39 ff. ohne substantiellen Bezug auf die Heilungsgeschichte (verzichtet möglicherweise auf V. 35–38). Oder man widmet sich der Heilungsgeschichte detailliert. Dabei wäre dann u. a. zu beachten, daß Jesus keine Berührungsangst zeigt und sich nicht scheut, dabei auch Speichel zu benutzen. Zu bedenken wäre auch, wie Jesus hier den diskriminierenden Kasualzusammenhang von Sünde und Krankheit abweist (V. 2 f., anders als Markus 2,1 ff., wo es um Heilung und Sündenvergebung zugleich geht), daß in V. 41 aber doch wieder ein - neuer - Zusammenhang von Blindheit und Sünde gesehen wird.
So oder so: Die Heilungsgeschichte hilft kaum, die Verse 39 ff. in ihrer soteriologischen Bedeutung zu erfassen. Sie beantwortet die Frage nicht, wodurch und inwiefern es gerade Jesus ist, der mir/uns die Augen öffnet.

3. Ich sehe zwei Möglichkeiten, diesen Bezug herzustellen:
a) Es kann sein, daß bestimmte Worte oder Taten Jesu zur Offenbarung werden. So mag z. B. seine Feststellung, daß Kinder dem Reich Gottes näher sind als Gelehrte, den einen die Augen öffnen und die Abwehr anderer (sehend-Blinder) hervorrufen. Oder seine These, der Sabbath sei um des Menschen willen da. In dieser Weise auf anderweitig überliefertes Material zu rekurrieren, halte ich für möglich. Aber dieses Verfah-

ren überzeugt mich kaum. Nur wenn jemand authentisch erzählen könnte, wie es ihm mit einem bestimmten Jesuswort so ergangen ist, würde daraus ein Zeugnis. Ansonsten wäre die Auswahl von Beispielen beliebig, und sie hätte rein demonstrativen Charakter: Wir würden versuchen, mithilfe unserer Kenntnis deutlich zu machen, inwiefern (der viel weniger deutliche) Jesus der Offenbarer ist. Wir würden versuchen, als ›Sehende‹ noch klarer zu sehen. Dabei eher an Predigtideen als an Erlösung interessiert, könnten wir leicht dem Urteil des V. 41 verfallen.
b) Wenn Johannes von Blinden und Sehenden spricht oder von Licht und Finsternis, denkt er nicht an gelegentliche Verblendungen und Lichtblicke. Er meint es grundsätzlich: Erlösung geschieht durch Offenbarung, und Jesus ist das offenbarende Licht (1,9; 8,12) (der Gedanke der Rechtfertigung tritt demgegenüber in den Hintergrund). Die Kernfrage muß also heißen: Wieviel Wahrheit enthält der prinzipielle Dualismus von Licht und Finsternis? Dem kommen wir vielleicht auf die Spur, wenn wir uns experimentell der Hypothese stellen: Jesus ist das Licht der Welt (8,12) – und alles andere ist Finsternis oder Verblendung!
Damit würden wir uns – ebenfalls hypothetisch – mit den Blinden des Textes identifizieren. Die erste Frage richtete sich nicht an Jesus: Wodurch läßt du uns was sehen? Die erste Frage richtete sich auf unsere Lebenswelt: Inwiefern stimmt es möglicherweise, daß alles, worauf unser Auge fällt, Finsternis ist oder Blendwerk?
Auf welche Lebensbereiche immer sich dabei unser Augenmerk richtet: Es gilt, theologisch und homiletisch sorgfältig einem Mißverständnis entgegenzuwirken: Es darf nicht darauf hinauslaufen, z. B. die Schönheit der Natur (oder kultureller Werke) und die Freude an ihr zu diskriminieren. Wir müssen vielmehr darauf aufmerksam werden, inwiefern wir entweder blind für Schönes und Häßliches sind, oder uns durch Schönes oder Häßliches zu einer falschen Lebensauffassung verführen lassen. Mögen wir morgen singen: »Geh aus mein Herz, und suche Freud ...« Heute muß es heißen: »Weg mit allen Schätzen!« – Es darf nicht darauf hinauslaufen, Aufklärung und Wissenschaft als töricht oder verwerflich zu diskriminieren. Wir müssen aber aufmerksam dafür werden, wie an sich sinnvolles und wahres Wissen uns oft genug verführt zu Größenwahn von Machbarkeit oder zum Ohnmachtswahn gegenüber der Eigengesetzlichkeit unserer Werke. Nachdem er alle Wissenschaften studiert hatte, sieht sich Faust als »armer Tor ... so klug als wie zuvor. Ich merke, daß wir nichts wissen können. Das will mir schier das Herz verbrennen«. Faust hat recht mit dieser Erkenntnis seiner ›Blindheit‹ – und sie macht ihn nun erst recht verführbar, nicht mehr für weiteres Bildungsgut, sondern für Mephisto.
Dieses Risiko ist niemals auszuschließen: Wer seiner Blindheit gewahr wird, fragt nach Erlösung – und als Blinder kann er den Erlöser nicht sicher vom Verführer unterscheiden. Mag sein, daß bewußte Erfahrun-

gen von Verblendung ihn gegen allzu billige Verführung feien. Aber nur der Erlöser selbst kann sich als solcher erweisen, indem seine Wahrheit evident wird. Die Predigt muß dieses Risiko eingehen, wenn sie mit der menschlichen Blindheit und Verführbarkeit für Verblendung konfrontieren will. Sie kann demagogische Verführung sorgfältig zu vermeiden trachten. Sie kann anregen, die Dinge mit den Augen Christi zu sehen. Letztlich kann sie nur darauf vertrauen, daß das, was sich dadurch erschließt, seine Wahrheit ist und nicht neues Blendwerk.

4. Bei alledem darf nicht moralisiert werden: Zwar zeitigen Blindheit (seltener) und Verblendung (häufiger) u.a. auch moralisch verwerfliches Handeln, sie selbst entziehen sich aber moralischer Bewertung. Sie sind Not, nicht moralisches Versagen, sie bedürfen der Erlösung, nicht der Vergebung. Und wenn Jesus hier vom Gericht redet (V. 39), so geht es nicht um ein Urteil über gut und böse, gerecht und ungerecht, sondern um die Scheidung von Geretteten und Verlorenen.

Vorschläge zur Liturgie

Die traditionellen Propriumsstücke dieses Sonntags konzentrieren sich nicht auf das Thema Blindsein/Sehen. Es geht um Glauben im weiteren Sinne.
So z.B. in den *vorgegebenen Lektionstexten:*
Evangelium: Matthäus 15,21–28 (die kanaanäische Frau)
Epistel: Römer 10,9–17(18) (von Herzen glauben, mit dem Mund bekennen)
Die Ordnung der Lesungen und Predigttexte (OLP 1977) wählt als Motto: Unser Glaube ist der Sieg, der die Welt überwunden hat.
Für den Fall, daß man liturgische Stücke stärker auf das Thema des Predigttextes beziehen möchte, schlage ich vor:

1. Biblische Texte
1. Mose 1,1–5, Jesaja 9,1; 60,1–3, 19–22, Johannes 1,1–9; 8,12. Epheser 5,8 ff. Sie eignen sich als Lesungen wie auch als Voten zum Eingang (Johannes 8,12 als Gnadenzuspruch vor dem Gloria, wo ein solcher üblich ist).
Denkbar ist auch, das ganze Kapitel Johannes 9 als Evangelientext zu lesen, falls die Heilungsgeschichte den Hintergrund bilden, nicht aber den Inhalt der Predigt bestimmen soll.

2. Lieder
Das vorgegebene Wochenlied (Such, wer da will, 346) halte ich für geeignet.
Eingangslied: Du höchstes Licht (441)
Nach der Predigt: O Jesu Christe, wahres Licht (72)
oder: Erneure mich, o ewigs Licht (390)

3. Gebete

Hier gilt es, einer Versuchung zu widerstehen: Es liegt ja nahe, um Befreiung aus Blindheit und Verblendung konkret in bestimmter Hinsicht zu beten. Aber Blinde wissen nur manchmal, was zu sehen wünschenswert ist, und Verblendete neigen dazu, die Bestätigung ihrer Vorurteile zu erbeten. Zum Beispiel: Man mag beten: ›Öffne uns die Augen für die Schönheit der Natur‹ - falls man sich einer depressiven Traurigkeit bewußt ist. Zu beten ›öffne unsere Augen für die Not unserer Nachbarn‹, ist schon verdächtiger: Ich sehe ja nicht klar, ob sie meiner Hilfe bedürfen, oder ob ich eher ihre Not brauche, mich wichtig zu machen und sie abhängig zu halten. Zu beten wäre also eher: ›Laß mich erkennen, wo ich des Guten zu wenig und wo ich des Guten zuviel tue.‹

Der eigenen Blindheit oder Verblendung eingedenk, wäre eher mit Friedrich Christoph Oetinger zu beten: ›Erleuchte mich, Herr, mein Licht. Ich bin mir selbst verborgen und kenne mich noch nicht; darum erschüttere uns, daß wir aufwachen und vom Tod aufstehen‹ (aus: Gebete der Christenheit, Hg. Walter Nigg, Leck 1960). Oder das ebenfalls F. C. Oetinger zugeschriebene Gebet: ›Gott, gib mir die Gelassenheit, die Dinge hinzunehmen, die ich nicht ändern kann, den Mut, die Dinge zu ändern, die ich ändern kann, und die Weisheit, das eine vom anderen zu unterscheiden.‹

Vorschlag zur Predigt

1. Zuerst gebe ich den Älteren unter uns, die das Kriegsende 1945 erlebt haben, eine Frage zu bedenken: Wann ist Ihnen klar geworden, daß der Krieg verloren ist? Und wann kam die Einsicht, daß er von Anfang an verbrecherisch war?
   Kam die Einsicht schon vor dem Zusammenbruch, oder bedurfte es erst der Katastrophe?
   Kam die Einsicht plötzlich, daß es Ihnen »wie Schuppen von den Augen fiel«? Oder dämmerte sie allmählich und gegen innere Widerstände?
   Dazu zwei persönliche Erinnerungen:
   Noch im April 1945 habe ich als 10jähriges Kind geglaubt, daß der geliebte Führer mit einer Wunderwaffe das Schicksal wenden würde. - Dabei hatte mir schon zwei Jahre früher die Wahrheit gedämmert: Ich weiß noch genau, wie mich auf dem Schulweg folgender Gedankengang überfiel: ›Jetzt geht auch ein englischer Junge zur Schule. Armer Kerl, der sich sagen muß: »Wir werden verlieren«! - Aber vielleicht sagt er sich wie ich: »Wir werden gewinnen«. - Ja wie? Wenn er und ich das Gleiche denken, könnte dann etwa auch er Recht haben?‹ - ich weiß nicht, wie ich darauf gekommen bin und erinnere mich an keinen Anlaß. Gott hat viele Wege, der Wahrheit ans Licht zu helfen. Rückblickend gestatte ich mir zu

glauben, daß er mich damals nicht ganz in der Masse der Verblendeten untergehen lassen wollte.

Diese ›Offenbarung‹ – als Ahnung der bitteren Wahrheit – war stark genug, mir genau in Erinnerung zu bleiben. Damals war sie nicht stark genug, die Blindheit zu vertreiben, die mich mit vielen anderen noch 1945 nicht sehen ließ, was vor Augen war.

2. Paraphrase von V. 39–41: Jesus sagt: ›Ich bin zum Gericht in diese Welt gekommen, damit die Blinden sehend werden, und die Sehenden blind.‹ – Die sowieso mißtrauischen Besserwisser fragen ihn: ›Sind wir blind?‹ Jesus: ›Natürlich seid ihr blind. Aber das allein wäre nicht schlimm. Wäre es nur Blindheit, wäre euch leicht zu helfen. Wo ihr euch aber einbildet, sehend zu sein, ist euch schwer zu helfen und ihr seid wahrscheinlich verloren.‹

Einladung, sich an Erfahrungen von Blindheit zu erinnern. Wann galt: ›Ich tappe im dunkeln‹, ›ich sehe nur Nebel‹, ›die Zukunft ist finster‹ usw.?

In solchen Situationen sagt Jesus zu uns: Das ist bitter, aber nicht schlimm, nicht ohne Verheißung. Er lädt uns ein, die Dinge mit seinen Augen zu sehen. Mag sein, daß wir dann Schönes oder Gutes erblicken, für das wir vorher blind waren. »Geh aus mein Herz und suche Freud ...«, dichtete Paul Gerhardt in Trauer. Mag sein auch, daß wir dann sehen, wie schlimm es wirklich aussieht und Leben nur um den Preis eines – meist partiellen – Todes zu erhoffen ist.

Einladung, sich an Erfahrungen von Verblendung zu erinnern: Wir meinen oft, genau Bescheid zu wissen. Dabei wehren wir uns gegen die bittere Wahrheit, daß ein Mensch uns an der Nase herumführt, dem wir ›blind‹ vertrauen. Oder wir sehen nicht, daß jemand verläßlich ist, den wir abgeschrieben haben. – Beispiele für Betriebsblindheit oder ideologische Verblendung.

Jesus weiß und sagt, wie solche Situationen wirklich gefährlich sind. Auch wir sind schon daran gescheitert, andere (auch Freunde) bei solchem Selbstbetrug aufzuklären. Auch wir selbst sind bestimmt nicht frei von Selbstbetrug. Der ist aber unbewußt. Und Projektionen oder Rationalisierungen (die Mechanismen können ohne Gebrauch dieser Begriffe anschaulich gemacht werden) sind Tricks der Seele, sich gegen eigene Einsicht, gegen freundschaftlichen Hinweis und sogar gegen Gottes und Christi Erlösungswillen zu wehren.

Hier ist zuerst zu hoffen und zu beten: Gib uns nicht auf, wenn wir dir widerstehen. Erlöse uns von der Blindheit, mit der wir uns selbst fesseln.

3. Daß wir Menschen generell im Finsteren tappen oder irgendeinem Blendwerk verfallen, ist sicher nicht die ganze Wahrheit. Aber es ist vielleicht die tiefere Wahrheit.

Nicht die ganze Wahrheit: Wir sind wahrnehmungsfähig für Schönes und Häßliches, Gerechtes und Ungerechtes. Aber vielleicht die tiefere

Wahrheit: Wahrnehmungen betören uns. Je größer die Vielfalt wird, umso zufälliger und gleich-gültiger wird alles (vgl. die Informationsflut der TV). Mit zunehmendem Alter wird die Wahrnehmungsfähigkeit nicht nur schärfer, sie nimmt auch ab (vgl. die Angst, im Alter körperlich und geistig zu verfallen).
Nicht die ganze Wahrheit: Wissenschaften und Erkenntnisse sind gültig und nützlich (zuweilen sogar gegen Selbstbetrug und Demagogie). Aber vielleicht die tiefere Wahrheit: Sie führen weder zu seelischem noch zu sozialem Frieden, verleiten uns aber zu Allmachts- und Ohnmachtsphantasien. (vgl.: Niemand ›sieht‹ eine Möglichkeit, auf Autos zu verzichten, obwohl jeder ›sieht‹, wie der Stau zum Normalfall wird.) Mit zunehmendem Alter werden wir nicht nur weiser und offener, wir werden auch starrer. Und wer schließlich meint, über Sinn und Ziel des Lebens Bescheid zu wissen, ist bestimmt auf ein Trugbild fixiert.
Aus solcher Blindheit ist zu hoffen und zu beten, daß Christus uns die Augen öffnet, damit wir sehen: wie Gottes Macht größer ist als unsere – wie sich Wege finden, wenn wir nur hinsehen – wie manchmal gerade bittere Wahrheit heilsam ist – wie Christus uns Leben zutraut, wenn wir die Dinge mit seinen Augen sehen. Und jede kleine Einsicht, die uns aus irgendeinem Selbstbetrug befreit, ist ein Zeichen dafür, daß er uns nicht aufgegeben hat und uns erlösen will.

Alternative: Das ganze Kapitel lesen. Die Heilungsgeschichte hinnehmen. Den sich anschließenden Streit stückweise durchgehen, immer mit dem Angebot, sich mit der jeweiligen Partei zu identifizieren: Wann und inwiefern empfinden, denken, handeln wir wie sie? V. 39 ff. dann als Resumee.

Kontexte

Ansprechende Formulierungen und Gedanken finde ich in einer Predigt von Eduard Steinwand von 1946:
Er spricht von den ‚Augen des Herzens', die die Welt anders sehen als leibliche Augen. (Diese Formulierung gibt der spirituellen Dimension Raum und vermeidet Psychologisierung).
Anfangs sehen die Jünger nur, was vor Augen war. So fragen sie angesichts der Krankheit: ‚Warum?' Jesus lehrt sie zu fragen: ‚Wozu?' – Aber besser, falsch als gar nicht mehr fragen. Steinwand beklagt (1946!) eine ‚Kapitulation der Seele', in der man fraglos alles hinnimmt (‚man kann nichts machen'). Das irdische Auge sieht die Dinge oberflächlich. Eben dies führt zur ‚Kapitulation der Seele'. Jesus will die Augen der Seele öffnen.
(E. Steinwand und H. Girgensohn: Laß leuchten Dein Antlitz, Predigten, Göttingen 1949, S. 191 f.).

Ulrich Nübel weist darauf hin, wie christliche Wahrheiten selbst zur Verblendung mißbraucht werden können, wenn sie zu starren Dogmen und Machtinstrumenten

werden. Nübel nennt eine rigide Erbsündenlehre als Beispiel. Dies mag anregen zu fragen, wo sich in der eigenen Gemeinde Formen christlichen Glaubens finden, die eher dazu dienen, die Realität zu verstellen und sich vor der Wahrheit zu schützen (Moralismus? Fundamentalismus?).
(Predigtvorbereitung in: Homiletische Monatshefte 1982/83, S. 460-463)

Mit der Frage, inwiefern Jesus denn ‚sehend‘ macht, schlägt sich auch Karl Gerhard Steck herum: ‚Wäre der Offenbarer im vierten Evangelium nicht der Heiland Jesus von Nazareth aus den älteren Evangelien, würden wir uns mit der Radikalität seines Wahrheitsanspruches kaum befreunden mögen.‘ Aber so macht unser theologisches Wissen leicht zu ‚Jongleure(n) - sehend und nicht sehend zugleich.‘ Erst von der Heilsdimension erschließt sich, ‚was der Jesus des vierten Evangeliums in Anspruch nimmt.‘
(Göttinger Predigtmeditationen 1982/83, S. 438)

18. Sonntag nach Trinitatis

Annäherungen an den Predigttext
2. Mose 20,1–17

Ute Zöllner

Das Gespräch fand zwischen den Frauen des Leitungsteams der Dekanatsfrauenarbeit im Dekanat Passau statt.
Die Bearbeitung der Perikope erfolgte nach der Methode des Göttinger Stufenmodells, einem tiefenpsychologischen Modell zur Fallbesprechung, das sich auch auf biblische Texte anwenden läßt. Die TeilnehmerInnen hören den Text und äußern sich daraufhin spontan zu folgenden Fragen:
Was habe ich wahrgenommen? Welche Gefühle stellen sich ein beim Hören? Welche Einfälle sind mir gekommen? Welche Schlußfolgerungen ziehe ich daraus?
Im Folgenden zeichne ich den Gesprächsverlauf in etwa nach.

»Ich bin der Herr, dein Gott«, das erste Gebot fällt den Tn als erstes nach dem Hören des Textes ein. Es begleitet das gesamte Gespräch und stellt den Hintergrund dar, auf dem geredet und diskutiert wird. »Das ist das Wichtigste«, hierin sind sich alle einig. Die Menschen erinnern sich mit den 10 Geboten an die guten Taten Gottes; Gott hat die Israeliten aus Ägypten geführt, dafür sind sie ihm dankbar. Du sollst nicht töten, nicht falsch Zeugnis reden, nicht begehren, was der andere hat, die ältere Generation achten, das sind Hilfen für den Menschen, um das Zusammenleben im Verband zu erleichtern. Gott gebührt die Ehre, deswegen sollen sich die Menschen kein Bild von ihm machen und Geschaffenes nicht anbeten. Alles ist so wohl geordnet. Es gibt eine wohltuende Ruhe, in die die Kreatur miteinbezogen ist. »So ist es gut und tut mir gut, aber warum ist der lebenschaffende Gott ein eifernder Gott?« Zustimmung und Anfrage wechseln sich im Gespräch ab. Auch Ärger bleibt nicht aus:
»So richtig regt mich das 9. und 10. Gebot auf! Sind Immobilien etwa wichtiger als ich als Frau?! Wir sind doch nicht auswechselbar, oder gar der Besitz des Mannes! Und dann werden die Frauen noch dem Gesinde zugeordnet. – Das ärgert mich gewaltig.« »Also da bin ich richtig erleichtert, daß denen, die sich zu Gott halten, Gott nahe ist.«
Betroffenheit stellt sich beim Sabbatgebot ein: »Ja, es tut gut, daran erinnert zu werden; das haben wir nötig.« »Da reden und stöhnen die Frauen und wollen Zeit für sich selbst – aber, wenn sie dann mal allein irgendwo

sind, dann wissen sie nicht, was sie tun sollen. Wir haben verlernt, mit der Zeit zurecht zu kommen. Schon Kurkliniken brauchen Animateure.«
»Sonntags, da ist dann was los. Am Sonntag streiten sich die Familien.« Das Sabbatgebot finden alle wichtig: »Denn den Sinn der Ruhe können wir nicht mehr erkennen.«
Unterschiedlich werden die 10 Gebote in ihrer Gesamtheit gehört. Auf der einen Seite rufen sie das Bedürfnis nach Strukturen und verläßlichen Ordnungen ab. Sie werden als entlastend und sinnvoll gehört. »Die Menschen brauchen eine Richtschnur für das, was sie tun – oder nicht tun sollen.« Die anderen erleben andere Gefühle: »Da kam ein altes Gefühl wieder hoch, wie damals in der Kindheit. Ich kann den Zwang nicht ertragen.« »Mich stört vor allem die Sprache, gar nicht so sehr der Inhalt der Gebote. Statt ehren möchte ich lieber achten sagen, das ist mir näher und macht mich nicht so klein.« »Ich verstehe überhaupt nicht, daß meine Schüler immer noch sich gegen die Gebote so auflehnen. Das ärgert mich auch, denn ich lehre doch seit vielen Jahren im Religionsunterricht etwas ganz anderes. Und immer wieder kommen sie mit dieser Vorstellung, Gott zwingt sie zu etwas. Warum ist das heute noch so?«
Eine andere Frau spürt sehr spannungsreich das Auseinander von tatsächlichem Verhalten und dem Anspruch der Gebote: »Ich merke, wie viel mir fehlt.«
Erstaunen löst V. 5 b aus: »Ich habe immer gedacht, daß es bis ins tausendste Glied heißt, aber die Heimsuchung Gottes ist ja begrenzt.« Die Strafe Gottes erscheint überschaubar, zumindest hat sie eine Grenze, aber Gottes Zuspruch und Gottes Wohltat sind unendlich.
»Worauf sind wir eigentlich nicht eingegangen«, merkt eine Frau an, »stehlen – töten – ehebrechen, diese Gebote scheinen uns nicht so problematisch zu sein. Sie sind uns so selbstverständlich, daß wir nicht darüber reden.«
Am Ende des Gespräches kommen die Frauen noch einmal auf das Bilderverbot, sie wenden es auch auf die Begegnung mit Menschen an, was als schwierig erlebt wird: »Ohne Bilder kommt man kaum aus. Jedes Einstellungsgespräch lebt von dem Bild, daß wir uns von einem Menschen machen.« Menschen kommen ohne Bilder nicht aus: »Wir brauchen Bilder, sichtbare Zeichen des Lebens.« »Wie gut, daß wir durch Jesus uns eine Vorstellung von Gott machen können«, so lautet das erleichterte Fazit.
Offen bleibt die Frage, wo die Grenze liegt für das, was Menschen tun dürfen. Darauf geben die 10 Gebote keine konkrete Antwort. Darf eine hirntote Mutter künstlich am Leben erhalten werden, damit das entstehende Kind weiterleben kann? (Die Diskussion um den Eingriff der Ärzte in Erlangen war in diesen Tagen aktuell.)
Daß jeder Mensch dem lebenschaffenden Gott lebendig und ohne Zwang begegnen kann – mit diesem Wunsch schließt das Gespräch: »Denn die, die auf Gott vertrauen, die bekommen neue Kraft.«

Zum Gottesdienst

Hanne Köhler

Theologisch-homiletische Skizze

Keine Person in der Gemeinde wird den Zehn Geboten in diesem Gottesdienst zum erstenmal begegnen. Alle bringen ihre Vorerfahrungen und ihr Verständnis mit. Zumindest die ältere Generation kann die Zehn Gebote auswendig, allerdings meist in der Fassung des lutherischen Katechismus. Die Allgemeingültigkeit der Gebote wird vorausgesetzt, auch wenn die einzelne Person sich in ihrem Leben nicht entsprechend verhalten hat (z. B. Elterngebot, Ehebruchsverbot).
Ich möchte dagegen zunächst den historischen Abstand in Erinnerung rufen und stütze mich für die folgenden Ausführungen im Wesentlichen auf den Band von Frank Crüsemann, Bewahrung der Freiheit - Das Thema des Dekalogs in sozialgeschichtlicher Perspektive, München 1983.
Der Dekalog gehört der späten vorexilischen Zeit an, zwischen dem Untergang des Nordreiches und Josia. Er ist eine Reaktion auf die damaligen tiefen Krisen, wie z. B. das Entstehen starker sozialer Gegensätze in Israel, das Auftreten der großen Gerichtsprophetie, den Untergang des Nordreiches und den dadurch ausgelösten Schock (a.a.O. S. 26f.). »Der Dialog gilt erwachsenen Männern, die rechts- und kultfähig sind. Sie sind charakterisiert durch Land- und Viehbesitz, also sind es Bauern; sie besitzen Sklaven, also sind es Freie.... Der Dekalog gilt also nicht... Kindern; er gilt nicht... Frauen; er gilt nicht Sklaven; er gilt nicht Lohnarbeitern. ... Und schon liegt der Verdacht nahe, daß die repressiven Züge einer an ihm entwickelten Ethik nicht zuletzt auf eine unkontrollierte Ausweitung des Adressatenkreises zurückzuführen sind.« (a.a.O. S. 28f.)
Was aber sprach der Dekalog für den einzelnen israelitischen Grundbesitzer an in einer Zeit, in der dieser in die Schuldsklaverei absteigen oder zum Großgrundbesitzer aufsteigen konnte? Und was wäre darüber heute in einer völlig anders zusammengesetzten Gemeinde zu predigen?
Die vom Dekalog damals Angeredeten erlebten ihre reale Freiheit (auf eigenem Land wohnen und dessen Reichtum genießen, von Sklaverei und Fronarbeit frei sein) nicht als selbstverständlich, sondern verdankten diese Freiheit (aus dem Sklavenhaus) Gott. Um diese Freiheit gewährende Gottesbeziehung zu sichern, wurde jede Verwerfung, jede Entwertung, jeder Mißbrauch Gottes abgewehrt (1.-3. Gebot). Die Befreiung aus dem Sklavenhaus wurde praktiziert im wöchentlichen Ruhetag (4. Gebot). Die Freiheit der altgewordenen Eltern sollte durch die erwachsenen Söhne gewährt werden (5. Gebot). Darüberhinaus sollte auch die Freiheit der Nächsten nicht in Frage gestellt werden; nicht töten, nicht ehebrechen, nicht stehlen, das Recht nicht manipulieren, nicht darauf aus sein den Nächsten - und sei

es auf legale Weise – um Haus und Besitz zu bringen. Dies alles fiele auch auf den Täter zurück (6.–10. Gebot).
In der Predigt ist die Konzentration auf ein einzelnes Gebot genauso möglich, wie ein Durchgang durch den gesamten Dekalog mit Blick auf die andere soziale Situation der versammelten Gemeinde. Angesichts einer Gottesdienstgemeinde von meist älteren Frauen und einigen jungen Müttern entscheide ich mich dieses Mal für den Schabbat als Schwerpunkt der Predigt. Der gesamte Dekalog kann in der Liturgie aufgenommen werden. Das Thema des Gottesdienstes wird in der Begrüßung angekündigt.

Vorschläge zur Liturgie

Votum
Im Namen Gottes feiern wir Gottesdienst.
Gott befreit uns aus aller Unterdrückung.
Jesus Christus erinnert uns an unsere Freiheit.
Gottes Geist stärkt uns.
oder
Wir feiern Gottesdienst im Namen Gottes,
im Namen der Kraft, die uns aus aller Unfreiheit ruft,
im Namen Jesu Christi,
im Namen der Liebe, die uns an unsere Nächsten weist,
im Namen des Heiligen Geistes,
im Namen der Besonnenheit, die uns an unsere Wurzeln erinnert.
(Vgl. 2. Timotheus 1,7)

Eingangspsalm im Wechsel gelesen
Wege will ich meiden,
die mich zum Unrecht verführen.
    Aber auf dein Wort, Gott,
    will ich achten.
Was du für richtig hältst,
will ich nicht aus den Augen verlieren.
    Du hast mich unterwiesen,
und dein Wort schmeckt mir besser als Honig,
    immer muß ich darüber nachdenken,
    was du angeordnet hast.
Darum kann ich es nicht ertragen,
wenn Menschen sich betrügen.
    Wie ein Licht leuchtet mir dein Wort,
    wohin ich auch gehe,

auf allen meinen Wegen
leitet es mich.
An meinen Vorsatz will ich mich halten,
mit dir zu leben,
mit allem, was du für richtig hältst.
Schlimm erginge es mir,
wenn du mich nicht wieder
bei dir leben ließest, Gott,
wie du es versprochen hast.
Nimm mein Gebet an, Gott,
laß mich verstehen, was du von mir willst.

(Psalm 119,101-108 aus: Horst und Klaus Bannach, Psalmtexte, Stuttgart 1980)

Schuldbekenntnis

Gott, wenn wir daran denken,
was noch alles zu tun ist,
werden wir ganz klein.
Woher sollen wir die Kräfte nehmen?
Jeden Tag wächst der Berg der Dinge,
die erledigt werden müssen.
Gott, erlöse uns dann aus dem Streß des Alltags.
Gott, erbarme dich.

(aus: F.K. Barth, G. Grenz, Peter Horst (Hg), Gottesdienst menschlich. Peter Hammer Verlag Wuppertal, Neuausgabe 1990)

Gnadenzusage

Gott läßt die Schöpfung nicht im Stich
und wir brauchen nicht alles auf einmal ins Reine zu bringen.
Mitten in der unfertigen Welt dürfen wir
unseren Alltag unterbrechen und ruhen,
wie Gott geruht hat. Denn Gott spricht:
»Ich bin heilig und ihr sollt auch heilig sein.«

(H. Rosenstock/H. Köhler, Du Gott, Freundin der Menschen, Kreuz Verlag Stuttgart 1991, S. 73)

oder

Die auf Gott vertrauen, die bekommen neue Kraft. (Vgl. Jes. 40,31)

Eingangsgebet

Gott, tief in der Stille laß uns zur Ruhe kommen;
warten - hinhören -
einfach zulassen, daß du näher kommst,
bis wir, weit hinter unserem Wollen,
deine Ruhe in uns erleben.

(aus: F.K. Barth, G. Grenz, Peter Horst (Hg.), Gottesdienst menschlich. Peter Hammer Verlag Wuppertal, Neuausgabe 1990)

Lesung

Schöpfungserzählung 1. Mose 1,1–2,4

(möglichst nach der Übersetzung in Gerechter Sprache, in: Ev. Frauenarbeit in Deutschland, Gerechte Sprache in Gottesdienst und Kirche, Frankfurt 1987)

Schlußgebet

(formuliere ich immer aktuell)

Segen

»Wachet, steht im Glauben, seid mutig und seid stark!
Alle eure Dinge laßt in der Liebe geschehen.« (1. KorintherInnen 16,13–14)
So segne und behüte euch Gott,
in Ruhepausen und während der Arbeit
heute und über die Grenzen unserer Zeit hinaus.

Liedvorschläge

EG 166 1–2+4–5; 295; 324 1–2+8+12–13; 449 1–4; SC 648
Als gesungene Meditation: Ruhet in mir

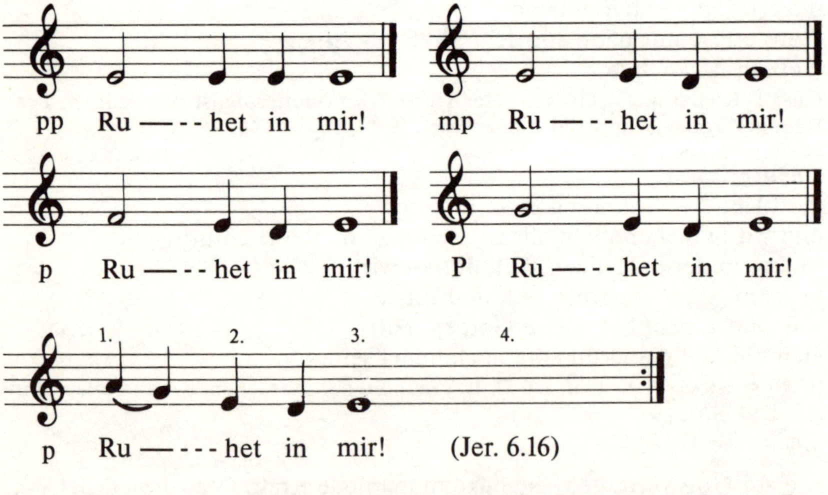

(Aus: Helmschrott/Amann, Rufe. © Verlag J. Pfeiffer, München, in: Brigitte Enzner-Probst, Andrea Felsenstein-Roßberg, Wenn Himmel und Erde sich berühren, Gütersloh 1983. Hier ist auf S. 202 eine praktische Anleitung für das Singen als Meditation zu finden).

Vorschlag zur Predigt

Möglicher Anfang
Gnade sei mit uns und Friede von Gott!
Der Schabbat, die Ruhe, der 7. Tag steht heute im Mittelpunkt - ich habe es schon angekündigt. Der Schabbat wird in der Bibel sehr wichtig genommen. Wir merken dies schon daran, wie ausführlich der Schabbat in den sogenannten Zehn Geboten begründet wird. Ich lese 2. Mose 20,8–11: *(Text)*
Schabbat, das ist mehr als unser Sonntag. Das Verb schabbat heißt zunächst einmal »aufhören«. An anderer Stelle im zweiten Buch Mose heißt es ganz knapp: »Sechs Tage sollst Du arbeiten, aber am siebten Tag sollst Du aufhören.« (2. Mose 34,21) Und ausdrücklich wird festgehalten, daß dies gerade in der Erntezeit gilt, gerade dann, wenn viel Arbeit schnell erledigt werden muß. »Beim Pflügen und beim Getreideernten sollst Du aufhören.« Die Pause gilt nicht nur für die Frommen in Israel, sondern war Teil eines sozialen Systems. »Sechs Tage lang sollst Du Deine Arbeit tun, aber am siebten Tag sollst Du aufhören, damit Dein Rind und Dein Esel ausruhen und das Kind der Sklavin und der Fremdling aufatme. (2. Mose 23,12)
Am Schabbat, am Ruhetag Gottes, hat die ganze Schöpfung Anteil. Der Schabbat ist im jüdischen Denken zunächst kein spezieller jüdischer Feiertag, sondern seit Erschaffung der Welt ist der Schabbat der ganzen Schöpfung geschenkt. Einbezogen sind die Tiere; einbezogen sind die Kinder, deren Eltern am Schabbat für sie Zeit haben; einbezogen ist die Sklavin, d. h. heute die Frau, die für die Drecksarbeit gerade gut genug ist. Auffällig ist: Immer wenn es um die Schabbatruhe geht, dann wird der Fremdling extra erwähnt. Daß Flüchtlinge in Israel gelebt haben, wird als selbstverständlich vorausgesetzt. Auch sie, die Fremden, die hier leben, sollen ruhen können. Auch wenn die Flüchtlinge und Fremden einen anderen Glauben haben, am Schabbat sollen sie aufatmen können.
Am Schabbat soll niemand für jemand anders arbeiten, schuften. Am 7. Tag ist Pause, Ruhe. Gott gibt allen diesen Tag als freien Tag, als wöchentliches Zeichen der Freiheit.
Aber Vorsicht: Die Zehn Worte werden dem Volk Israel nicht in der Sklaverei in Ägypten gegeben. Sie sind keine Pflicht, die schon genug gebeutelten Menschen zusätzlich aufgelegt wird. Gott befreit Israel erst aus ausbeuterischen Verhältnissen und redet dann zu den Befreiten: »Ich, Gott, habe Dich aus Ägypten, aus dem Sklavenhaus geführt.«
Jetzt also sind sie frei, können entscheiden, müssen ihr Zusammenleben neu ordnen. Die Zehn Worte sollen helfen, die Freiheit zu bewahren und als Befreite zusammenzuleben.
Ein Zeichen der Freiheit ist der Schabbat, der Ruhetag Gottes und der ganzen Schöpfung.

Zum weiteren Verlauf

Ich beschreibe im Folgenden die Praxis des Schabbats in jüdischem Umkreis, zunächst positiv (Ruhe, Zeit, denken, debattieren, feierlich gemeinsam essen und trinken, Zeit für die Kinder, Zeit miteinander zärtlich zu sein ...), dann von den Verboten her (besonders auffällig in orthodoxen Wohngebieten: kein Autoverkehr, Radio, Fersehen, Zeitung, Geschäfte und Banken geschlossen ...). Die Verbote werden beschrieben als Vorkehrungen, die die Ruhe des Schabbats möglich machen, dadurch, daß sie den Trubel des Alltags vom Ruhetag fern halten. Ich beschreibe einige religiöse Traditionen, die Woche für Woche den Ruhetag als besonderes Geschenk bewußt machen (z. B. Anzünden der Schabbatkerzen auf den Schabbatleuchtern, die Gebete, das Segnen der Töchter und Söhne, den Segen über den Wein, die Schabbatbrote, die Lieder ...). Je mehr ich über den Schabbat erfahren habe, je mehr sichtbare Zeichen zur Unterscheidung von Ruhetag und Alltag ich kennengelernt habe, umsomehr bedaure ich, wie wenig wir in der Kirche davon bewahrt haben. Ich vermute, dies hängt zusammen mit der Kürzung und Umformulierung des 3. Gebotes in Luthers Kleinem Katechismus (vorlesen!). Was für ein Verlust! Statt der Schabbatruhe für alle ist übriggeblieben, daß die Gläubigen am Feiertag die Predigt gerne hören und lernen.

Der Schabbat ist mehr als der Sonntag. Am Schabbat sind, zumindest der Idee nach, in einer Welt voller Sklaverei alle einen Tag lang freie Menschen. Jede Woche ein Tag des Protestes gegen jede Unfreiheit, jede Woche ein Tag, der den Menschen ihre Würde zurückgibt.

Anschließend beschreibe ich die gewohnte Sonntagspraxis in unserer Umgebung (Gewohnheit zu erledigen, was unter der Woche liegengeblieben ist; bei Berufstätigen Haushaltstag; gesellschaftlich Ausweitung der Sonntagsarbeit mit den negativen Folgen für die Familien). In Zeiten hoher Arbeitslosigkeit ist es schwer, den Ruhetag zu verteidigen. Ggf. auf entsprechende Verlautbarungen der eigenen Landeskirche hinweisen. Wie läßt sich in der Haus- und Familienarbeit ein Ruhetag einüben? Wenn nicht auf andere Tage ausgewichen werden kann, hilft vielleicht, daß wirklich Notwendige gemeinsam zu erledigen.

Am schwersten ist die Unterscheidung von Ruhetag und Alltag für die Frauen und Männer, die nicht erwerbstätig sind und alleine leben. Das braucht Anstrengung und Selbstdisziplin. Eigene Traditionen müssen der Woche dann eine Ordnung geben, vielleicht gehört der Gottesdienst hier wirklich zu dem, was den Sonntag unterscheidet.

Möglicher Schluß

Gott nahm sich einen Tag Ruhe, Abstand von der eigenen Arbeit. Erst durch die Ruhe wurde die Schöpfung vollendet. Ich vermute, auch wir brauchen solch eine äußere Ordnung zum Ruhen. Spontan und frei sein ist gut und schön, solange die Sonne scheint. Aber wenn Angst, Trauer und

Verstrickung in Unrecht mächtig werden, dann brauchen wir einen äußeren Halt. Das kann eine bestimmte Gewohnheit sein, ein Buch oder ein Gebet; vielleicht die Möglichkeit zu bestimmten Zeiten zusammen zu kommen, vielleicht die Chance, bestimmte Worte gemeinsam zu wiederholen, vielleicht das Angebot, Brot und Traubensaft miteinander zu essen und zu trinken.

Der Gottesdienst am Sonntag hat seine Berechtigung, wenn er uns unterbricht, wenn er uns erinnert an die Ruhe Gottes, in die wir eingeladen sind, wenn er uns aufatmen läßt und einen Tag frei leben vor Gott. Wenn Ruhe, Schabbat, gelebt wird, dann verändert dies auch den Rest der Woche.

Zum Schabbat gehört nicht nur die Ruhe, sondern auch eine gewisse Sorglosigkeit: für einen Tag alles Sorgen Gott überlassen und fröhlich sein. Diese Stimmung hab ich wiedergefunden im Lied EG 449, von dem wir die ersten 4 Strophen singen.

Der Gottesdienst soll nicht zu Ende gehen, ohne eins der bedeutungsvollen Zeichen des Schabbats aus der jüdischen Tradition. Zur jüdischen Schabbatfeier zu Hause gehören immer zwei Challot, 2 Zopfbrote.

Es sind zwei, weil Gott, als das Volk Israel durch die Wüste wanderte, am 6. Tag der Woche immer für zwei Tage Manna gab. Die Brote sind mit einem Tuch verhüllt, bis der Segen über sie gesprochen wird, denn in der Wüste war das Manna mit Tau bedeckt.

(Segen) »Gelobt seist Du, Gott von Ewigkeit zu Ewigkeit, denn Du bringst das Brot aus der Erde hervor.«

Ich reiche die Brote an Sie weiter, damit wir alle vom Besonderen des Schabbat schmecken können. Brechen Sie sich einfach ein kleines Stück ab und wenn Sie möchten, können Sie beim Weitergeben auch einen Segenswunsch sagen - vielleicht schalom, oder etwas anderes, was Ihnen einfällt.

(Teilen der Zopfbrote in den Reihen; falls etwas übrig bleibt, wird dies auf den Altar zurückgelegt)

Abschluß durch ein Gebet:

Gott von Ewigkeit zu Ewigkeit;
du hast deinem Volk Israel sichtbare Zeichen geschenkt.
Wir staunen über deine Weisheit
und versuchen, für unser Leben zu lernen.

Wir haben miteinander Brote geteilt.
Ach, könnten wir doch unsere Sorgen und unseren Jubel
teilen, wie diese Brote.
Daß wir so zu einer Gemeinschaft werden,
die dich lebt,
dazu hilf uns, Gott.

Wir haben miteinander Brote geteilt.
Könnten wir doch den Hunger auf dieser Welt
durch Teilen lindern.

Daß wir so über unseren engen Kreis hinaus,
dich leben,
dazu hilf uns, Gott.

Wir haben miteinander Brote geteilt
und denken an die,
die hungern,
die alleine sind,
die keine Pause haben.
An vielen Orten bleiben wir dich schuldig.
Wir hoffen, daß du dann
durch andere Wege an dein Ziel kommst.

Wir haben miteinander Brote geteilt
in der Hoffnung auf den Tag,
an dem alle Kinder, alle Frauen, alle Männer
vor dir
mit Freude essen und trinken,
Daß dieser Tag mit uns näher kommt,
darum bitten wir dich durch Jesus Christus.
Geheiligt werde dein Name. Dein Reich komme ...

Kontexte

Rezept Schabbatbrote
Aus 500 g Mehl, 30 g Hefe, 1/4 l Milch, 1 Prise Zucker, 80 g Fett und 1 Teelöffel Salz einen Hefeteig zubereiten. Den Teig halbieren. Aus jeder Hälfte einen Zopf flechten. Die zwei Zöpfe mit Eigelb bepinseln und auf einem gefetteten Blech ca. 30 Minuten bei 210 Grad goldgelb backen.

Segenswunsch zum Ende des Schabbat
Laßt uns die Teile inmitten eines Ganzen unterscheiden
und ihre Unterschiedlichkeit segnen.
Wie der Schabbat und die sechs Tage der Schöpfung
so mögen auch unsere Leben ein Ganzes werden,
durch ihre Beziehung zueinander.
Wie die restlichen Tage den Schabbat heilig machen,
so möge unsere Arbeit die Woche heilig machen.
Laßt uns den Schabbat von der Woche scheiden
und beide heiligen.
(englisch in: Journal of Feminist Studies in Religion, Spring 1986, S. 125)

Hinweis
2. Mose 20,1–17 ist Grundlage einer Bibelarbeit während des 26. Deutschen Ev. Kirchentages in Hamburg 1995.

19. Sonntag nach Trinitatis

Annäherungen an den Predigttext Johannes 5,1-16

Hermann Otto Geißler

Protokoll eines Gesprächs über Joh. 5,1-16;
Berufe der (bibelerfahrenen) Teilnehmer/innen: Fotolaborantin, Sozialarbeiterin, Krankengymnastin, Student der Publizistik, Pfarrer als Protokollführer.

Jesus bricht die Sabbat-Gebote. Das ist eine offene Provokation für seine Gegner, zumal er den Geheilten seine Bahre offen tragen heißt. Kein Wunder, daß seine Gegner darauf entsprechend reagieren. Allerdings scheint bei denen die Sabbatfrage mehr ein Vorwand zu sein. In Wirklichkeit wollen sie herausbekommen, wer der ist, der sich solche Freiheit gegenüber der geheiligten Ordnung herausnimmt. Uns interessiert aber mehr, was Jesus damit zum Ausdruck bringen wollte. Jedenfalls darf man nicht vergessen, daß er gesagt hat, er sei gekommen, das Gesetz zu erfüllen. Damit ist das Gesetz für uns erledigt, und der erste, an dem man dies sehen kann, ist der Geheilte, der darum seine Bahre am Sabbat nach Haus trägt. Hier hat etwas Neues begonnen. Was aber ist das Neue?
Der Gesetzlichkeit setzt Jesus die Freiheit des Evangeliums, die Liebe, entgegen. Gesetzlichkeit ist dem Leben nicht angemessen, weil sich das Leben nicht an Gesetzmäßigkeiten hält. Gesetzlichkeit tut immer dem Leben Zwang an. Ein Beispiel:
Zur Zeit ist die Anwendung des 5. Gebots aktuell. Was heißt »Du sollst nicht töten«, wenn sich Menschen umbringen wie derzeit in Jugoslawien? Müßte da nicht die Geltung des Gebots von außen durchgesetzt werden und zwar mit Gewalt? Wenn man die Gewaltlosigkeit zum Gesetz macht, wird man dem Leben in seiner Vielfalt nicht gerecht. Wie aber verträgt sich solches mit der Liebe, die doch der Maßstab für die Auslegung und Anwendung der Gebote sein muß? Daran scheiden sich die Meinungen. Gewaltlosigkeit müßte oberstes Gebot bleiben für Christen. Im Namen Christi andere bekämpfen ist der Gipfel der Gotteslästerung. Durch Gewalt wird sowieso kein Problem gelöst, auch nicht, wenn die UNO irgendwo kämpfend eingreift. Da geht's immer um Unterdrückung. Zur Überwindung von Unrecht gibt es immer nur den Weg Gandhis, den passiven Widerstand. Der hatte begriffen, was Jesus wollte. Aber man muß vorsichtig sein, daß

man die Bibelworte und die Lehren Jesu nicht zu einem Boden für neue Gesetzlichkeit macht. Sie fordern heraus, stellen in Frage und passen oft gar nicht zu der Wirklichkeit, in der wir leben, aber so halten sie uns offen für ein Leben ohne Patentrezepte. Bei Leuten, die mit der Kirche nicht viel im Sinn haben, begegnet man oft der Erwartung, daß die Kirche und die Christen zu allem Möglichen feste Meinungen und fertige Antworten hätten. Die meinen, auch der Glaube wäre nichts als Gesetzlichkeit. Manchmal spiegeln die christlichen Dogmengebäude auch so etwas vor.

Allerdings spricht auch Jesus von Sünde: »Sündige nicht mehr!«, sagt er zu dem Geheilten. Da muß es doch eine Norm geben, von der man abweichen kann. Bei dem Wort »Sünde« stellt sich oft ein unangenehmes Gefühl ein. Was Sünde genannt wird, ist oft deutlich interessegeleitet, gerade auch bei der Erziehung gegenüber Kindern und Jugendlichen. Das gilt aber wohl doch nur, wenn wieder im Hintergrund eine Gesetzlichkeit steht. Wir müssen das, was Sünde ist, offener benennen. Vielleicht so: »Wir setzen uns selbst nur zu gern in die Mitte, in die Gott gehört. Was er von uns will, ist wichtig, nicht was wir wollen.« Auch dagegen regt sich Widerspruch: »Ich lasse mir das gefallen nur in dem Sinn: Nimm dich selber nicht so wichtig! Aber sonst gilt: Ich muß mich selber gern haben, sonst kann ich auch andere nicht gern haben.«

Wieso hat eigentlich niemand dem Mann, der 38 Jahre krank lag, geholfen? Vielleicht weil er zu niemand »Hilf mir, bitte!« gesagt hat. Oder weil tatsächlich niemand da war, der für ein bißchen Gerechtigkeit gesorgt hat. Die Schwächeren konnten ja nie die ersten sein, die ins Wasser stiegen. Fünf Hallen mit Kranken waren da! Muß man nicht auch fragen, wo wir an Menschen vorübergehen, vielleicht 38 Jahre lang, ohne es zu merken, daß die unsere Hilfe brauchen? Alles Elend können wir sowieso nie beseitigen. Deshalb reicht es, wenn wir auf unseren engsten Umkreis achten. Ja, aber auch die Probleme der Welt gehen uns an, und jeder müßte irgendetwas als seine persönliche Aufgabe annehmen im großen Bereich von Frieden, Gerechtigkeit und Bewahrung der Schöpfung.

In der Geschichte sucht Jesus im Tempel nach dem Geheilten. Das könnte bedeuten, daß das auch für mich gilt: Jesus sucht mich. Er kommt zu mir. So ist er wohl auch am Anfang zu diesem Kranken gekommen; er hat ihn gesucht. In der Einheitsübersetzung steht aber im V. 14 nur, daß Jesus ihn traf. Man soll doch auch dem Zufall sein Recht lassen. Vieles ergibt sich im Leben zufällig. Manchmal steht man vor einem Problem, groß wie ein Berg. Aber wenn man herankommt, löst sich alles wie von selbst, obwohl man gar nichts dazu getan hat. Manches kann man tatsächlich aussitzen. Manches allerdings auch nicht. Das muß man gut unterscheiden.

In der Heilungsgeschichte geht es jedenfalls auch so zu: Jesus tut etwas für den Kranken, ohne daß der das Geringste dazu beiträgt. Bei anderen biblischen Heilungswundern wird wenigstens noch der Glaube verlangt; hier

fragt Jesus nur, ob er gesund werden will. Ob das wirklich so zugegangen ist? »Ich gehe eigentlich davon aus, daß es anders war; aber das ist mir egal.«
Warum eigentlich wird hier nur von den Juden gesprochen und nicht von den Pharisäern, die in Wirklichkeit die Gesetzestreuen waren? Mit dieser Frage wurde der Protokoll führende Theologe in das Gespräch einbezogen, das sich dann fortsetzte in Überlegungen zu dem johanneischen Dualismus, dessen Sinn schließlich mit der Rechtfertigungslehre in der Paulus-Luther-Tradition erläutert wurde: »Ich kann nichts dazu tun, aber viel damit tun.«

Zum Gottesdienst

Christoph Schmidt-Ehmcke

Theologisch-homiletische Skizze

Die Verse 5,2 b–9 b ergeben eine in sich abgeschlossene Wundererzählung. Durch den Vers 9 c »Es war aber an dem Tag Sabbat« gerät sie nachträglich in eine unerwartete Perspektive: Sie führt zu einem Sabbatkonflikt.
Dieser Teil der Perikope wirkt auf den ersten Blick umständlich und holprig. Er umfaßt drei kleinere Szenen: ein Verhör des Geheilten durch »die Juden« (Verse 10–13), eine erneute Begegnung Jesu mit dem Geheilten im Tempel (Vers 14) und eine nun möglich gewordene Identifizierung des Wundertäters vor »den Juden« (Verse 15 und 16). Die Verse 17 und 18 leiten über zu einer längeren Rede Jesu. Sie intonieren deren Thema: Jesu Verhältnis zu Gott. Gleichzeitig verschränken sie dieses Thema mit dem Sabbatkonflikt: es ist der Sohn Gottes, der wie sein Vater auch am Sabbat wirkt. Ich erweitere die Perikope um diese zwei Verse.
Die Heilung geschieht in Jerusalem an einem Fest. Um welches es sich handelt, wird nicht gesagt. Der Teich ist archäologisch gut bezeugt: »Ausgrabungen ergaben, daß vier Teiche vorhanden waren, ein in der Mitte liegender Doppelteich sowie ein nördlich und südlich davon gelegener. Vier Säulenhallen umgaben diese Teichanlage von allen Seiten. Die fünfte Säulenhalle stand zwischen dem Doppelteich. Die gewaltige Anlage war tief in den Felsen gehauen. Sie fing Regenwasser auf und hatte eventuell auch eine unterirdische Quelle.« (J. Becker, ÖTK NT, 230)
Die griechische Lesart »Bethesda« hält Becker für die sachlich beste. Ohne Beachtung der Etymologie habe der Volksmund Bethesda als »Haus der Gnade« gedeutet (a.a.O., 231). Die Klage des Kranken in Vers 7 hat sekundäre Textzeugen zum Einschub einer passenden Legende bewegt (5,3 b–4).

Bei dem Kranken handelt es sich wahrscheinlich um einen Gelähmten (vgl. Markus 2,1–12 par). Einige Ausleger vermuten, daß die Zahlenangabe »38 Jahre« allegorisch auf den Strafaufenthalt Israels in der Wüste anspielt.
Die Frage Jesu Vers 6: »Willst du gesund werden?« ist wahrscheinlich erzähltechnisch motiviert, um dem Kranken Gelegenheit zu geben, sein Elend auszusprechen. In der Predigtliteratur wird diese Frage gelegentlich als Ausweis der Psychotherapie Jesu angesehen: Jesus spreche einen Langzeitkranken auf seinen unbewußten Wunsch an, krank bleiben zu wollen. Das Tragen des Bettes, nicht die Heilung (wie in Markus 3,1 ff.) provoziert »die Juden«. Nach dem Sabbattraktat der Mischna zählt Lastentragen zu den 39 »Hauptarbeiten«, die am Sabbat verboten sind. Der Geheilte als Sabbatverletzer wird jedoch nicht abgeurteilt, denn das Interesse gilt dem, der ihn zu der Sabbatverletzung veranlaßt hat. Manche Ausleger und Prediger sehen in der nun folgenden Identifizierung Jesu als dem Urheber (Vers 15) eine Undankbarkeit, ja eine bereitwillige Denunzierung des Geheilten. Aber dieser zwischen mehreren Orten hin und her springende Erzählgang verlangsamt nur dramaturgisch den alles entscheidenden Blick auf Jesus, den Sohn Gottes.
In Vers 15 f. ist es dann heraus: Es ist Jesus, der den Sabbat gebrochen hat, indem er den Gelähmten heilte. Er nimmt sich dazu das Recht, denn er ist wie sein himmlischer Vater nicht an den Sabbat gebunden. Wie er läßt er die Welt nicht an jedem siebten Tag unregiert (Vers 17). Der Vorwurf der Sabbatverletzung durch das Betttragen spielt keine Rolle mehr.
Johannes wertet eine Wundergeschichte für seine Theologie aus. Eine direkte Parallele ist der Bericht über die Heilung des Blindgeborenen (Kap. 9). Auch hier wird eine Heilung nachträglich als Sabbatverletzung verhandelt und mündet in einen christologischen Streit: Ist Jesus sündiger Mensch (9,24) oder der Menschensohn (9,35)? Für unsere Perikope wäre ähnlich zu fragen: Ist Jesus der die Heiligkeit Gottes zerstörende Mensch oder als der Sohn Gottes der Herr auch über den Sabbat?
Die Menschwerdung Gottes in Jesus gilt als der Schlüssel zur Auslegung des Johannesevangeliums. Daher dürfte die Heilung als Vorgeschichte für das christologische Bekenntnis nicht zufällig und austauschbar sein. Johannes will die Inkarnation in diesen historischen Menschen in seiner unverwechselbaren Geschichte so konkret und anschaulich wie möglich machen. Die Heilung als gezielte Sabbatverletzung will dann sagen: Jesus, der Sohn, wendet sich im Namen seines göttlichen Vaters »rücksichtslos«, ohne Beachtung der Heiligkeit Gottes im Sabbat, der hoffnungslos kranken Welt zu. Ähnlich mißachten, so wäre die Linie weiterzuziehen, auch die ersten christlichen Gemeinden den Sabbat, der in ihrer Umgebung gehalten wird, um verlorene Menschen zu »heiligen«.
Für meine Predigt gehe ich von zwei Vermutungen aus: die Schilderung des Krankenelends und der aufrechte Gang des Geheilten mit seinem Bett auf

dem Rücken wird die Phantasie der Gemeinde beschäftigen. Der Sabbatstreit dagegen wird sie allenfalls als vergangenes Problem theoretisch berühren. Mein Interesse ist, trotzdem - mit Johannes - beide Teile der Perikope zusammenzuhalten. Entscheidend wird sein, ob es mir gelingt, die Kritik Jesu am Sabbat zumindest in seiner Struktur auf die Gegenwart zu übertragen.

Die »Annäherungen« zeigen, daß man in doppelter Weise auf den Johannestext reagieren wird: man entdeckt eine Grundaussage (»Liebe gegen Gesetzlichkeit«), läßt sich aber auch durch hintergründige Einzelzüge (»38 Jahre krank«; »Jesus sucht im Tempel nach dem Geheilten« u. a.) anregen. Das entspricht der Absicht des Johannes.

In der Grundaussage möchte ich das vorgegebene Problemfeld - Krankheit und Gesundheit - nicht verlassen, um Johannes nicht »unsinnlich« werden zu lassen. Was Gott heute unter uns, den Kranken und Gesunden, tut, das wollen wir nach wie vor wissen. Die Frage ist um so dringlicher, als wir in einer Welt leben, die Gesundheit fast um jeden Preis verlangt, um dem steten Wandel, dem dynamischen Leitbild und den Leistungsnormen der Industriegesellschaft entsprechen zu können: Gesundheit als Arbeitsfähigkeit. Hier sehe ich nun eine Parallele: Das Regelsystem des Sabbats zur Wahrung der Heiligkeit Gottes wiederholt sich heute im »Regelsystem« der uns heiligen Gesundheit. Dem Gott der Gesundheit werden, aus Angst vor Ansteckung, die Kranken, die Behinderten, die Schwachen ideologisch »geopfert«. Wie der Gelähmte »stehen sie nicht im Leben«, und sie selbst empfinden sich oft auch so: »Das Leben geht an uns vorbei!«

Mein Einfall: Ich stelle mir vor, wie wir »Gesunden« reagieren würden, wenn ein Geheilter mit seiner alten, stinkenden Matratze durch unsere schöne, junge, leistungsstarke und erfolgsorientierte Welt ginge. Unser »sabbatliches« Denken, das auf Reinheit bedacht ist, wird ihm dies übelnehmen: die Matratze erinnert nämlich daran, wie gefährdet, wie verletzlich das Leben ist! Gesunde wie Kranke haben aber Gott gleichermaßen nötig. Erst indem sie dies wissen, können sie füreinander und für sich selbst menschlich werden.

Ich predige in einem Gottesdienst, in dem ein behindertes Kind getauft wird. Die Eltern hatten mir eine Geburtsanzeige geschickt - sie wurde für mich zu einer Antwort auf die einsame Klage: »Ich habe keinen Menschen«, zu einem Echo auf die Zuwendung Jesu beim Teich von Bethesda (siehe Kontexte).

Vorschläge zur Liturgie

Eingangsspruch

Heile du mich, Herr, so werde ich heil; hilf mir, so wird mir geholfen. (Jeremia 17,14)

Kyrie

Zu dir, Gott, rufe ich und zu meinem Herrn flehe ich. Laß aufleuchten über mir dein Angesicht, hilf mir mit deiner Liebe, weil zu dir, Gott, harre ich. Antworten wirst du, mein Herr, mein Gott. Höre mein Gebet, Gott, und mein Schreien vernimm. Zu meiner Träne schweige nicht. Höre, Gott, und sei mir gnädig. Gott, sei Helfer mir!

(Jüdisches Morgengebet)

Gebet des Tages

Herr, barmherziger Vater, wir bitten dich:
Deine Gnade umgebe uns auf allen unseren Wegen,
sie gehe vor uns her und folge uns nach
und treibe uns an zu allen Werken der Liebe.
Durch unsern Herrn Jesus Christus.

(Erneuerte Agende zum 19. Sonntag nach Trinitatis)

Fürbitten

Für alle, die tastend Gott suchen,
daß sie ihn finden.

Für die, die meinen, Gott zu besitzen,
daß sie ihn suchen.

Für alle, die die Zukunft fürchten,
daß sie vertrauen.

Für alle, die gescheitert sind,
daß sie neue Chancen bekommen.

Für alle, die zweifeln,
daß sie nicht verzweifeln.

Für alle, die verloren umherlaufen,
daß sie ein Zuhause finden.

Für die Einsamen,
daß sie einem Menschen begegnen.

Für alle, die hungern, wie auch immer,
daß sie gesättigt werden.

Für die, die satt sind,
daß sie lernen, was Hunger ist.

Für die, die es gut haben,
daß sie nicht hartherzig werden.

Für die Mächtigen,
daß sie ihre Verletzlichkeit begreifen.

Für alle, die in dieser Welt leben
zwischen Hoffnung und Furcht,
und für uns selbst
beten wir zu Gott:

Befreie uns von der falschen Sicherheit
und gib uns alles,
was gut für uns ist,
durch Christus, unsern Herrn.

(F. Cromphout, Gebet und Texte, Bergen-Enkheim, 1971, 108 f.)

Lieder
Eingangslied: EG 389 »Ein reines Herz, Herr, schaff in mir«, nach dem Eingangsspruch EG 165,6 »Gott ist gegenwärtig«, vor der Predigt EG 320,1–5 und 8 »Nun laßt uns Gott dem Herren Dank sagen«, nach der Predigt 66,1,2,8 »Jesus ist kommen«

Vorschlag zur Predigt

Möglicher Anfang
Der Abend vor der Operation. Das Krankenhaus wird langsam stiller, die meisten Besucher sind gegangen, die Nachtschwester beginnt ihren Dienst. Der Junge steht am Fenster seines Zimmers und versucht zu vergessen, was morgen ist. Er sieht auf die Straße: Auch da Feierabend, Verabschiedungen, Lachen, hastiges Gehen, Verabredungen für den Abend. »So viele Menschen da unten, sie können laufen, haben keine Operation vor sich – warum bin ich hier?« Der Junge spürt zum ersten Mal so etwas wie Wut.
Zwei Welten, durch eine Fensterscheibe getrennt: die Welt der Gesunden und die Welt der Kranken. In seiner alten Erinnerung malt Johannes den Gegensatz noch schärfer: die einen bereiten sich auf einen hohen Feiertag vor, die andern liegen und stöhnen und siechen dahin. Das Bethesda-Krankenhaus – eine gewaltige Anlage, fünf Hallen und auf den Fluren »viele Kranke, Blinde, Lahme, Ausgezehrte«. Und die Festwelt um den Tempel – Stimmengewirr, Zurufe, Lachen, Wiedersehensfreude nach langer Zeit, Bratenduft. »Danke, Gott, daß ich zu dieser Welt gehöre und nicht da drüben liegen muß, wo mir nichts mehr bleibt als warten, warten auf irgendetwas oder irgendwen oder auf den Engel, der das Wasser bewegt und den, der es als erster erreicht, heilt.«

Warten auf die Ausnahme – für einen ist das völlig chancenlos. 38 Jahre schon ist er krank, den verzweifelten Lauf der Benachteiligten kann er nie gewinnen. Seine letzte mögliche Freundin, die Illusion, hat ihn längst verlassen. Er ist einsam wie kein anderer: »Ich habe keinen Menschen.«

Zum weiteren Verlauf
Ich erzähle weiter: von dem Mann, der zum Fest geht durch die Krankenhallen, und sieht und anhält und fragt. Und von Joahnnes, der darin den wunderbaren Gott wiedererkennt, der beide Welten zusammensieht, die der Kranken und die der Gesunden, und keine von beiden aus seiner Fürsorge entläßt: »Danke, Gott, daß wir zu dieser einen Welt gehören, in der du unser Gott bist.«
Ich lenke über zum Sabbatkonflikt:
Nicht alle können so dankbar sein und über Gott staunen. Die Unterscheidungen und Grenzen sind ihnen wichtig. Sie entdecken den Mann. Er geht aufrecht an ihnen vorüber. Er könnte zur Festwelt gehören, zu den Dankbaren, die froh sind, nicht krank in den Hallen von Bethesda liegen zu müssen. Aber er trägt sein Bett, seine alte Krankenhausmatte, auf seinem Rücken. Sie sagen zu ihm: »Das darfst du nicht! Du darfst nicht zeigen, woher du kommst. Hier, auf der Seite des Lebens, mußt du die Zeichen deiner Behinderung ablegen. Wir möchten nicht daran erinnert werden, wie gefährdet und verletzlich unser Leben ist. Du darfst dein Bett nicht tragen!«
Ich versuche zu zeigen, daß dahinter eine gnadenlose Vorstellung von Gott liegt – der gesunde Mensch ist der eigentlich von Gott gemeinte Mensch! Er ist Gott im »Mutterland der Nichtbehinderten«, weniger Gott in der »Kolonie der Behinderten«:
Sie hätten Gott gern weiter unbehelligt – und manchmal sicher auch ängstlich – dafür gedankt, daß sie auf der Seite des Lebens und der Feste stehen. Und nun gibt sich einer mitten unter ihnen als Mensch von Bethesda zu erkennen: ›Freut euch mit mir! Ich brauche Gott so sehr wie ihr!‹ Sie können sich nicht mitfreuen. Denn sie brauchen Gott nicht so sehr …

Möglicher Schluß
Damals, am Abend vor der Operation, spürte der Junge zum ersten Mal so etwas wie Wut, Wut auf die Gesunden. Aber dies war nicht das Einzige, an das er sich später noch erinnern würde. Jeden Abend kam die Stationsschwester, eine Nonne, und wünschte eine gute Nacht. An diesem Abend strich sie ihm über das Haar. Er hatte sich geschämt und gefreut: Eigentlich ist das ja etwas eher für Kinder. Bin ich denn noch ein Kind?

Kontexte

Unser kleiner Stefan ist angekommen!
14. Mai 1993 um 19.30 Uhr, 3250 g, 50 cm.

Er ist anders als andere Babys.
Er wird immer anders bleiben.
Er macht uns große Sorgen.

Bitte gebt uns etwas Zeit, damit wir lernen,
uns aneinander zu gewöhnen
und miteinander zu leben.
Wir haben ihn sehr lieb!

Anke, Jochen, Hannah und Lina

(Geburtsanzeige von Eltern eines behinderten Kindes)

Brief von Franz Rosenzweig
Kassel, 11.3.1920

Meine liebe kleine Schwester,
ich danke dir für deine lieben Worte. Weißt du, daß es dir gar nicht leid zu tun braucht, daß du nicht selbst die Kraft hattest, dir »die Wahrheit mal richtig zu sagen, dir zu helfen«? Denn kein Mensch hat diese Kraft. *Kein* Mensch kann sich selber helfen. Die Welt ist zwar voller Leute, die sich das einreden, aber es gelingt ihnen allen so wenig, wie Münchhausen gelang, sich an seinem eigenen Schopfe aus dem Sumpfe zu ziehen.
Jeder kann immer nur den andern, der ihm gerade *zunächst* im Sumpfe steckt, beim Schopfe fassen. Dies ist der »Nächste«, von dem die Bibel redet. Und das Wunderbare dabei ist nur, daß jeder selber im Sumpf steckt und *trotzdem* kann er den Nächsten herausziehen oder vielmehr vor dem Versinken bewahren.
Boden unter den Füßen hat *keiner,* jeder wird nur gehalten von andern »nächsten« Händen, die ihn beim Schopf packen, und so hält einer den andern und oft, ja meist ganz natürlich (denn sie sind ja gegenseitig sich »Nächste«) beide sich gegenseitig. Diese ganz mechanisch unmögliche gegenseitige Halterei ist dann freilich erst möglich dadurch, daß die große Hand von oben alle diese haltenden Menschenhände selber bei den Handgelenken hält. Von ihr her und nicht von irgendeinem gar nicht vorhandenen »Boden unter den Füßen« kommt allen diesen Menschen die Kraft, zu halten und zu helfen. Es gibt kein Stehen, nur ein Getragenwerden. »Wie der Adler seine Brut.« Laß dir von Edith sagen, wo das steht. Und gib ihr einen Kuß von ihrem und auch deinem Franz.
(zitiert nach Ulrich Bach, Boden unter den Füßen hat keiner. Plädoyer für eine solidarische Diakonie. Göttingen, 1980, 219)

20. Sonntag nach Trinitatis

Annäherungen an den Predigttext Markus 2,23–28

Ingrid Keßler-Woertel

»Das Ährenraufen am Sabbat«, so die Überschrift der Perikope Markus 2,23 ff. Wie gehen Gemeindegruppen mit diesem biblischen Text um?, so die Anfrage und Aufgabe, der ich mich stellen wollte.

1. Der erste Versuch – Konfirmandenunterricht
Ohne Vorbemerkungen gebe ich den biblischen Text bekannt. »Wer möchte den Text lesen?« Die Konfirmanden schlagen ihre Bibel auf. Eine Konfirmandin liest Markus 2,3 ff. laut vor. Erstaunlich: aus dem eingedeutschten »David« wird beim Vorlesen ein amerikanischer »Däivid«. Den Konfirmanden scheint das nicht aufzufallen, jedenfalls übernehmen die anderen Konfirmanden bei ihren Voten die amerikanische Form der Aussprache. Auf meine Frage »Versteht ihr diese Geschichte, oder habt ihr Fragen dazu, versteht ihr vielleicht ein Wort nicht?« meldet sich ein Konfirmand ganz vehement zu Worte: »Da ist ein Druckfehler in der Bibel! Das muß doch sicher ›Graubrot‹ oder ›Schwarzbrot‹ heißen! ›Schaubrot‹ habe ich noch nie gehört.«

2. Der zweite Versuch – Jugendkreis
Die 14–16jährigen stellen zunächst Fragen, die in den Bereich »Verstehen und Verständnis des biblischen Textes« gehören. »Was sind Schaubrote?«, wird auch hier gefragt. »Wann war die Zeit Abjathars?« »Auf welche Geschichte mit David bezieht sich Jesus hier?«
Ich merkte während des Gespräches, daß den Jugendlichen das Vorverständnis, also der alttestamentliche Bezug der Perikope völlig unbekannt ist. David, der uns so geläufig ist als König über Israel, ist in den Köpfen der Jugendlichen offenbar ein Unbekannter. Da wird darüber spekuliert, ob David nun Sohn oder Vater des Abraham gewesen sei. Um das Gespräch mit den Jugendlichen – die im übrigen sehr am Gespräch über diese Perikope interessiert waren – zu intensivieren, bin ich gezwungen, nicht nur den Rückzug zur alttestamentlichen Geschichte in 1. Samuel zu verdeutlichen, sondern auch viel mehr über David zu erzählen: die Berufungsge-

schichte, vom Hirten David, von der Verfolgung durch den noch amtierenden König Saul. Nun ist zwar der Hintergrund, der background, ausgeleuchtet, doch zur Perikope Markus 2,23 ff. selbst kommen wir nicht mehr zurück, so gefesselt sind die Jugendlichen von diesem David.

3. Der dritte Versuch - Vorbereitungskreis für den Kindergottesdienst
In diesem Kreis mache ich eine ganz neue Erfahrung. Schon im ersten Gesprächsbeitrag zeigt sich die Erfahrung der Mitarbeiterinnen im Umgang mit biblischen Texten: »Ich habe keine Fragen zum Text«, meint gleich die erste Sprecherin, und die anderen nicken ihr bestätigend zu. »Die Geschichte kennen wir doch. Die haben wir doch schon oft im Kindergottesdienst erzählt und auch in der Mitarbeiterrunde besprochen.«
Ich schlage vor, die biblische Geschichte zu »erleben« (im weitesten Sinne: Bibliodrama). Nun ergeben sich situative Fragen wie »Warum gehen die Jünger mit Jesus durch ein Kornfeld? Wir durften als Kinder nie ein Kornfeld betreten.« »Es ärgert mich, daß nur Jesus spricht. Können die Jünger nicht für sich selbst antworten?« »Komisch, Jesus tut nichts, er rauft keine Ähren aus. Trotzdem wird gerade er angegriffen, er und nicht die Jünger.« Nach verschiedenen persönlichen Anfragen wird wieder rückgeführt auf die Kernaussage des Textes, die Frage nach dem Sabbatgebot. Vergleiche werden angestellt: Stellung des Sabbats damals und heute. Wie sahen die Pharisäer den Sabbat, wie sehen wir heute den Sonntag? Ist bei uns das Sabbatgebot nicht längst überholt? »Wir müssen uns heute viel eher wieder auf den Sabbat besinnen, wir müssen den Sonntag wieder heilig halten«, so die übereinstimmende Aussage der Mitarbeiterinnen und dann abschließend: »Wir dürfen dabei auch nicht vergessen, daß Jesus sagt, es gäbe den Sabbat um des Menschen willen.«

4. Bibelgespräche und die Folgen ...
»Wann predigen Sie denn nun endlich über diese biblische Geschichte?« wollten die Konfirmanden wenig später wissen. »Das weiß ich noch nicht. Warum fragt ihr danach?« so meine Gegenfrage. Zu meinem Erstaunen antworteten die Konfirmanden, daß wir ja heute nur die Perikope und ihren Kontext beleuchtet hätten. Nun würde sie interessieren, was das denn »mit uns heute« zu tun habe. Eine Mitarbeiterin brachte dann das Kalenderblatt des Konstanzer Kalenders vom 19.1.1993 mit, auf dem sich zwei Episoden zum Thema »Sabbatheiligung« fanden:
- *Sonntag in China:* Dr. Hudson Taylor, der Begründer der China-Inland-Mission (1832-1905) mutete den jungen Christen zu, am Sonntag nicht zu arbeiten, damit sie sich und andere im Glauben zurüsten können - für sie ein ungeheures Risiko in einem Land ohne Sonntag. Viele verloren ihren Beruf. Aber immer wieder belohnte Gott den Glaubensgehorsam seiner Bekenner, indem er ihnen wieder Arbeit beschaffte. Die Missions-

leitung war überzeugt: Die Sonntagsheiligung ist für eine missionierende Gemeinde unerläßlich. Gott hat dies immer wieder eindrucksvoll bestätigt.

- *Falsche Gesetzlichkeit* war es, als N.L. Graf Zinzendorf (1700–1760) in Amerika 1741 von einem puritanischen Polizisten festgenommen wurde, weil er an einem Sonntag ein geistliches Lied niederschrieb.

Abschließend noch dies:
Ein Vater erzählte halb scherzhaft und doch ein wenig nachdenklich geworden: »Mein Sohn hat mit mir geschimpft. Ich soll den Sonntag gefälligst mit ihm und meiner Frau verbringen und meine Arbeit am Computer liegenlassen.«

Zum Gottesdienst

Reiner Jansen

Theologisch-homiletische Skizze

In dieser Perikope geht es um eine Auseinandersetzung, die manche Fragen auslöst:

- Die Geschichte wirkt zunächst konstruiert: Woher kommen die Pharisäer, wenn man am Sabbat nur etwa 800 m laufen darf? Und wäre nicht das Wandern – wenn schon – die schlimmere Übertretung als das Ährenpflücken? (so E. Schweizer im Komm. NTD)
- Im Unterschied zu Matthäus (12,2) sagt Markus nicht, daß die Jünger die Ähren abreißen und essen, *weil sie hungrig sind.* So wirkt das Ganze hier zunächst wie eine Provokation. Freilich wird dann in der Gegenfrage Jesu sehr deutlich betont, daß »David Not litt und ihm und seine Begleiter hungerte« (V. 15). Hier soll offenbar das Motiv für das Tun der Jünger nachgetragen werden.
- Seit der Makkabäerzeit herrschte in Israel die Maxime: »Lebensgefahr verdrängt den Sabbat.« Den Rabbinen galt der Hunger als Lebensgefahr. Zudem gehört zur Sabbatfeier das gute Essen und nicht das Fasten. (Belege bei U. Luz, Komm. zu Matthäus 12,1–8)
- Wenn Jesus auf das Essen der Schaubrote durch David verweist (1. Samuel 21,1–7), so ist dort zwar nicht vom Sabbat die Rede. Aus 3. Mose 24,8 geht aber hervor, daß die Schaubrote am Sabbat hergerichtet wurden. Daraus erschloß bereits die rabbinische Exegese, daß sich die Geschichte am Sabbat zugetragen haben muß.

So gesehen kann man die Auseinandersetzung Jesu mit den Pharisäern durchaus als eine innerjüdische Auseinandersetzung betrachten. Die Kommentare zeigen, wie groß das Spektrum innerhalb der verschiedenen jüdi-

schen Gruppen gerade in der Sabbatfrage ist. Von Rabbi Simeon (um 180 n. Chr.) ist der Spruch überliefert: »Euch ist der Sabbat übergeben, aber ihr seid nicht dem Sabbat übergeben.« Dieses Wort geht vielleicht schon auf die Makkabäerzeit zurück. Deshalb überzeugt es mich nicht, daß es hier um die »Freiheit *vom* Gesetz« gehe. (So überschreibt E. Schweizer die Perikope in seinem Markus-Kommentar). Noch weniger leuchtet mir ein, daß hier der »Mensch in seiner Einsamkeit und Freiheit vor Gott« über die Sabbatordnung befindet und daß Jesus damit eine grundsätzliche Kritik an der Sabbatordnung übt (so W. Grundmann, Markus, z. St.).
Calvin schrieb zu V. 27: »Der Sinn ist: es ist verkehrt, den Sabbat für einen Schaden zum Menschen werden zu lassen, da ihn Gott doch gerade um des Menschen willen befohlen hat ... Heißt das nun nicht, Gottes Absicht gerade in ihr Gegenteil zu verdrehen, wenn man die Beobachtung des Sabbats, der ein Segen sein soll, zum Schaden des Menschen fordert? Von einer vollständigen Aufhebung des Sabbats ist keine Rede; Christus lehrt bloß seinen richtigen Gebrauch.« (J. Calvin, Auslegung der Hl. Schrift, Neukirchen, o. J. Bd. 8, S. 339)
Bei der Predigt über diesen Text kann es nicht darum gehen, das Klischee von der christlichen Freiheit im Unterschied zur jüdischen Gesetzlichkeit zu wiederholen. Ich möchte den Sinn des Sabbats als Geschenk des Schöpfers betonen. Dabei soll die Freiheit *im* Gebot stärker zum Ausdruck kommen als die Freiheit *vom* Gesetz. Zu bedenken ist auch, daß unsere Kirchen Erben des gesetzesfreien Heidenchristentums sind, für die das Sabbatgebot - anders als für Jesus und die Judenchristen - in dieser Weise nicht mehr gilt (vgl. U. Luz im Matthäus-Kommentar). Mir scheint es darum auch nötig, bei der Hinführung zum Thema des Gottesdienstes auch kurz über den unterschiedlichen Hintergrund von Sabbat und Sonntag zu informieren. Vor allem möchte ich die HörerInnen anregen zu fragen: Was bedeutet mir der Sonntag persönlich? Ist er mehr als ein beliebiger arbeitsfreier Tag? Wie wird der Sonntag, der für nicht wenige Menschen heute zu einem »Problemtag« geworden ist, (wieder) zu einem Tag der Freude, der als Geschenk erlebt wird?

Vorschläge zur Liturgie

Eingangsvotum
Wir beginnen diesen Gottesdienst im Namen des Gottes, der uns zur Liebe und zur Freiheit ruft, der uns begleitet auf unserem Weg und der uns Zuversicht und Hoffnung schenken will.

Hinführung zum Thema
Heute ist Sonntag. Der Sonntag ist bei uns gesetzlicher Feiertag - schon seit vielen Jahrhunderten. Die Gesetze ändern sich zwar, aber der Sonntag bleibt, ist jedenfalls bis heute geblieben.

Was bedeutet der Sonntag? Woher kommt er? Lange Zeit war er ein ganz gewöhnlicher Arbeitstag, im Volk Israel der erste Tag der Woche nach dem Sabbat. Die ersten Christen feierten an diesem Arbeitstag ihre Gottesdienste. Sie kamen früh am Morgen und abends zusammen, weil der auferstandene Christus am ersten Tag nach dem Sabbat seinen Jüngerinnen und Jüngern erschienen war. Erst im vierten Jahrhundert wurde der Sonntag durch den Kaiser Konstantin zum Feiertag erklärt. Die ersten noch bescheidenen Ruhetagesgesetze wurden erlassen. Erst im Laufe der Zeit betrachten Christen den Sonntag als ihren Sabbat.
Wir hören nun, wie in der Bibel das Sabbatgebot begründet wird:
Lesung 2. Mose 20,8–11

Kollektengebet
Großer Gott,
heute am Sonntag kommen wir zusammen, um Dich anzurufen,
heute am Tag, wo wir mehr Zeit haben als sonst,
heute am Tag, auf den sich die einen freuen, während andere Angst vor diesem Tag haben.
Wir kommen mit dem, was uns freut und aufstellt,
zugleich aber auch mit unseren Fragen und Seufzern, mit unerfüllten Sehnsüchten, vielleicht auch mit Gefühlen der Angst und der Einsamkeit.
Wir bitten Dich: laß uns diesen Tag zu einem Tag der Freude werden.
Fülle unsere Zeit mit Deiner Kraft.
Laß Zuversicht und Hoffnung in uns wachsen.
Laß uns vertrauen auf Dein Heil, daß Du uns durch Jesus zukommen lassen willst. Amen.

Fürbittengebet
Gütiger Gott,
Du schenkst uns den Sonntag als Tag der Ruhe und der Freude.
Du willst uns teilhaben lassen an Deiner schöpferischen Ruhe.
Laß uns heute etwas spüren von dem Segen dieses Tages.
Sei Du mit all denen, die jetzt unterwegs sind in der Nähe und in der Ferne.
Wir beten für den Frieden auf der Erde: zwischen den Völkern, den Rassen, den Religionen und den Weltanschauungen: daß sie stärker einander vertrauen als der Macht der Waffen und daß Konflikte ohne Gewalt ausgetragen werden.
Wir bitten Dich für alle Menschen, die unter Hunger, Verfolgung oder Diskriminierung leiden: daß sie Brot finden und ein menschenwürdiges Leben und einen Ort, wo sie sich wohlfühlen.
Wir beten für alle Menschen, die müde sind und traurig und für die, welche keine Antwort finden auf ihre Fragen: daß sie neuen Mut und Hoffnung finden, daß sie Sinn und Erfüllung erfahren und so vertrauensvoll in die Zukunft schauen können. Amen.

Lieder
Gott Lob, der Sonntag kommt herbei (EG 162)
Halleluja, schöner Morgen (Reformiertes Gesangbuch der Schweiz Nr. 202 EG 572).

Vorschlag zur Predigt

Möglicher Predigtanfang
Ein älterer Schüler brachte es fertig, etwa ein Jahr lang fast jeden Montag die Schule zu schwänzen. Er war schon über zwanzig, mußte also seine Entschuldigung nicht mehr von seinen Eltern unterschreiben lassen. So schrieb er jedesmal: »Ich hatte starkes Kopfweh«. Ob er nun wirklich Kopfschmerzen hatte oder nicht: sicher ist, daß er sich am Montag jeweils vom Streß des Wochenendes erholen mußte.
Diese Begebenheit hat für mich symbolischen Charakter: der Sonntag macht vielen Menschen Kopfweh. Die Gründe dafür sind vielleicht ganz verschieden: manche sehen ihm mit Schrecken entgegen, weil sie Angst haben vor diesem langen Tag oder dem langen Wochenende, das sie ganz allein verbringen müssen. Andere erleben, wie die Konflikte zwischen Familienmitgliedern gerade am Sonntag immer wieder aufbrechen, wenn alle Zeit haben und nicht der gewohnten Tätigkeit nachgehen. Und wieder andere müssen sich von all dem, was sie am Wochenende unternehmen, erst einmal richtig erholen.
Wenn wir uns am Montag vom Wochenendstreß erholen müssen, dann erleben wir ziemlich genau das Gegenteil von dem, was die Bibel mit dem Sabbat meint. Die meisten von uns zerbrechen sich nicht den Kopf darüber, was am Sonntag oder am Sabbat erlaubt sei. Die Frage, über die Jesus und die Pharisäer streiten, scheint uns nicht besonders aktuell zu sein. Heute wird bei uns niemand mehr wegen Entheiligung des Sonntags gebüßt wie etwa Graf von Zinzendorf, der Gründer der Herrnhuter Brüdergemeinde. Er wurde 1741 von einem puritanischen Polizisten in Amerika festgenommen, weil er an einem Sonntag ein geistliches Lied niederschrieb …
Und doch denke ich, daß gerade heute der Sonntag für viele zum Problem geworden ist. Nicht wegen der Frage, was am Sonntag erlaubt ist und was nicht. Sondern mehr im Sinn der Frage: was bedeutet uns dieser Tag? Womit füllen wir ihn oder wie verbringen wir ihn?

Zum weiteren Verlauf
Hier kann eine ganze Palette von Möglichkeiten aufgezählt werden, den Sonntag zu verbringen: Tag zum Ausschlafen, Tag für die Familie, für Wanderungen, Ausflüge, Besuche, Sport, Fernsehen, Lesen, Basteln usw. Der Sonntag ist auch der Tag des Gottesdienstes und wohl auch der Tag, wo wir gerne (besonders) gut essen.

Haben Sie schon einmal darüber nachgedacht, was der Sonntag für Sie ganz persönlich bedeutet? Ist er einfach ein arbeitsfreier Tag, der genauso gut mit irgendeinem anderen Wochentag ausgetauscht werden könnte? Wären Sie einverstanden, wenn man den festen Wochenrhythmus zugunsten einer gleitenden Arbeitswoche verschieben würde: Jeder hat fünf Arbeitstage und dann zwei Freitage zugute? (Das hat man in der Zeit nach dem Ersten Weltkrieg in der Sowjetunion versucht.) Und wenn Sie nicht einverstanden wären, was unterscheidet den Sonntag von einem beliebigen anderen Tag? Was macht den Sonntag zum Sonntag? Was trägt dazu bei, daß er gelingt oder mißlingt?

»Der Sabbat ist für den Menschen da, nicht der Mensch für den Sabbat« – sagt Jesus. Daß der Mensch nicht für den Sabbat oder den Sonntag da ist, damit haben wir modernen Menschen wohl kaum ein Problem. Wir sind es ja gewohnt, weitgehend frei darüber zu entscheiden, wie wir unsere freie Zeit verbringen und wie nicht. Und das gilt auch für unseren Sonntag.

Was ist der Sinn des Sabbats in der Bibel? Was ist der Sinn unseres Sonntags?

Dieser Passus kann kürzer oder länger gestaltet werden und etwa folgende Elemente enthalten:

- Der Sabbat ist ein besonderer Tag, ein spezieller Tag, der Gott geweiht ist. Das kommt schon darin zum Ausdruck, daß dieser Tag in der Bibel der einzige ist, der einen Namen hat. In der Bibel gibt es nicht Sonntag, Montag, Dienstag, Mittwoch, sondern nur: der erste Tag, der zweite Tag, der dritte Tag ... und eben der Sabbat.
- Vom hebräischen Wortlaut der Bibel sind beide Übersetzungen möglich: »Sechs Tage *sollst* du arbeiten« (Luther und Zürcher Bibel) und: »Sechs Tage *darfst* du arbeiten« (Einheitsübersetzung)
- Und da sind wir genau bei dieser Spannung, in der wir leben: Sobald wir zuviel zu tun haben, denken wir: »Wenn es doch endlich wieder Sonntag wird oder wenn wir doch endlich wieder Ferien haben, damit wir ein wenig ausspannen können.« Und wenn wir dann keine regelmäßige Arbeit mehr haben oder vielleicht auch genügend Ferien genossen haben und erholt sind? Sind viele nicht auch froh, wieder arbeiten zu dürfen? Ganz besonders auch in einer Zeit, wo viele ihre Stelle verlieren und Mühe habe, wieder eine neue zu finden?
- Ich denke, aus dieser Spannung zwischen dem Arbeiten-Müssen und dem Arbeiten-Dürfen kommen wir wohl nie ganz heraus. Sie gehört zum Leben. Die Bibel weiß um diese Spannung.
- Der Sabbat wird in der Bibel nicht einfach mit der Notwendigkeit begründet, daß die Menschen einmal ausspannen müssen. Die Menschen werden nicht als Arbeitstiere gesehen. Zwar gab es in vielen Völkern Freizeit und Muße ohnehin nur für die Herren. Die Arbeit war für die Untertanen, für die Sklaven da. Das hatten die Israeliten in Ägypten gemerkt. Und das war in vielen Völkern so. Ein vornehmer Römer oder

Grieche politisierte oder diskutierte, er ging auf die Jagd oder bildete sich. Die Arbeit war für die Sklaven da. Man wäre nicht auf die Idee gekommen, Arbeit als ein Stück Selbstverwirklichung anzuschauen.

- Nur in Israel da gab es den Sabbat:
  - den Tag, wo alle zur Ruhe kommen können, wo auch der Wohlhabende nicht seine Sklaven für sich krampfen lassen durfte,
  - wo auch die Arbeitstiere (Esel und Ochsen) ausgespannt wurden.
  - Auch der Boden bekam alle sieben Jahre einen Sabbat, wo er brachliegen konnte, um sich zu erholen. Was dann trotzdem wuchs, gehörte den Besitzlosen und den Tieren. Sogar das landwirtschaftlich bebaute Land sollte von Zeit zu Zeit ruhen dürfen, sollte nicht eingespannt werden in den menschlichen Willen zu Produktivität und Rentabilität.

Möglicher Schluß

Die Bibel sieht den Sabbat als Geschenk des Schöpfers an die Menschen und an die ganze Schöpfung. Gott läßt alle teilhaben an seiner schöpferischen Ruhe. Darum segnet er den siebenten Tag. So wichtig die Arbeit für unser Leben ist – nicht auf dem Arbeitstag, sondern auf dem Ruhetag liegt sein ganz besonderer Segen. Denn in der Ruhe erfahren wir Frieden und Freiheit.

»Der Sabbat ist für den Menschen da«, sagt Jesus, der Sabbat ist ein Geschenk für uns, ob wir ihn nun am Samstag oder am Sonntag feiern. Ein Geschenk, zu dem wir nicht Sorge tragen, kann sehr schnell beschädigt werden. Darum trägt eine Schallplatte oder eine CD ja auch eine Hülle, damit es keine Kratzer darauf gibt. Oder wir packen etwas schön ein, damit es nicht schon zerrissen oder beschmiert beim Empfänger ankommt.

Die Pharisäer wollten Sorge tragen zum Geschenk des Sabbat. Sie wollten den Ruhetag schützen, wollten einen Zaun darum herum machen wie um einen schönen Garten, der vor Tieren oder Lausbuben geschützt werden soll. Darum haben sie überlegt und diskutiert: was ist eigentlich Arbeit und was nicht? Was ist am Sabbat erlaubt und was nicht? Wodurch wird der Schöpfungsfriede gestört und wodurch nicht? Das Abreißen von Ähren sahen sie schon als Erntearbeit an. Darum stellten sie Jesus zur Rede.

Vielleicht schossen sie manchmal über das Ziel hinaus. Sie gingen wahrscheinlich davon aus, daß die Menschen allzuviel Freiheit auch nicht gut vertragen, daß man darum Grenzen setzen muß. Lieber ein paar Regeln zuviel als zuwenig.

Ich denke nicht, daß Jesus den Sabbat übertreten wollte. Er war vermutlich mit den Regeln des Arbeitsverbotes nicht ganz einverstanden. Und er wollte deutlich machen, daß der tiefere Sinn des Sabbats nicht aufgeht in den Regeln des Arbeitsverbotes, daß der Sabbat ein Geschenk für uns Menschen ist, ein Geschenk, das noch wertvoller ist als die Verpackung, ein Geschenk, das zur Freude führen soll.

Uber Regeln und Gesetze, liebe Gemeinde, könnten wir jetzt auch miteinander diskutieren: Was gehört sich am Sonntag und was nicht, was ist erlaubt, und was sollte verboten sein?
Noch schöner und wichtiger finde ich, wenn es uns gelingt, den Sonntag als Geschenk des Schöpfers zu erleben und zu feiern, als einen Tag, der sein Licht ausstrahlt auf den Alltag.
Können wir den Sonntag noch gestalten, ihn wirklich feiern? Ich meine auch einen ganz gewöhnlichen Sonntag, an dem äußerlich gesehen gar nichts Besonderes los ist?
Wie kann der Sonntag für uns und vielleicht auch für andere wieder zu einem Tag werden, zu dem nicht Kopfzerbrechen oder Kopfweh als häufige Begleiterscheinung gehört?
So wünsche ich uns allen einen Sonntag, der Freude macht, der uns schöpferische Ruhe erleben läßt, an dem wir uns nahe sind, ohne uns zu nerven, kurz: einen gesegneten Sonntag.

Kontext

»Das Sabbatritual nimmt deshalb in der biblischen Religion eine so zentrale Stellung ein, weil es mehr ist als nur ein »Tag der Ruhe« im modernen Sinn; es ist ein Symbol der Erlösung und der Freiheit. Das ist auch die Bedeutung der »Ruhe« Gottes. Gott braucht diese Ruhe nicht, weil er müde ist, sie drückt den Gedanken aus, daß, so groß auch die Schöpfung ist, der Friede doch noch größer als sie und ihre Krönung ist. Gottes Arbeit ist eine Gunst gegenüber dem Menschen; er muß »ruhen«, nicht weil er müde ist, sondern weil er frei und nur dann ganz Gott ist, wenn er aufgehört hat zu arbeiten. So ist auch der Mensch nur dann ganz Mensch, wenn er nicht arbeitet, wenn er mit der Natur und seinen Mitmenschen in Frieden lebt; deshalb wird auch das Sabbatgebot einmal mit Gottes Ruhe und ein andermal mit der Befreiung aus Ägypten begründet. Beides bedeutet dasselbe und erklärt sich gegenseitig: Ruhe ist Freiheit.«
(Erich Fromm, »Märchen, Mythen, Träume«, © 1980 Deutsche Verlags-Anstalt GmbH, Stuttgart)

Reformationsfest

Annäherungen an den Predigttext
Jesaja 62,6–7,10–12

Helmut Siegel

Damit bin ich - salopp gesagt - »baden gegangen«!
Dabei war das die Gruppe der Treuen, auch der Nachdenklichen. 15 Vertrauensfrauen, woanders Bezirksfrauen genannt, »ihrem« Pastor immer freundlich zugewandt, auch für seine »seltsamen« Experimente aufgeschlossen. Also: »Sie können mir helfen! Ich habe hier einen Bibeltext. Sogar fotokopiert für jede! Ich lese ihn vor! Bitte machen Sie ein Fragezeichen da, wo Sie was nicht verstehen, ein Strich, bei dem, wo Sie denken: ›Das weiß ich! Ist mir klar!‹ Ein Ausrufungszeichen, wo Sie meinen: ›Das ist mir wichtig!‹«
Sie machten mit. Nur das Ergebnis waren: Fragezeichen, nur Fragezeichen, nein, ein, zwei bescheidene Striche. Und dann war man schnell weg von den Zeichen am Text und legte los:
»Versteh ich überhaupt nicht!« - »Ich könnte am *ganzen* Text Fragezeichen machen!« - »Wo steht denn das überhaupt?« - »Ich denke an Advent: Tochter Zion, freue dich ... (V. 11) - Wächter die Tag und Nacht rufen? Wie soll man dabei schlafen?«
Ich mache einen schüchternen Versuch: »Einen neuen Namen bekommen ..., also, ich finde Vers 12 einfach schön mit den neuen Namen.«
»Naja!«, meinte eine, »Ich habe eine Freundin in Chemnitz. Hieß ja früher Karl-Marx-Stadt. Also, die findet den Namen Chemnitz nicht gut. Wir haben uns eben gewöhnt, hat sie gesagt und daß sie eben weiter ›Karl-Marx-Stadt‹ sagt!«
Neuer Versuch: Ich beginne zu erklären, wie das mit den Wächtern gemeint ist, daß sie Gott an seine noch nicht eingelösten Verheißungen erinnern sollen. Die Reaktion: »Muß man das? Und: *darf* man das, Gott Tag und Nacht in den Ohren liegen?«
Es bleibt beim allgemeinen Grundgefühl: Fremd, unverständlich, kurios, »Sicher nichts für uns!«
In die Konfirmandengruppe habe ich mich danach mit diesem Text nicht mehr getraut. Einmal »badengehen« reichte mir.
Erst mal habe ich ihn dann wieder weggelegt, lange Zeit. Und nun denke ich seit ein paar Tagen immer wieder drüber nach, und manche so manche Entdeckungen:

Entdecke zum Beispiel, mit welcher Leidenschaft (oder ist es Verzweiflung?) gegen das Abkühlen der großen Hoffnungen da geredet wird. Wie sich da einer (oder ein paar?) nicht mit der mickerigen Realität des nachexilischen Jerusalem abfinden, sondern gegen diese anreden. Ja, das Schweigen Gottes und seine Abwesenheit konstatieren (noch ist Jerusalem eine gottverlassene Stadt s. V. 12!) aber sich dagegen wenden, Gott bestürmen, erinnern, wie Kinder ihm in den Ohren liegen: »Du hast doch versprochen ...!«
Ich entdecke weiter eine dem entgegenstehende (?) Tendenz: Die alten, visionären Bilder werden realitätsgerechter gemacht:
Propheten sind nun nicht mehr besonders Berufene, sondern alle, die die Verheißungen kennen. Sie haben kein neues Wort mehr zu sagen, sondern an alte zu erinnern. Es wird nicht mehr Gott selbst der Weg geebnet von Wesen des himmlischen Thronrates, sondern die Einwohner Jerusalems sollen den noch ausgebliebenen (aus welchen Gründen eigentlich?) Rückkehrern aus Babylonien den Weg bereiten.
Ist der enthusiastische Atem schon zum Hauch geworden? Befürchtet man, mit den visionären Hoffnungen baden zu gehen, hat die Realität der Hoffnung schon das Rückgrad angeknackst? Oder ist das kreative Neuinterpretation, Konkretisierung?
Und ich entdecke schließlich, wieviel bei uns Glaubenden »baden gegangen« ist. Die auch für uns ausstehenden Verheißungen Gottes, viele kennen sie nicht mehr und immer mehr Menschen werden sie schnuppe. Wer sie kennt, betet einmal in der Woche »Dein Reich komme« und ist dann ganz schnell beim »täglichen Brot«. – Nein, Hoffnung auf Veränderung, die bewegt nicht die, denen es gut geht, die satt sind und zuhause. Die beschäftigt: »Wie erhalten wir uns bloß unsere jetzige schöne Realität?«
Und mich beschleicht der Verdacht: Jes. 62,6ff. ist für uns so fremdartig-kurios, weil wir uns auf gar keinen Fall das Schweigen Gottes und seine Abwesenheit in unseren Städten, in unseren Kirchen eingestehen wollen. Der immer hektischer werdende kirchliche Alltag mit immer begierigerer Aufnahme aller Trends – Ob das ein Verdrängungsmechanismus ist, ein Lärmen, daß das Schweigen Gottes übertönen will?
Die da im Text zu Wort kommen, die schaffen beides: Ein offenes Eingeständnis der gegenwärtigen Lage gegen alle Vertröstungs- und Ermäßigungsversuche und ein leidenschaftliches Festhalten an den Verheißungen. – Ob sich das gegenseitig bedingt? Daß nur der klar seine Misere und die anderer erkennen und benennen kann, der eine Hoffnung auf Änderung, auf Neues hat? Die auch der Maßstab ist, an dem die Realität gemessen wird? Und ob nur der die Notwendigkeit einer Hoffnung erkennt, der die Realität analysiert und sich vor dem erschreckenden Ergebnis nicht fürchtet? Für mich spricht vieles, nicht nur Jes. 62,6ff. dafür.
Also wird alles Bemühen um die Sicherung des Status quo ohne den Durst nach der Erfüllung, den visionären Entwürfen auf etwas Neues hin, schei-

tern? Wird der kirchliche Betrieb Leerlauf bleiben, wenn nicht die Abwesenheit und das Schweigen Gottes entdeckt, beklagt wird? Wird dieses Schweigen fortdauern, weil keiner mehr Gott in den Ohren liegt, seine Versprechen einklagt? Ich fürchte mich davor und fürchte doch: Ja.
Meine Hoffnung: Wir Prediger fürchten uns nicht davor, uns um den Fremdling Jes. 62,6ff. zu mühen und hinter aller historischen Abständigkeit die erschreckende Nähe zu entdecken.
Also: Keine Angst vorm »Badengehen« mit diesem Text am Reformationstag. Ein Bad reinigt und erfrischt, und wenn *wir* uns nicht daran erinnern, daß Gott aus dem Wasser zieht (Mose) und unser Herr auf den Wassern gehen kann, wer sollte dann noch Gott erinnern, wenn nicht gleich Tag und Nacht, so doch wenigstens am 31.10.1995!

Zum Gottesdienst

Hans Werner Dannowski

Theologisch-homiletische Skizze

Das geschichtliche Umfeld, aus dem Tritojesaja (Jesaja 56–66) kommt und in das hinein er redet, ist uns in seiner emotionalen Stimmung nahe. Es ist nicht die Unabwendbarkeit der Katastrophe (Zerstörung Jerusalems), nicht die Not der Deportation und Gefangenschaft und die Sehnsucht nach der Heimat (Exil). Die Botschaft Tritojesajas wurzelt in der Zeit nach der Heimkehr, über die selbst uns im Alten Testament seltsamerweise überhaupt nichts berichtet wird. Nicht einmal der Zeitpunkt ist genau datierbar (ob nach dem Kyrosedikt oder erst unter Kambyses, ist noch immer ungeklärt). Die Zeit nach der Heimkehr ist die Zeit der unauffälligen Mühe. »Die große Not der Deportation hatte den kleineren Nöten des Wiedereinlebens und des Aufbaus Platz gemacht« (Gerhard von Rad, Theologie des Alten Testaments, II, 1960, S. 291). Die Normalität des Alltags, in der einem die Zeit aus den Fingern rinnt und in der man die großen Verheißungen gar nicht mehr glauben mag, die einst der Rückkehr in das gelobte Land der Väter galten.
Der Kollege der »Annäherung an den Predigttext« findet in der wechselseitigen Bezogenheit von visionärer Hoffnung und realistischer Gegenwartsanalyse einen reizvollen Ansatz für eine Predigt. Nur sind meines Erachtens die Konturen des Alltags eher – zumindest bei diesem Predigttext – indirekt zu erschließen als zielsicher zu bestimmen.
Mir legt sich exegetisch ein anderer Schwerpunkt nahe: In dieser Zeit der mühevollen Alltäglichkeit und des Herunterschraubens aller Erwartun-

gen und Ansprüche vollzieht Tritojesaja die Anknüpfung an die große Sprache der exilischen Prophetie und leistet deren Umformung auf die Gegenwart.

Das eindrucksvolle Beispiel der Anknüpfung und der Umformung zeigt gleich der Anfang unseres Predigttextes. »Deine Mauern sind beständig vor mir«, heißt es bei Deuterojesaja (49,16). Die Wiederherstellung des Zion, dieser ummauerten Stadt mit dem Tempel darin, ist das Ziel der eschatologischen Heimführung Israels. Darin gipfelt die Trostbotschaft Deuterojesajas: in der Vision dieser wiederaufgebauten Stadt. »Deine Erbauer eilen herbei, aber die dich zerbrochen und zerstört haben, werden sich davonmachen« (Jesaja 49,17).

Tritojesaja nimmt die Verheißung als Erfüllung auf und stellt sie hinein in die Dimension der noch ausstehenden Vollendung. Die Mauern stehen da, aber das kann es doch noch nicht alles gewesen sein! Wächter sind bestellt, die Gott Tag und Nacht in den Ohren liegen. Die Wiederaufrichtung Jerusalems wird zum unendlichen Fluchtpunkt der Heilsgeschichte Gottes, bei der die reale Wiederherstellung nur ein Durchgangspunkt ist. Und der Prophet sieht in einer Vision die Festpilger zu der Stadt strömen, die ein Zeichen für die Völker ist, in die das Heil einzieht und die neue Namen bekommt. »Nicht mehr verlassene Stadt«: so zwischen Gegenwart und Zukunft schwebend auf der Gratlinie der eingeforderten Verheißung Gottes.

Zieht man die eigene Glaubenserfahrung hinein in die Glaubenserfahrung Israels, so hat das Selbstverständnis der Kirche in der Zeit nach dem 2. Weltkrieg einen ähnlichen Weg zurückgelegt. Ziel der Gerichte Gottes über das deutsche Volk schien es vielen zu sein, mit der Erneuerung des Denkens und Handelns vor allem eine Erneuerung der Kirche zu erleben. »Vieles wurde zerschlagen, damit es nachher umso schöner aus den Ruinen wieder auferstehen könnte« (Hanns Lilje, Memorabilia, 1973, S. 64). Vom »Wächteramt der Kirche« hat man damals gesprochen, und dieses bezog sich auf die Fragen der Moral ebenso wie auf die Grundfragen der Politik, auf Film und Literatur wie auf Wirtschaft und Gesellschaft. Bis dann nach dem Aufbruch der Katastrophe und des Neuanfangs die Normalität des Alltags einkehrte und mehr und mehr hinterfragt wurde, mit welchem Recht sich denn die Kirche als Endpunkt der Verheißungen verstand und alles andere daran messen wollte. Die Selbstgewißheit der Erlösten ging über in ein neues Schreien nach Erlösung, die Verheißung gerät neu in eine eschatologische Dimension. Und entscheidend ist, daß Menschen da sind, die »auf der Mauer als treue Wächter stehen« (EKG 237) und Gottes Herz und Erinnerung berennen. Das »Zeichen für die Völker« ist keine Vorfindlichkeit, wird sich je und dann ereignen, das glauben wir. Die Jenseitigkeit des Heils macht nicht träge, sondern ist ausgespannte Erwartung: Die Verheißung ist genug Orientierung für den Weg in Gottes Zukunft.

Vorschläge zur Liturgie

Kollektengebet

»Deine Verheißung haben wir, Gott,
daß wir davon leben,
dein Wort,
um unsere Ohren
und unser Herz zu öffnen.
Wir wagen es mit dir,
in Furcht und in Hoffnung,
auch wenn wir nicht wissen,
wohin die Wege gehen.
Du kommst, und
wir nehmen dich auf in unser Leben,
in diese Welt«
(frei nach Huub Oosterhuis)

Fürbittengebet

Herr, unser Gott,
wir loben dich mit unseren armen Worten,
mit dem Bekenntnis unseres Glaubens,
mit Herzen, Mund und Händen.

Wir preisen dich,
weil du uns hältst und zu uns kommst
in Jesus Christus, deinem Sohn, unserem Bruder,
der unser Leben teilt.

Herr Jesus Christus,
wo du hinkommst, da kehrt Heil ein,
wo du hinkommst, fassen Menschen Mut,
wo du hinkommst, wird Liebe wach.
darum bitten wir dich: Komm auch zu uns!

Komm zu denen, die nicht weiterwissen,
damit sie wieder an deine Liebe glauben können, -
komm auch zu uns!

Komm zu denen, die vor Leid und Krankheit stumpf geworden sind,
damit sie ihr Leben neu finden, -
komm auch zu uns!

Komm zu denen, die in Streit und Unfrieden leben,
damit sie sich versöhnen und neu miteinander
anfangen, - komm auch zu uns!

Komm zu denen, die unterdrückt und mißhandelt werden
wegen ihres Glaubens, ihres Volkstums,
wegen ihrer politischen Überzeugung,
damit Freiheit und Gerechtigkeit sich durchsetzen, -
komm auch zu uns!

Komm zu denen, die öffentlich mit Wort und Schrift
und Bild wirken,
damit sie der Wahrheit dienen, -
komm auch zu uns!

Komm zu allen, die in unserer Gemeinde und in unserer Kirche
Gemeinschaft, Hilfe und Trost suchen,
damit sie aufgerichtet werden
durch dein Wort der Gnade und den Dienst der Liebe. -
Herr, komm auch zu uns!

Mit der ganzen Christenheit auf Erden rufen wir dir zu:
Gelobet sei, der da kommt im Namen des Herrn.
Wir preisen, loben und anbeten dich
für die Zukunft, die du uns zusprichst und öffnest,
für deine Gegenwart und für dein Heil.
Amen.

(Hans Jürgen Quest, Gott läßt mit sich reden, 1983 - mit leichten Veränderungen)

Lieder
aus dem neuen Gesangbuch
EG 241, 1.5.9 Wach auf du Geist der ersten Zeugen
EG 255, 1.5-8 O daß doch bald dein Feuer brenne
EG 260 Gleichwie mich der Vater gesandt hat
EG 269 Christus ist König, jubelt laut

Vorschlag zur Predigt

Eingang
Ein hinreißender Bibeltext ist das. Flammende Sätze, fast ekstatisch. Begeisternde Bilder, die ganze Landschaften vor meinem Auge erstehen lassen. Wächter auf den Mauern in ständiger Bewegung; Wächter, die an sich die Mauern und die Stadt bewachen gegen den Überfall der Feinde. Die aber nun wegen der Mauern und wegen der Wiedererrichtung der Gottesstadt zu Gott schreien wie Mönche im ekstatischen Gottesdienst, Tag und Nacht. Und dann der große Zug der Festpilger, die Völker im Anzug auf die Stadt der Verheißung Gottes. Dann wieder ein anderes

Bild: Gott kommt, und auch er kommt wie in einem Festzug, alle die sind mit ihm, die er für sich gewonnen hat. Wieder wechselt das Bild: die in dem Festzug sind anscheinend die Bewohner der Stadt, die neue Namen bekommt: »Erlöste des Herrn«, »Gesuchte«, »Nicht mehr verlassene Stadt«. Namen der Zärtlichkeit sind das, der Zuwendung und Liebe. Kosenamen fast. So, wie in der Offenbarung Johannis am Ende der Bibel die heilige Gottesstadt beschrieben wird, in der Gott »alles in allem« sein wird. Ein weiter Bogen spannt sich aus. Worte eines unbekannten Propheten, den wir Tritojesaja nennen, Worte voller Wucht und Glanz.
Nelly Sachs, die jüdische Schriftstellerin, die 1940 noch nach Schweden fliehen konnte und dort gestorben ist, hat ein Gedicht geschrieben »Wenn die Propheten einbrächen«, aus dem ich einige Verse zitieren möchte:

»Wenn die Propheten einbrächen
durch die Türen der Nacht
mit ihren Worten Wunden reißend
in die Felder der Gewohnheit,
ein weit Entlegenes hereinlobend
für den Tagelöhner

der längst nicht mehr wartet am Abend –

Wenn die Propheten einbrächen
durch die Türen der Nacht
und ein Ohr wie eine Heimat suchen –

.....

Ohr der Menschheit,
du mit dem kleinen Lauschen beschäftigte,
würdest du hören?

Fortgang der Predigt
Dies meine Diskrepanz: Der Einbruch des großen Prophetenwortes auf der einen Seite. Und andererseits: Ich mit dem kleinen Lauschen Beschäftigter. Werde ich hören, kann ich noch hören? Die Fixierung auf das Naheliegende, und hier die große Vision.
Allerdings: die christliche Gemeinde hat einen unüberbietbaren Vorsprung. Daß diese großen Worte in ihrer Mitte genannt und weitergegeben werden. Daß sie ihr eigenes Leben entfalten, Menschen tragen im Leben und im Sterben. Worte der Zuversicht, der Nähe, der Gewißheit.
Zwei Gedankengänge möchte ich noch in die Predigt integrieren – wie, das weiß ich noch nicht.

Das große Wort des Propheten, die Vision von dem kommenden Heil und von der endgültig errichteten Gottesstadt ist nicht sehr konkret. Allenfalls Optionen, nicht Konzepte. In Wahlreden könnten Politiker wenig damit anfangen. Ein unerhörter Vorteil: Die christliche Gemeinde wird eingeübt in eine Form des Handelns, die zur Grundlage moderner Ethik geworden ist: Handeln ohne das Verlangen nach Vollständigkeit. Der Anstoß und die Zielrichtung genügen, und das Vertrauen auf den Gott der Verheißung. Das Nichtidentische, das Fragmentarische als das Zeichen, unter dem wir handeln. Nicht der Holismus und das ungebrochene Weltbild.
Der andere Gedankengang geht auf das Reformationsfest. Das wiederaufgebaute Jerusalem in der Vorfindlichkeit der reformierten Kirche: dies kann nicht der Zielpunkt der Predigt sein. Kirche im Amt der Wächter, die Gott um sein Kommen, um sein Heil eindringlich und aufdringlich belagern. Die daran glauben, darum wissen, daß dies nicht vergeblich ist. Der Dekan unserer Partnerkirche, der Kathedrale von Bristol, antwortet auf die Frage, wozu denn um Gottes willen eine Kathedrale - die keine eigene Ortsgemeinde hat - gut sei: We are praying for you. Ein Stück Stellvertretung steckt darin. Stellvertretung ist nicht Ersatz (Dorothee Sölle). Kirche schließt die Welt nicht aus, lädt ein zum Mitvollzug, hält den Ort frei, an den jeder treten kann. Der Ort, an dem die Verheißung Wirklichkeitserfahrung wird: »Gesuchte«, »Erlöste«, »Nicht mehr verlassene Stadt«.

Kontexte

Zum Reformationsfest vor allem Martin Luther. Zu der Spannung zwischen den großen Worten der Verheißung und der Normalität der »mit dem kleinen Lauschen« Beschäftigten:
»Denn der innerliche Mensch ist mit Gott eins, fröhlich und lustig um Christi willen, der ihm so viel getan hat, und besteht alle seine Lust darin, daß er wiederum möchte Gott auch umsonst dienen in freier Liebe. Da findet er in seinem Fleisch einen widerspenstigen Willen, der will der Welt dienen und suchen, was ihn gelüstet. Das mag der Glaube nicht leiden und legt sich mit Lust an seinen Hals, ihn zu dämpfen und ihm zu wehren« (»Von der Freiheit eines Christenmenschen«, 1520, Zum zwanzigsten).

Zum Ort, der Stellvertretung:
»Aus dem allen folget der Beschluß, daß ein Christenmensch lebt nicht in sich selbst, sondern in Christo und seinem Nächsten, in Christo durch den Glauben, im Nächsten durch die Liebe; durch den Glauben fähret er über sich in Gott, aus Gott fähret er wieder unter sich durch die Liebe und bleibt doch immer in Gott und göttlicher Liebe ...« (Von der Freiheit eines Christenmenschen«, 1520, Zum dreißigsten).

Und natürlich Dietrich Bonhoeffer, in »Widerstand und Ergebung«, 1955:
»Das Leben wird nicht in einer einzigen Dimension zurückgedrängt, sondern es bleibt mehrdimensional - polyphon« (S. 210). »Später erfuhr ich und ich erfahre es bis zur Stunde, daß man erst in der vollen Diesseitigkeit des Lebens glauben lernt. Wenn man völlig darauf verzichtet hat, aus sich selbst etwas zu machen ... - dann wirft man sich Gott ganz in die Arme ...« (S. 248f.).

»Die Kirche ist nur Kirche, wenn sie für andere da ist« ... Sie wird von Maß, Echtheit, Vertrauen, Treue, Stetigkeit, Geduld, Zucht, Demut, Genügsamkeit, Bescheidenheit sprechen müssen. Sie wird die Bedeutung des menschlichen ‚Vorbildes' nicht unterschätzen dürfen« (S. 261f).

21. Sonntag nach Trinitatis

Annäherungen an den Predigttext Johannes 15,9–12,(13–17)

Hanne Köhler

Gedanken aus Gesprächen mit Frauen und Männern im kirchlichen Kontext

Erste Eindrücke
Der Text schreckt ab! Gehört wird der erhobene Zeigefinger, die ersten Reaktionen sind Unmut (Schrecklich, so viele Gebote!) und Widerspruch (Ich kann Liebe nicht gebieten! Gott ist für mich nicht so!). Der Text lädt nicht zu positiven Reaktionen ein, macht keine ›Lust‹ auf theologische Diskussionen, sondern die Gesprächsanfänge gestalten sich sehr mühsam.

Wortwahl
Moniert wird die hierarchische Wortwahl: Vater, Gebote, gebiete ich, Herr, Knecht etc. und die Verknüpfung des Evangeliums mit Bedingungen: »Wenn ihr meine Gebote haltet ...«, »Ihr seid meine Freunde, wenn ...« Die Ausdrücke und Bilder verweisen gleichzeitig auf patriarchalen Kontext. Es ist von Vaterliebe, nicht von Mutterliebe die Rede. Dem Verhältnis Herr–Knecht, wird das Verhältnis zwischen Freunden gegenüber gestellt. Weibliche Lebenszusammenhänge sind schon in der Wortwahl ausgeblendet.
Manche äußern die Hoffnung, der hierarchisch-patriarchale Eindruck könnte vielleicht eher durch die Übersetzung als den Urtext hervorgerufen sein. Gefragt wird: »Was heißt das griechische Wort für gebieten wirklich? Läßt sich das auch anders verstehen und übersetzen?«

Macht das Opfer des eigenen Lebens Sinn?
Die Gespräche kreisen im weiteren Verlauf um Vers 13. Ist das Opfer des eigenen Lebens wirklich das größte Liebeszeichen? Besonders Eltern thematisieren ihre Überlegungen »Würde ich mein Leben geben, um mein Kind zu retten?« Neben den Heldinnen- und Heldenträumen, in denen solche Situationen ausgemalt werden, gibt es auch Zweifel, ob dies im konkreten Fall wirklich so wäre. Welche Konsequenzen hätte ein solches Verhal-

ten für die Partnerin bzw. den Partner und weitere Kinder? Am ehesten scheint noch ein Rettungsversuch eines Kindes vorstellbar, ohne zu überlegen, daß dabei der eigene Tod möglich wäre.
Manche Eltern thematisieren auch, daß für sie das Opfer des eigenen Lebens eher für die Partnerin oder den Partner denkbar wäre. Würde dies aufgrund des Bibelabschnitts bedeuten, diese Liebe sei dann die größere? Hingewiesen wird darauf, daß der Begriff »Freunde«, unabhängig vom Kontext in diesem Bibelabschnitt, eine Beziehung unter gleichberechtigten Erwachsenen nahelegen könnte.
Insgesamt wird aber betont, daß zweifelhaft ist, ob sich das Opfer des eigenen Lebens lohnt. »Wenn mir jemand eine Garantie gäbe, daß damit Frieden in der Welt zu erreichen wäre, oder Gerechtigkeit, oder auch nur das Ende eines bestimmten Krieges, einer bestimmten Verfolgung, ja dann würde ich mein Leben sofort opfern. Aber das ist es ja, es gibt keine Garantie, daß sich der Märtyrertod lohnt.« »Mein Tod, das Opfer meines Lebens an sich, macht keinen Sinn. Den Sinn müßten dem erst die anderen geben.« »Ist eine mühsame Kleinarbeit für die großen Ziele nicht viel schwieriger, als so ein spektakulärer Märtyrertod?«

Liebe deine Nächsten wie dich selbst!
Der Abschnitt aus dem Johannesevangelium wird erlebt als im Widerspruch stehend zum Doppelgebot der Liebe. Im »wie dich selbst« klingt die Würde der eigenen Person mit. Der Johannestext scheint eine protestantische Richtung zu unterstützen, die die Verdrängung von eigenen Bedürfnissen, die Aufgabe des eigenen Lebenszieles, die Selbstaufgabe fördert. Besonders für Frauen, die in unterdrückerischen und ausbeuterischen Beziehungen leben, ist dies eine gefährliche Tendenz. Gefördert wird damit unter Umständen das Ausharren in Gewaltverhältnissen, statt die Befreiung aus solchen zerstörerischen Systemen. Als Beispiel wird die Ehe mit einem gewalttätigen Alkoholiker genannt, dessen Ekzesse die Frau weiter erduldet, »weil sie ihn doch liebt und eher draufgehen würde, als ihn allein zu lassen«.
Der Abschnitt läßt leicht übersehen, daß nicht von einseitiger Liebe die Rede ist. Zweimal wird formuliert, »daß ihr euch untereinander liebt«. Wenn die Liebe wirklich untereinander und gegenseitig geübt wird, dann sind ausbeuterische Verhältnisse nicht möglich.

Zum Gottesdienst

Dietrich Korsch

Theologisch-homiletische Skizze

1. Die Exegeten sind sich einig: Es handelt sich bei unserem Text Johannes 5,9-17 um ein Stück »theologische Schriftstellerarbeit des Evangelisten« (Schulz NTD, 196). In den Kommentaren wird darauf hingewiesen, daß dabei um eine parallele Aussagenreihe zur »Weinstock-Rede« Johannes 5,1-8 vorliege. In der Tat sind die Motive (Bleiben, Fruchtbringen) nahe beieinander. Ich wähle als Zuspitzung der exegetischen Betrachtung hier die Einsicht, daß es sich um die johanneische Formulierung des Gebotes handelt, das in der synoptischen Tradition als Doppelgebot der Liebe wiedergegeben ist. Anhand dieser Einsicht zeigen sich deutlich die Eigentümlichkeiten der johanneischen Auffassung des Sachverhaltes.

2. Liebe und Gebot - Liebe als Gebot. In V. 10 sind das Halten der Gebote und das Bleiben in der Liebe miteinander verschränkt. Das ist nicht so aufzufassen, als sei das Bleiben in der Liebe die Konsequenz einer wie immer gearteten Gesetzeserfüllung. Vielmehr ist die Liebe gerade die Erfüllung auch der einzelnen Gebote, also die Erfüllung des Sinns des Gesetzes überhaupt. Liebe ist also als Inbegriff der Thora verstanden. Kann aber Liebe geboten werden - oder kann nur das Gebot geboten werden?

3. Kein Doppelgebot der Liebe. Der Aufforderungscharakter des synoptischen Doppelgebotes ist hier charakteristisch verändert: Gottes Liebe zu den Menschen in Jesus geht als positive Wirklichkeit der Forderung nach Liebe unter den Menschen voraus. Das Gebot der Liebe trifft also auf solche Menschen, die in Jesus als schon immer von Gott Geliebte angesprochen werden können. Damit macht die johanneische Version nur explizit, was in der synoptischen bereits implizit enthalten war, nämlich die christologische Erfüllungsbedingung des Gesetzes. Sie unterscheidet durch ihr explizite Fassung der Logik des Liebesgebotes freilich Gottes- und Nächstenliebe auch strukturell. Es ist gerade die Symmetrie und die Reziprozität der humanen Liebe, die als Abbild der Gottesliebe gedacht wird. Es verhält sich dezidierterweise nicht so, daß Gottes Liebe gewissermaßen über Jesus in die Menschenwelt ein- oder übergeht; es ist die Verflochtenheit der Menschen in Liebe, die Ort und Gegenwart Gottes auf Erden ist - eine radikal antisakramentalistische Auffassung.

4. Liebe und Verstehen. Weil diese human reziproke Liebe geboten ist, besitzt das Liebesgebot keinen Befehlscharakter. Das heißt: Es wird nicht festgelegt, was im Einzelnen geschehen oder erfüllt werden müßte, damit die Liebe als verwirklicht gelten kann. Das Gebot ist vielmehr die Befreiung zu Gebrauch und Gestaltung der eigenen Liebesfähigkeit. Nicht Knechte, sondern Freunde: damit ist der selbstverantwortete Umgang mit der Liebe gemeint. Dessen Grenzen liegen nur in der Liebe selbst, die als nicht ratio-

nal beherrschte Macht sich der bloßen Verantwortung auch wieder entzieht.

5. Liebe und Hingabe. Auf der Basis der humanen Gegenseitigkeit ist dann auch das Hingabewort V. 13 zu verstehen (von Jesu Selbsthingabe ist nicht die Rede!). Hingabe, Selbstpreisgabe, Selbstopfer gewinnen dann einen nichtrepressiven Charakter, wenn sie als das im Vollzug der Selbstentgrenzung durch Liebe Normale angesehen werden. In der Tat: Niemand kann sein Leben erhalten. Es kommt also (nur) darauf an, an wen und wie ich es hingebe. Die Hingabe in der Liebe geschieht unter der Voraussetzung, daß die Wirklichkeit der Liebe auch beim andern wirksam ist (und durch mich auch gar nicht bei ihm wirksam gemacht werden kann). Das nimmt dem Opfergedanken, der hier anklingt, seine Abständigkeit.

6. Gedanken zur Predigt. Mich haben an der johanneischen Fassung des Liebesgebotes vor allem zwei Aspekte interessiert. Einmal die Betonung der Vorausgesetztheit der Liebe Gottes für die Erfüllung des Liebesgebotes. Dieser Sachverhalt muß sich gegen den zunächst vorherrschenden Eindruck durchsetzen, hier werde die Liebe (über das Halten der Gebote) vergesetzlicht. Die Aufforderung, zu lieben, steht also immer schon im Horizont der Liebe Gottes. Unser Text ist also, anders als man meinen könnte, von Anfang an Evangelium. Zum andern finde ich die Konsequenz beeindruckend, mit der Johannes die Liebe Gottes sich in der Menschenliebe spiegeln läßt. Da kommt nichts Überirdisch-Verklärendes in Liebesverhältnisse hinein; vielmehr ist es dieses humane Leben selbst, das als Ort der Gegenwart Gottes entdeckt wird. Das Scharnier zwischen diesen beiden Aspekten bildet die Person Jesu; Jesus ist die Präsenz von Gottes Liebe auf Erden – und er richtet auch jene nichtsubstanzielle Analogiebeziehung von Gottes Liebe und Menschenliebe auf.

Daraus ziehe ich folgende Konsequenzen für die Predigt: Ich nehme einleitend den vermutlich schnell sich einstellenden Widerstand gegen die »gebotene« Liebe auf. Das ermöglicht mir ein Eingehen auf die Phänomenalität humaner Liebe, die sich exemplarisch in der erotisch getönten Liebe erschließt. Über die Gestalt Jesu führe ich dann das Voraus der Liebe Gottes ein – sozusagen die dogmatische These, die sich aber an Jesu eigenem Lebensvollzug plausibel machen läßt. Im Licht dieser dogmatischen, aber anschaulich gewordenen Voraussetzung findet darauf eine neue Beleuchtung der Liebe statt, durch die der Mut zur Liebe geweckt wird. Wer sich im Raum der Liebe Gottes bewegt, traut sich zu, das Risiko humaner Liebe zu wagen. Das, meine ich, könnte das Evangelium in unserem Text sein.

7. Eine Alternative. Die Besprechung des Textes in der Gruppe hat gezeigt, daß er die spontane Assoziation »Opfer« nahelegt. Das könnte man aufnehmen und das »Opfer der Liebe« zum Thema machen. Dabei wären gewiß die veräußerlichenden, Opfer fordernden Erwartungen und inneren Verpflichtungen in unseren Sozialbeziehungen zu erörtern. Dagegen würde ich den Gedanken fruchtbar machen, daß unser Leben unausweichlich ein

Opfer ist – die Frage ist, wem und in welcher Absichtlichkeit wir es bringen. Es ist notwendigerweise ein Opfer, weil wir uns nie selbst erhalten, sondern immer nur weggeben können. »Liebe« hieße dann: Dieses Weggeben als den Normalfall akzeptieren – und aufgrund dieser Annahme dann auch zum Thema machen zu können, wem wir unser Leben aufopfern wollen. Und: Ob dieser »Normalfall Opfer« dann nicht auch das Absonderliche, die nur von mir selbst zu erbringende Leistung relativiert, wenn ich mir dessen inne werde, wer sich für mich opfert? Von Jesu Selbstopfer könnte dann in diesem Zusammenhang die Rede sein – auch hier, bitte, in mythologiekritischer Zuspitzung.

Vorschläge zur Liturgie

Ich gestalte die Liturgie mit Liedern und Texten nach dem Zentralgedanken der Nähe Gottes in unserer menschlich(-problematischen) Liebeswirklichkeit.

Darum entscheide ich mich für *Lieder* aus der pietistisch-mystischen Tradition: Liebe, die du mich zum Bilde deiner Gottheit hast gemacht EG 401 (Angelus Silesius); Gott ist gegenwärtig EG 165 (Gerhard Tersteegen). Ein reformatorischer Gegenakzent (aber eine Ergänzung der Sache nach) wäre etwa EG 413 Ein wahrer Glaube Gotts Zorn stillt (Nikolaus Hermann)

Für den *Eingangs- und Begrüßungsteil* scheinen mir sinnvoll: Epheser 2,19 (»So seid ihr nun nicht mehr Gäste und Fremdlinge, sondern Mitbürger der Heiligen und Gottes Hausgenossen«). Oder Deuteronomium 30,11–14 (Das Gebot ist nicht im Himmel, sondern dir nahe). Oder Psalm 139 (Ich gehe oder liege, so bist du um mich).

Eingangsgebet
Wir haben wenig – und du machst so viel daraus, Gott. Wir haben wenig Glauben – und du nimmst dies Geringe für das Ganze. Wir haben wenig Liebe – und du läßt das Leben der anderen mit uns gelingen. Wir bitten dich: Tu das immer wieder, daß du aus dem Wenigen, Kleinen, Unbedeutenden, das wir mitbringen, den Vorschein deines Reiches entstehen läßt. Amen.

Fürbittengebet
Was wären wir ohne die Liebe, Herr, unser Gott. Bloß ängstliche, furchtsame Menschen. Jeder auf sich selbst geworfen, in sich selbst verkrümmt. Danke, daß du uns die Liebe gibst. Mit der wir uns verlassen, um uns im anderen zu finden. Wir bitten dich: Mach die Liebe groß in der Welt. Damit Krieg und Unfriede ans Ende kommen. Damit Gewalt und Unterdrückung ihre Macht verlieren. Damit Gerechtigkeit und Freude wachsen.

Was wären wir ohne den Glauben, Herr. Menschen ohne Gewißheit und ohne Zuversicht. Ohne Vertrauen und ohne Lebensmut. Danke, daß du uns zum Glauben rufst, in dem wir uns deine Nähe gefallen lassen. Wir bitten dich: Mach den Glauben vernehmbar in der Welt. Laß deine Kirche in allen Konfessionen bei deinem Wort bleiben. Gib ihr Vollmacht zu einem klaren Zeugnis für die Wirklichkeit deines Reiches. Sammle in ihr Menschen aus allen Völkern zu einer großen Gemeinde.
Was wären wir ohne dich, Herr. Gar nichts. Ohne Ansehen und Würde, verlorene und verlassene Wesen auf einem einsamen Stern mitten im All. Danke, daß du für uns da bist. Das macht uns reich und froh und fähig zu Glauben und Liebe. Sei und bleibe du bei uns und aller Welt mit deiner Liebe, wie sie in Jesus Christus zu uns gekommen ist.
Denn dir allein, dem Vater, dem Sohn und dem Heiligen Geist, gebührt der Ruhm und die Ehre und die Anbetung, jetzt und immerdar und von Ewigkeit zu Ewigkeit. Amen.

Vorschlag zur Predigt

Gedankengang
Unaussprechlich und geheimnisvoll ist die Liebe. Jeder von uns ahnt, was dieses Wort meint. Und doch entzieht sich die Wirklichkeit der Liebe allem Begreifen. Wir wissen nur: Sie ist etwas Innerliches und etwas Mächtiges. Etwas, das kommt und da ist und wirkt und uns von innen heraus bestimmt. Unaussprechlich, geheimnisvoll und innerlich ist die Liebe.
Das gebiete ich euch, sagt Jesus, daß ihr euch untereinander liebt. Kann Liebe geboten werden? Kann man Liebe fordern, auch nur: zu ihr auffordern?
Die Liebe ist doch da oder nicht da. Das ist ja gerade das Überraschende, daß sie sich von selbst einstellt, ohne unser Wollen und Zutun, vor aller Absicht, allem Plan. Und wenn sie einmal da ist, dann bleibt sie unbeherrschbar. Sie entzieht sich allem Bestimmen und Begrenzen. Das macht ihren prickelnden Reiz aus – und ihr Risiko, das sich bis zur Lebensgefahr steigern kann. –
Ich fahre fort mit einer Phänomenologie der Liebe: Wie sie, ohne daß wir das befördern oder verhindern könnten, das Risiko der Zustimmung und Übereinstimmung sucht. In solcher Zu- und Übereinstimmung erkenne ich das geheime Ideal der Liebe, auf das hin wir uns immer bewegen. – Gerade dann aber scheint es weder möglich noch nötig, Liebe zu gebieten. – Ich breche den Gedanken ab und setze neu ein mit Jesu Äußerung, selbst in der Liebe des Vaters zu *stehen.* Jesus läßt sich Gottes Liebe, das heißt: Gottes Selbstentgrenzung, Gottes Risiko gefallen. – Aus dieser Wirklichkeit seines Lebens ergeht das Gebot zur Liebe. Das heißt: Auch unsere Liebe soll sich so Gott gegenüber wissen. – Ich frage, was das bedeutet: Nicht mehr Knecht

sein, der gehorchen muß, sondern selbständig, Freund Gottes. Nämlich: Die Erwartung haben, Liebe zu finden. Den Mut fassen, Liebe zu suchen. Die Freiheit bekommen, sich auf Liebe einzulassen. Freude zu erleben: Euch steht die Freude bevor, in der Liebe euch selbst und Gott zu finden. Denn welche Freude, welches unberechenbare Glück ist es, wenn das Risiko der Liebe eben nicht in Enttäuschung endet, sondern bestanden wird. Wenn die Gleichmäßigkeit und Gleichseitigkeit eintritt, auf die das Ideal der Liebe aus ist. Wenn das Sich-geben des einen im Sich-geben des anderen zum Ziel kommt. Wenn wir so ganz beim andern sind und ganz in uns zugleich. Das sage ich euch, sagt Jesus, damit meine Freude in euch bleibt und eure Freude vollkommen werde.

Drittletzter Sonntag des Kirchenjahres

Annäherungen an den Predigttext Lukas 18,1–8

Christoph Schmidt-Ehmcke

Eine Germanistikstudentin schreibt: »Ungewöhnlich finde ich, daß Lukas das Ergebnis, die christliche Auslegung des Gleichnisses, schon in der Einleitung nennt ... Damit ist dem Zuhörer ja eigentlich schon alle Spannung genommen, mit der er normalerweise den Geschichtenverlauf hört, um dann aus eigener Anstrengung zum – vom christlichen Glauben gewünschten – Ergebnis zu kommen.«

Als geübte Textinterpretin hat die Studentin Gleichnis und Deutung gleich auseinanderhalten können. Dagegen hatten die 13–15jährigen Schülerinnen und Schüler, denen ich das Gleichnis zunächst nur vorgelesen habe, ganz andere Schwierigkeiten: Ich mußte es insgesamt dreimal vorlesen, um sie in die Lage zu versetzen, das Gehörte zu kommentieren. Dennoch sind ihre Notizen durchsetzt von »Ich verstehe nicht ... rätselhaft ... komische Sprache ...« Auch in der gleichaltrigen »Testgruppe«, der ich das Gleichnis als Text vorlegte, war das Rätseln groß. Soviel ist klar: »Es geht um einen egoistischen Richter, der noch nicht einmal die Sorgen einer Frau hören will.«

Das Interesse konzentriert sich auf diesen Richter. Ein Junge will wissen: »Was ist das für ein Mensch, der weder Gott noch Menschen fürchtet?« Und doch, seltsamerweise, schließlich nachgibt aus Angst, daß die Frau ihm ins Gesicht schlägt? Eine 45jährige erfahrene Predigthörerin ist von Richter und Witwe gleichermaßen betroffen:

»Ich sehe mich in meiner Gleichgültigkeit, Beziehungslosigkeit lieb- und herzlos, nur die Pflicht erfüllend, gespiegelt. Schmerzerfüllt schaue ich in diese leblose Fratze. Ich sehe auch die Frau mutig um ihren Platz kämpfen. Beides bin ich, beide Personen habe ich in mein Bewußtsein und mein Herz aufgenommen. Ich erinnere mich, spüre meine Bedürftigkeit als Mensch. Das ist der Hintergrund, meine Möglichkeit zu verstehen.«

Die Deutungen, die die Schülerinnen und Schüler versuchen, kreisen um die Frage, ob denn der Richter so wie Gott sei. Dies verneinen zunächst

alle – Gott sei kein Egoist –, doch es gibt Einbrüche auf dieser Linie: »Wenn der Richter schon so Probleme hat, der Frau Recht zu verschaffen, also, ich möchte nicht wissen, was Gott alles vorhat!«, fragt sich eine 13jährige. Wenn man sich umsehe auf der Welt, dann scheine Gott sich vor allem »um Reiche und um den Mittelstand« zu kümmern.
»Warum nimmt die Witwe nicht einen anderen Richter und die Gläubigen nicht einen anderen Gott?«, empfiehlt eine 15jährige. Eine andere urteilt: »Wenn der Richter im übertragenen Sinne Gott ist, dann handelt er also auch nur unter Druck! Ich finde, das ist ein nicht besonders schönes Gleichnis.«
Und wenn man im Sinne von Vers 1 den entscheidenden Vergleichspunkt im Verhalten der Witwe sieht? Ein Junge bezweifelt, daß man dieses Verhalten »beten« nennen könne – die Witwe handele doch! Die Studentin lehnt die Deutung auf das nicht müde werdende Beten strikt ab: »Mein gütiger Gott muß nicht ständig hofiert werden, um sich für unser Wohlergehen einsetzen zu können. Hier erkenne ich ganz klar ein Anliegen der Kirche, die Gläubigen zum regelmäßigen Kirchenbesuchen anzuhalten!«
Zwei Schüler vergleichen den vom Richter befürchteten Zornesausbruch der Frau mit enttäuschten Gläubigen: »Wenn Gott nicht erfüllt, was die Gläubigen erwarten, dann verlieren sie den Glauben an ihn und ›schlagen‹ ihm ins Gesicht.«
Kann das Gleichnis »schön« werden? Kaum einer bezieht sich ausdrücklich auf den Schluß vom Kleinen auf das Größere im Widerspruch (Vers 7). Ein Schüler beantwortet die Frage, worüber er informiert werden wolle, mit zwei Begriffen: »Ehre Gottes« und »Verteidigung Gottes für die Menschen«. Ich bin nicht sicher, ob er meinte: In diesem Gleichnis wird die Ehre Gottes gegenüber seinen Kritikern verteidigt.
Vielleicht ist das Paradox des handelnden und sich entziehenden, des redenden, aber nicht antwortenden Gottes, mit dieser Bemerkung einer Schülerin ungewollt getroffen: »Das Beten und Bitten bewirkt nicht viel und gibt einem nicht viel, sondern höchstens der Glaube selbst.«
Ich selbst empfinde die Pädagoik dieses Gleichnisses als wenig mitreißend: Das Negativbild des Richters verlockt mich nicht, um so mehr das Lob Gottes zu singen, der doch ganz anders ist. Eher verführt es mich, Wut und Enttäuschung auf Gott freizulegen, der die Menschen warten läßt, eben doch »zögert« (gegen Vers 7), und seine Maßstäbe nicht verrät.

Zum Gottesdienst

Ute Gothmann-Kollath, Christian Kollath

Theologisch-homiletische Skizze

Unter den Exegeten herrscht große Übereinstimmung, daß Lukas 18,1–8 »unverkennbar eine Geschichte durchlaufen und im Laufe seiner Überlieferung Jahresringe angesetzt« hat. (Tim Schramm: Gottesdienstpraxis, V. Perikopenreihe, Ergänzungsband Exegesen, 1988, S. 165 f.)
Der jüngste Jahresring ist wohl Vers 1 und 8 b. Auch die Verse 7 und 8 a dürften (späte nachösterliche) Jahresringe sein. Als ursprüngliche Geschichte Jesu blieben somit das Gleichnis (Verse 2 bis 5) und Vers 6.
Die jeweiligen Interpretationen dieser drei Fassungen sind bei den Auslegern sehr unterschiedlich. Jede einzelne könnte als Grundlage für eine Predigt dienen, je nach dem für welchen Schwerpunkt man sich entscheidet. (Sie sind in den vorherigen Gottesdienstpraxis-Bänden nachzulesen, daher beschränken wir uns hier auf diese kurzen Andeutungen.)
Allen gleich ist nämlich: Die eigentliche Dynamik des Textes und die Kraft der inneren Bilder der Geschichte wird fast nirgends fruchtbar gemacht. Allzu schnell wird der »Spielraum« der Geschichte verlassen zugunsten einer theoretischen und meist verkürzenden Thematik, wie etwa: das Gebet; die Gebetspraxis; das Verhalten Gottes; Umgang mit Parusieverzögerung; ein unmoralischer Held.
Die praktische Erfahrung in Gruppen mit dieser Geschichte aber zeigt:
- Beim ersten Hinhören stellt die Geschichte mehr Fragen als sie beantwortet, vgl. dazu auch »Annäherungen an den Text«.
- Wird die Geschichte nacherlebt, inszeniert oder zumindest nachempfunden, und zwar erst einmal nur das Gleichnis selbst!, dann legt sie sich selbst aus, dann bewirkt sie in viel höherem Maße Selbsterkenntnis, Ermutigung und – wenn man die Rahmengeschichte »nachliefert« – sehr persönliches Nachdenken über die eigene Gebetspraxis. (Ein »Bibliodrama« würde dem am meisten entsprechen. Wir versuchen, uns dieser Form so weit zu nähern, wie die Struktur eines »normalen« Agende-I-Gottesdienstes es zuläßt.)

Diese Erfahrung machten wir u. a. in einer typischen, »problematischen« Großstadtgemeinde im Seniorenkreis, also in der Gottesdienstsituation und dem -teilnehmerkreis sehr vergleichbar.
Wir luden zur Identifikation ein. Die meisten im Seniorenkreis sind mit der Witwe identifiziert – Richter sind sie alle nicht, obwohl sie sich ständig ihr Urteil bilden – über die Jugend, die Nachbarn, über die Verhältnisse. Richter sind sie nicht – Richter sind Bevollmächtigte, offiziell Beauftragte, gewinnen daraus eine unanzweifelbare Machtposition.

Die subjektiven Erfahrungen mit solchen Machtpositionen sind vielfältig: Langfristige Terminabsprachen in Arztpraxen und zusätzliche Wartezeiten im Wartezimmer lassen den Arzt unerreichbar und mächtig erscheinen, das Warten und die Fachsprache wirken respekteinflößend, manchmal gar demütigend.
Ähnliches wird von Behördengängen beschrieben, wo Unsicherheiten in Bezug darauf, wer denn der zuständige Gesprächspartner sein wird, und der Eindruck, von einem zum nächsten verwiesen zu werden, die Schwelle erhöht. Das Gegenüber hat die Macht, kann auf Paragraphen verweisen, die der Bittstellerin nicht bekannt sind, kann die Bedingungen für den Kontakt festlegen (Öffnungszeiten, Nummern, warten, bis ich aufgerufen werde – oder gerade im Gegenteil: Herein ohne Anzuklopfen) – ein Nichteinhalten der schwer durchschaubaren Spielregeln gefährdet das Anliegen.
Auch im Umgang mit PastorInnen werden solche Schwellen beschrieben: Welche Bedingungen muß ich erfüllen, wann mich wo um einen Termin bemühen, wenn ich heiraten, ein Kind taufen lassen oder einfach um ein Gespräch bitten will?
Spannend wäre, im Zusammenhang solcher Erfahrungen mit instutionalisierter Macht zu reflektieren, auf welche Weise ich als Patientin, Klientin, Bürgerin solche Positionen mit ermächtige, sie bestätige und auch von ihnen profitiere. Im o.a. Seniorenkreis bestand Einigkeit darüber, daß ihnen ein starker Richter lieber wäre, sollten sie es einmal mit dem Gericht zu tun bekommen. Schwäche wurde gleichgesetzt mit Wankelmut, Korrumpierbarkeit, falscher Nachgiebigkeit.
Die Identifikation mit der Witwe ruft Ohnmachtserfahrungen und Grunderfahrungen mit Angst wach: Angst, zu kurz zu kommen; übervorteilt zu werden; abgeschoben zu werden; überfallen zu werden; Angst, wehrlos ausgeliefert zu sein und die Kontrolle über mein Leben zu verlieren. Höhere Gewalt, schicksalhaft wie eine Naturkatastrophe wird in vielen kleinen Alltagssituationen erlebt. So konkret und eingrenzbar die Erfahrung von Wehrlosigkeit sein mag – die Angstreaktion ist existenziell, umfassend und tief gegründet.
Eine Predigt zu diesem Thema müßte u. E. zu Ansätzen führen, die Dialektik von Macht und Ohnmacht neu zu reflektieren und die Überwindbarkeit des Gegensatzes nachvollziehbar zu machen. Ein einfaches Beispiel wäre die Körperhaltung (auch in einer engen Kirchenbank zu erspüren!): Wie sitzt eine mutlose Person? Und welche kleine Veränderung – ein Straffen der Schultern, Aufrichten der Wirbelsäule, Heben des Kopfes – verwandelt sie in ein klares, unübersehbares Gegenüber!
Weitere Leitfragen können sein: In welchen Situationen ist es mir schon einmal gelungen, mich »gerade zu machen«? Was gab mir die Kraft dazu? Die Wichtigkeit meines Anliegens? Das Bewußtsein, Unterstützung im Rücken zu haben? Gelingt es mir leichter, wenn ich mich für andere einsetze – oder kann ich mich auch für mich selbst stark machen? Welche

Durchsetzungsstrategien sind mir vertraut (Unterstützung suchen, auf genaue Formulierungen achten, moralisch argumentieren, schreien, klagen, quengeln, höflich oder gar charmant sein ...)?
Der Ausgang der Geschichte lädt ein, das Vergnügen über den unverhofften Sieg der Schwächeren zu wecken. Auch dazu lassen sich Alltagsgeschichten erzählen.
Wer den Rahmen, die Geschichte als Beispiel fürs Beten predigen will, sollte sich mit der Frage nach den Gottesbildern beschäftigen: Wer hat mir wie von Gott erzählt, daß ich nur mit demütig gesenktem Kopf beten kann? Welch einen Gott habe ich vor Augen, wenn ich mir Beten drängend, klagend, schimpfend, feilschend, lächelnd vorstelle?

Vorschläge zur Liturgie

Der *Wochenpsalm 90* läßt sich je nach thematischer Ausrichtung des Gottesdienstes sehr gut unterschiedlich abgrenzen:
Psalm 90,1-6 (+1-2) und/oder 7-10, 11-14, 15-17.

Kyrie
Manchmal höre ich eine Stimme sagen: »Du schaffst es nicht, du nicht. Dafür hast du nicht das Zeug. Hör auf damit, du vergeudest nur deine Zeit.«

Gloria
Manchmal, Gott, höre ich deine Stimme: »Fürchte dich nicht, denn ich habe dich erlöst; ich habe dich bei deinem Namen gerufen; du bist mein!« (Jesaja 43,1 b)

Kollektengebet
Gott, wie Vater und Mutter im Himmel!
Wir sind heute morgen hier mit allem, was uns in der vergangenen Woche bedrückt hat:
Mit unserer Sorge um Angehörige; mit unserer Angst, zu kurz zu kommen; mit dem Ärger über die Nachbarn; mit der unerwarteten Enttäuschung durch einen Freund oder einer fast ständigen Unzufriedenheit, die wir uns gar nicht erklären können.
Aber wir sind auch mit all dem hier, was uns in der letzten Woche froh gemacht hat: Mit unserer Freude über ein gelungenes Vorhaben; mit dem Stolz über eine abgeschlossene Arbeit; mit dem Glück über einen Wunsch, der erfüllt wurde; oder mit unserer Dankbarkeit, daß es Menschen gibt, bei denen wir uns aufgehoben fühlen.
Mit all dem kommen wir zu dir, Gott. Wir bitten dich: Nimm uns so an, wie wir sind, und mache uns doch auch neu und frei durch dein ermutigendes Wort und deinen Heiligen Geist. Amen.

Fürbittengebet
Gott, ich danke dir, daß ich hier heute so gesund und munter im Gottesdienst sein kann. Ich danke dir, daß du mich beschützt und stärkst. Trotzdem fühle ich mich oft ganz klein, und die anderen erscheinen mir so groß, so klug, so stark, so gutaussehend, so dynamisch, wohlhabend und einflußreich. Dann möchte ich mich immer am liebsten verkriechen.
Gott, ich bitte dich: Schenke mir eine realistische Einschätzung, damit ich die anderen nicht größer mache, als sie sind. Schenke mir Selbstvertrauen, damit ich mich selbst nicht kleiner mache, als ich bin. Gott, schenke mir dein Vertrauen, damit ich groß werde, so groß, daß ich mit meiner Kleinheit leben kann.
Gott, ich bitte dich für die, die noch viel mehr Grund haben, sich klein zu fühlen: für Kinder, die von ihren Eltern abhängig sind; für Kranke und Behinderte, die auf Hilfe angewiesen sind; für Minderheiten, die Schutz brauchen. Laß sie eine Umgebung finden, in der sie wachsen können, weil sie sich angenommen und verstanden fühlen.
Gott, ich bitte dich für die, die Macht über andere Menschen haben. Laß sie so stark und groß sein, daß sie ihre Macht nicht mißbrauchen, sondern sie als Auftrag und Verantwortung auf Zeit verstehen. Amen.

Lieder
EG 289 (Nun lob, mein Seel, den Herren). EG 351, 1+7 (Ist Gott für mich, so trete). EG 450 (Morgenglanz der Ewigkeit).

Vorschlag zur Predigt

Möglicher Anfang
Liebe Gemeinde!
Jesus erzählte seinen Zuhörern die Geschichte, die ich vorhin vorgelesen habe. Wo sind Sie beim Zuhören gedanklich hängengeblieben? Welche Person dieses Gleichnisses steht Ihnen nahe?
Ich möchte es noch einmal im Einzelnen durchgehen.

Zum weiteren Verlauf
Im folgenden bieten wir in der Predigt an, die Personen und Bilder des Gleichnisses von außen im Zusammenhang meines Lebens zu betrachten und auch in die Rollen hineinzugehen, mich also zu identifizieren, z. B.:
- »Es war ein Richter in einer Stadt«, heißt es.
  Ein Richter. Mit kommen Bilder in den Kopf von älteren, meist wohlbeleibten Herren in schwarzen oder weinroten Talaren. Erhöht sitzen sie, machen schon von der räumlichen Position klar: Ich habe hier das Sagen, ich habe hier die Macht ...

Menschen kommen mir in den Sinn, die mich gerichtet und beurteilt haben: meine Mutter, mein Vater, mein großer Bruder, meine Lehrer, mein Pastor, meine Uniprofessoren und Ausbilder, meine Prüfer, Vorgesetzten und Kollegen, meine Freunde und Bekannte, Gott und ich selbst. Sie alle haben mich beurteilt, sie alle beurteilen mich auch jetzt noch. Wenn ich an sie denke, stehe ich immer wieder auf dem Spiel mit meinem Wissen, meiner Leistung, meiner moralischen Integrität, vielleicht sogar mit meiner ganzen Person? ...
Nun schlüpfe ich in die Rolle des Richters hinein. Ich selbst setze mich da oben auf den Richtersessel und schaue herab. Ja, das ist nicht schlecht, so die Macht zu haben. Sehr schön, die anderen müssen nach meiner Pfeife tanzen. Ich halte sie mir auf Abstand, Unangenehmes unterbinde ich. Gut so, da könnte ich mich dran gewöhnen. Doch halt, irgendetwas rumort in mir. Mein Magen reagiert nervös, ich habe auch Angst hier oben, ich habe nämlich viel zu verlieren. Was passiert, wenn irgendjemand meine Machtposition nicht anerkennt, mich bedrängt oder lächerlich macht ...
(In der Geschichte heißt es von dem Richter: »der Gott nicht fürchtete und sich vor keinem Menschen scheute«.
Die meisten verstehen das negativ.
Denkbar ist natürlich auch, daß die Charakterisierung des Richters positiv in dem Sinne gemeint ist: Ein Mann, der seiner selbst sicher ist, der weiß, was er kann und will, der muß keine Angst haben. Gott spielt eine wichtige Rolle für ihn, er fürchtet ihn aber nicht. Auch anderen Menschen gegenüber ist er frei, begegnet ihnen offen und klar, hält auch Konflikte durch, wo es sein muß.)

- »Und eine Witwe war in jener Stadt ...«. Eine Witwe. Ich sehe vor mir eine ältere Frau in dunkler Kleidung, die am Grab ihres Mannes steht. In leicht gebeugter Haltung stellt sie Blumen ein, macht das Grab schön. Dann richtet sie sich auf, führt schweigend Zwiegespräche. Nach einiger Zeit geht sie allein, tapfer und energisch ihres Weges. Sie hat es nicht leicht, aber sie ist entschlossen, ihr Schicksal zu meistern ...
Mir fallen Begegnungen mit resoluten Frauen in der Gemeinde ein, die sagten zu mir: »Ach ja, Herr Pastor, das Leben hat mich hart gemacht, aber was sollte ich denn tun damals im Krieg (nach dem Krieg), als ich die Kinder allein durchbringen mußte.«
(Hier könnte ein Exkurs über die Situation einer Witwe im damaligen Israel folgen.)
Wenn ich mich hineinversetze in diese Frau, dann spüre ich die Ambivalenz: einerseits zu Tode betrübt, andererseits die Kraft, leben zu wollen. ›Als mein Mann starb, war ich ganz leer, ohne Hoffnung, fühlte mich selbst wie tot. Eine dumpfe Trauer machte mich fast besinnungslos – ich weiß gar nicht mehr, wie ich über die erste Zeit gekommen bin. Und dann an irgendeinem Tag spürte ich plötzlich wieder Lebensgeister – ich glaube, es war bei dem Streit mit der Behörde.‹...

- Diese Möglichkeit des Betrachtens und Identifizierens läßt sich auch anwenden auf: »schaffe mir Recht«; »mein Gegner«; »wollte eine Zeitlang nicht«; »mir lästig werden«; »mich ins Gesicht schlagen« - bzw. die jeweils bildtragenden Einzelwörter.
- Im Gleichnis heißt es weiter: »Und eine Witwe war in jener Stadt, die kam immer wieder zu ihm und sagte: ›Schaffe mir Recht gegenüber meinem Gegner.‹ Und er wollte eine Zeitlang nicht, doch nachher sagte er bei sich selbst: ›Wenn ich auch Gott nicht fürchte und mich vor keinem Menschen scheue, so will ich doch, weil mir diese Witwe lästig wird, ihr Recht schaffen, damit sie nicht schließlich kommt und mich ins Gesicht schlägt.‹«

Ich höre heraus, daß die Witwe viel Beharrlichkeit gezeigt hat und stelle für mich fest: So etwas könnte ich nicht. So viel Durchhaltevermögen traue ich mir nicht zu. Einmal, vielleicht zweimal hingehen, aber dann würde ich aufgeben. So ist das Leben, zu schwer für mich.

Inzwischen bin ich in dieser Einschätzung nicht mehr so sicher. Wir haben diese Geschichte nämlich des öfteren in Gruppen gespielt. Und dabei habe ich immer wieder die Erfahrung gemacht: Wenn es wirklich um etwas geht, dann kann ich, dann können andere kämpfen wie die Löwen.

Wenn ich mir also die Rolle zu eigen mache und weiß, daß ich von diesem Richter etwas bekommen muß, das ich zum Leben unbedingt brauche, dann spüre ich eine Menge Kraft in mir.

Geht es also z. B. wirklich um mein eigenes Lebensrecht (oder besser noch um das Lebensrecht eines mir nahestehenden Menschen), dann erlebe ich plötzlich die ganze Dynamik dieser Geschichte.

Beim ersten Mal lasse ich mich noch wegschicken. Den Rückweg verbringe ich einerseits enttäuscht, niedergeschlagen, und andererseits balle ich die Faust in der Tasche, spüre die unbändige Wut, die in mir aufsteigt, wenn ich mich ungerecht behandelt fühle, machtlos und hilflos bin.

Mit dieser Mischung gehe ich ein zweites Mal los. Und ich wundere mich immer wieder, wie schnell dann äußere Barrieren, wie z. B. Sprechzeiten oder geschlossene Türen, und auch innere Barrieren, wie etwa Höflichkeit oder meine Angst vor Aggression, fallen ...

Und die Erfahrung zeigte in der Tat, daß ich umgekehrt in der Rolle des Richters in arge Bedrängnis komme. Ich habe tatsächlich Angst vor Gewalt, halte den direkten Kontakt mit der Frau nicht aus, so daß ich entweder nachgebe, oder mich verschanze mit Hilfe von Ordnungsstrafen, der Polizei und anderen abwehrenden Gewalten ...

Möglicher Schluß

Liebe Gemeinde, so scheint mir diese Geschichte ein typisches Gleichnis von Jesus zu sein. Er erzählte immer aus der Erlebniswelt seiner ZuhörerInnen. Die kennen solche Situationen, die nicken bei seiner Erzählung.

Wir wissen leider nicht, in welcher Lage er dieses Gleichnis erzählt hat, was es bei den Zuhörern bezwecken sollte.
Ich persönlich glaube, daß es ein Gleichnis für das Reich Gottes ist, in dem es so sein wird, daß es keine Hierarchie gibt, in dem jeder Mensch, unabhängig von seinem Stand und seiner Person bei Gott ein wirkliches Lebensrecht hat.
Und zudem ist es eine Geschichte, die die Zuhörer damals, die uns heute ermutigen kann, nicht zu warten, bis das Reich Gottes vom Himmel fällt, sondern zu wissen, es hat mit Jesus von Nazareth schon begonnen. Jeder von uns hat ein Lebensrecht, in der Taufe bei Gott verbrieft, und wem es abgesprochen wird, der darf darum kämpfen.

Kontexte

- »Riesen sind nur halb so groß«. Kinderbilderbuch von Philippi Fix (Bilder) und David L. Harrison (Erzähler). Otto Meyer Ravensburg. (Leider z. Z. vergriffen.) Inhalt: Einem kleinen Jungen stellt sich auf dem Schulweg ein Riese in den Weg, steckt ihn in die Jackentasche und nimmt ihn mit ins Riesenhaus. Eine ganze Horde von Riesen versammelt sich bedrohlich um den Jungen, bis der Junge einem der Riesen etwas ins Ohr flüstert. Der sagt weiter, was er gehört hat, und alle Riesen nehmen entsetzt Reißaus. Auf dem letzten Bild erfährt auch der Leser das Geheimnis: Der Junge hat Masern!
- Das Märchen von der klugen Bauerstochter, Grimms Märchen.
- B. Brecht: Die unwürdige Greisin.
- Tevje, der Milchmann aus dem Musical »Anatevka«.

Vorletzter Sonntag des Kirchenjahres

Annäherungen an den Predigttext Jeremia 8,4–7

Reiner Jansen

Erste Reaktionen auf den Bibeltext
Was Jeremia dem Volk mitteilen soll, klingt sehr negativ und pauschal. Stimmt das wirklich, daß keiner da ist, der sein böses Tun bereut (V. 6) und jeder sich abwendet? Was ist denn der Irrtum, an dem das Volk festhält? Einige übersetzen mit Luther: Götzendienst, falscher Gottesdienst.
Wenn es vor allem darum geht, daß sich das Volk von Gott abwendet und deswegen auch den Gottesdienst meidet, dann ist dieser Bibeltext für uns heute brandaktuell. Andere religiöse Bewegungen scheinen heute viel attraktiver zu sein: New Age, Jugendreligionen, Naturreligionen, Walpurgisnacht ... Dazu kommt als moderner »Götze« der Konsum: Genießen um jeden Preis. Viele Menschen neigen dazu, sich selbst zu genügen. Auch dort, wo es ihnen nicht gut geht, wollen sie sich nicht helfen lassen. Wer fragt (noch) nach dem Willen Gottes?

Entdeckungen am Text
1. Beim genauen Hinsehen entdecken wir, daß es hier nicht um ein allgemeines Lamento über die schlechten Zeiten geht. Im Zentrum steht ein Hilfeschrei. Gott ist hilflos und verzweifelt, weiß nicht mehr wie reagieren: Wie kann ich auf dieses Volk noch Einfluß nehmen? Wie kann ich es zurückholen?
2. Die natürliche menschliche Reaktion wird mit den (rhetorischen) Fragen in V. 4 umschrieben. Wer hinfällt, der steht wieder auf. Und wer vom Weg abgekommen ist, kehrt zurück. Im Alltagsleben gibt es Signale, die uns darauf hinweisen, daß wir den Weg verloren haben. Entweder landen wir im Dickicht. Oder ein Wegweiser zeigt uns, daß wir in die falsche Richtung gehen. Oder wir spüren instinktiv (durch »inneren« Wegweiser), daß die Richtung nicht mehr stimmt.

3. Jeremia stellt uns verschiedene Tiere und ihr Verhalten vor Augen. Die Zugvögel (V. 7) kennen instinktiv die Fristen ihrer Rückkehr. Sie spüren, wenn die Zeit zur Umkehr gekommen ist. Das Roß, das in der Schlacht dahinstürmt oder gar durchbrennt (V. 6), verliert schnell die Kontrolle über sich selbst und die Orientierung. Kann man es dann überhaupt noch bremsen? Oder rennt es blindwütig in sein Verderben?

Gedanken und Fragen zur Predigt

- Was ist los mit uns Menschen? Mit wem können wir uns mehr identifizieren: mit den Zugvögeln oder mit dem Pferd, das durchbrennt?
- Wo und wie hören wir die Stimme Gottes, die uns auf einen Weg zurückruft, der nicht ins Unheil führt (Vereinsamung, Selbstherrlichkeit usw.)? Oder ist Gott uns so fern gerückt, daß wir ihn nicht mehr erfahren können?
- Immerhin gibt es viele Signale, daß wir nicht mehr mit der Schöpfung im Einklang leben.
- Jeremia setzt in seinen Worten voraus, daß Umkehr zu Gott trotz allem möglich ist. Eine Predigt über diesen Text müßte von der realen Möglichkeit der Umkehr ausgehen. Jede(r) Einzelne soll ermutigt werden, sich zu fragen: wo bin ich auf einem unheilvollen Weg? Wo stürme ich davon wie ein Pferd in der Schlacht?
- Gleichzeitig ist aber auch zu bedenken: in unserem Text geht es um ein *kollektives* falsches Verhalten. Sofort erhebt sich die Frage: Kann denn ein ganzes Volk oder eine ganze Gesellschaft umkehren und neu anfangen? Und wie sähe heute eine heilsame Rechtsordnung Gottes aus (V. 7b)?
- Uns scheint: schon zur Zeit der Bibel waren es meistens einige wenige, die den Mut hatten, ihren Weg vor Gott zu korrigieren. Sie taten es gleichsam stellvertretend für alle anderen. Auch wir können heute als Christinnen und Christen Zeichen setzen durch unser Verhalten. Wir denken dabei z. B. an Lichterketten als Signale gegen Fremdenfeindlichkeit und Rassismus. Oder an Fürbittegottesdienste und Aktionen zugunsten der bedrohten Menschen in Osteuropa und anderswo. Und wenn uns die Hände gebunden sind, weil wir alt oder gebrechlich sind? Wenn wir das Gefühl haben, »ich bin zu nichts mehr nutze«? Bleibt nicht mehr noch die Möglichkeit der Fürbitte für Kinder und Enkelkinder, für die Gemeinde und für Frieden, Gerechtigkeit und die Bewahrung der Schöpfung?

(Zusammenfassung eines Gesprächs in der Predigtvorbereitungsgruppe Frenkendorf-Füllinsdorf, Schweiz.)

Zum Gottesdienst

Ingrid Keßler-Woertel

Theologisch-homiletische Skizze

Es sind banale Beispiele, die die Perikope Jeremia 8,4–7 einleiten, rhetorische Fragen, – in ihrer Selbstverständlichkeit heute noch genauso einleuchtend, wie vor gut 2600 jahren, als sie erstmals gesprochen wurden. »Wo ist jemand, wenn er hinfällt, der nicht gern wieder aufstünde.« (V. 4), – das ist ein klares Bild, das versteht der Mann/die Frau auf der Straße im Jahre 1995 n. Chr. ebenso wie das Volk damals zur Zeit Jojakims

Es sind nicht mehr die Anfangsjahre Jeremias, des Propheten wider Willen, wie ihn Lamparter nennt, in denen er diese Worte Gottes dem Volk weitergibt. Der Prophet hat Lehrgeld gezahlt in den vielen Jahren seit seiner Berufung, doch die Kraft seiner Verkündigung hat nicht nachgelassen. Aber: die Bilder, die Jeremia gebraucht, die Gottesworte, die er angewiesen ist zu sagen, diese Bilder sind härter geworden. Vielleicht ein Stück Verzweiflung wohnt ihnen inne.

Vers 4f. ist göttliche Rede: »Warum will denn dies Volk zu Jerusalem irregehen für und für«. Ein beinahe ohnmächtig anmutendes »Warum«, 16mal kommt dieser Fragepartikel, kommt dieses »Warum« im Jeremiabuch vor, – Zeichen der ohnmächtigen Fragen Gottes an sein Volk. Hier ist Gotteswort nicht Klage, sondern Feststellung, nicht Wertung, sondern: Verständnislosigkeit. Wie können Menschen angesichts offen darliegender Tatsachen so sehr in die Irre gehen?

Aber vielleicht ist den Menschen das Selbstverständliche menschlichen Handelns schon abhanden gekommen.

Die göttliche Rede geht ab Vers 6 in Eigenwort des Propheten über. Jeremia mißt das Gotteswort an der Vorfindlichkeit, er urteilt über das, was er mit seinen Sinnen (»ich sehe und höre«, Vers 6a) wahrnimmt: es gibt niemanden, dem seine Blindheit und damit seine Boshaftigkeit leid tut. Das macht die Bosheit der Menschen noch schlimmer: die Menschen wissen um ihre Bosheit, und dennoch verweigern sie jegliche Umkehr. Ja, es ist noch ärger: die Menschen sind wie Pferde, die in der Schlacht vorwärts stürmen. Ein kraftvolles Bild: das Pferd in der Schlacht, das Pferd, das ja im alten Israel Synonym für Kriegswaffen ist.

Indem Jeremia dem Volk das Gotteswort mitteilt und gleichzeitig mit Augen und Ohren, mit allen Sinnen das Volk seiner Zeit (z. Z. Jojakims) an seinem Ort (wahrscheinlich Jerusalem, Vers 5) wahrnimmt, beschreibt er eben dieses Volk in einem widersinnigen, ja krankhaften Zustand: ein Volk, das als Gottes Volk gilt, – aber verhaftet ist in Sturheit, mangelnder Einsicht und Ignoranz, ein Volk, das »in die Irre geht«, »falsche Gottesdienste« feiert

und vom Recht Gottes nichts wissen will. Es erinnert an das Bild von den drei nebeneinander sitzenden Affen: nichts hören wollen, nichts sehen wollen, nichts sagen (= bekennen) wollen.
Selbst die Tiere wissen es besser als diese Menschen, denen sich doch Gott selber geoffenbart hatte.
In dieser Perikope, in Jeremia 8,4–7, geht es um den Gottesglauben schlechthin, es geht darum, daß das Volk Jahwe, als dem Herrn der Geschichte, – und damit auch der je eigenen Geschichte, – Gehorsam, Vertrauen und Nachfolge verweigert.

Vorschläge zur Liturgie

Lieder

Lied 282 EG (= Psalm 84), insbesondere Strophe 2
Die Schwalb, der Sperling findt ein Haus, sie brüten ihre Jungen aus, du gibst Befriedigung und Leben. Herr Zebaoth, du wirst auch mir, mein Herr, mein Gott, ich traue dir – bei deinem Altar Freude geben. O selig, wer dort allezeit in deinem Lobe sich erfreut.
Lied 447,1–3+7+8 EG als Eingangslied (als schon vorweg bewußtes Anbetungslied) 1. Lobet den Herren alle, die ihn ehren; laßt uns mit Freuden ...

Lesungen

Evtl. Ps. 95,1–11, Röm 7,14 ff., Ps. 139,1 ff.

Gebet

Zu wem soll ich rufen, Herr,
zu wem meine Zuflucht nehmen,
wenn nicht zu dir?
Alles, was nicht Gott ist,
kann meine Hoffnung nicht erfüllen,
Gott selbst verlange und suche ich;
an dich allein, mein Gott, wende ich mich,
um dich zu erlangen.
Du allein hast meine Seele erschaffen können,
du allein kannst sie aufs neue erschaffen;
du allein hast dir ein Bildnis
einprägen können,
du allein kannst sie umprägen
und ihr dein ausgelöschtes Antlitz
wieder eindrücken,
welches ist Jesus Christus,
mein Heiland, der dein Bild ist
und das Zeichen deines Wesens.
(Blaise Pascal)

Meditationslied
Wovon lebt der Mensch?

Sag, wovon lebt der Mensch?
Weißt du die Antwort? Sag sie mir.
Sag, wovon lebt der Mensch?
    Lebt er von Brot und Spielen allein?
    Von Konsum? Essen, Trinken, Schlaf?
    Von Musik? Nur von Fernsehen und Sport?

Sag, wofür lebt der Mensch?
Weißt du die Antwort? Sag sie mir.
Sag, wofür lebt der Mensch?
    Nur für die Arbeit, für das Geld?
    Für sich selbst? Für das Wochenend?
    Für den Sex? Für den Staat? Den Betrieb?

Sag, woher kommt der Mensch?
Weißt du die Antwort? Sag sie mir.
Sag, woher kommt der Mensch?
    Ist alles Leben Zufall nur?
    Alge, Fisch, Gras und Säugetier ...
    Bin ich selbst nur ein Spiel der Natur?

Sag, wohin geht der Mensch?
Weißt du die Antwort? Sag sie mir.
Sag, wohin geht der Mensch?
    Bin ich geboren nur für den Tod?
    Bleibt von mir nur ein bißchen Staub?
    Sehn ich mich nach dem Glück ganz umsonst?

Von der Liebe, davon lebt der Mensch!
Für die Liebe, dafür lebt der Mensch!
Aus der Liebe, daher kommt der Mensch!
In die Liebe, dahin geht der Mensch!
(Lied der Gruppe SOMA)

Segensbitte
Herr, sei vor uns und leite uns,
sei unter uns und trage uns,
sei über uns und segne uns,
sei um uns und schütze uns,
sei in uns, daß Geist, Seele und Leib,
dein Eigentum, dir recht dienen und
deinen Namen heiligen.
Amen.
(von Nathan Söderblom, Schweden)

Vorschlag zur Predigt

Liebe Gemeinde,
lassen Sie uns eine Zeitreise machen. Wir gehen weit zurück - in das Jahr 605 vor Christi Geburt. 2600 Jahre zurück in die Zeit. Das ist heute viel mehr vollstellbar als noch vor einigen Jahren: die Medien bringen uns Filme über Zukunft und Vergangenheit tagtäglich ins Haus. So können wir uns vielleicht eine solche Zeitreise in die Vergangenheit vorstellen. Wir müssen auch unseren Ort, unser Land verlassen. In Gedanken begeben wir uns nach Israel, genau gesagt nach Jerusalem.
Damals schon eine lebendige, quirlige Stadt, erfüllt von allen Gerüchen des Orients, Hauptstadt Judas. Und der Mittelpunkt ist der Tempel. Dort werden die Gottesdienste gefeiert, dorthin eilen viele Menschen. Alte und junge treffen wir auf unserem Gang durch die Stadt. Wir achten auf die Kleidung: manchmal begegnet uns einer, dem die anderen aus dem Weg gehen, der ist vornehm, ja, edel gekleidet ... Die Frauen tragen edle Seide und goldene Geschmeide. Aber im Gewimmel der Menschen sind die anderen in der Überzahl: die, die abgerissene, alte, löchrige Kleider tragen, die arm aussehen, und manchmal auch krank.
Wir lassen uns treiben im Getümmel der Menschen, wir beobachteten die Menschen. Zwei Marktfrauen streiten sich. Eine von ihnen verkauft Brennholz. Sie streiten sich über den Preis. Wir gehen näher heran und hören: das Brennholz ist bestimmt für ein Brandopfer. Vor den Stadttoren wird es zelebriert zu Ehren der Himmelsgöttin. Merkwürdig, sollten die Menschen damals gar nicht so fromm gewesen sein, wie ich immer dachte? Sollten sie statt Gott im Tempel Götzen wie die Himmelsgöttin vor den Toren Jerusalems angebetet haben (s. Jeremia 7,18)? Ich werde hellhörig und lausche weiter den Gesprächen auf der belebten Marktstraße. Da kauft einer Mehl. Wieder beobachte ich den Handel: »Das Mehl«, sagt er, »das Mehl braucht meine Frau für die Kuchen, die wir draußen vor den Toren dem Baal darbringen.« Und der Verkäufer sagt: »Unsere Familie war gestern auch draußen, wir haben der Himmelsgöttin unsere Opfer gebracht. Wir haben auch schon daran gedacht, einmal an einer Menschenopferzeremonie teilzunehmen. Man weiß ja nie, wozu es gut ist. Vielleicht hilft es ja.« Dann auf einmal ändert sich ein wenig das Straßenbild. Es ist, als tut man geschäftiger, als habe man noch mehr zu tun, als konzentriere man sich auf ganz bestimmte Aktivitäten. Der Grund für dieses Verhalten ist der Mann, der nun die Straße hinaufkommt. Er ist ein hagerer Mann, im mittleren Alter scheint er zu sein. Sein Gesicht ist von Sorgenfalten durchzogen. Nein, eher so: die Sorgen haben Furchen in sein Gesicht gezogen. Sein Name ist Jeremia, und jedermann und jede Frau scheinen ihn zu kennen. »Paß auf«, sagt der Verkäufer neben uns, »jetzt kriegen wir wieder was zu hören. Wenn Jeremia kommt, dann gehts ans Eingemachte. Wir sollen wohl wieder bereuen.« Und eine der Frauen fügt hinzu, mit einem abfälligen Lächeln

auf den Lippen: »Jeremia, der Prophet. Will uns was über Jahwe, über Gott sagen. Aber wer weiß, ob die Brote, die ich Baal opfere, nicht besser angelegt sind, als wenn ich sie in den Tempel brächte.« Inzwischen ist Jeremia in der Mitte der Straße angekommen, da, wo die Straße sich verbreitert, wo so etwas wie ein kleiner Platz entstanden ist. Jeremia bleibt stehen. Jetzt können wir ihn deutlich erkennen, sehen auch, daß ihn einige Freunde begleiten, Anhänger vielleicht, Jünger, die seine Lehren hören wollen. Wir treten näher heran, denn er scheint sprechen zu wollen. Und als er den Mund öffnet, hören wir seine Worte. Er hat eine überraschend angenehme Stimme. Laut und deutlich klingen seine Reden nun über die Straße, hin zu den Marktständen und den vielen Menschen. Es ist ruhig geworden, denn begierig und neugierig sind die Leute doch, stelle ich schmunzelnd fest. Fast wie bei uns, wenn einer etwas sagen will, dann ist erst mal Ruhe. »Jeremia, was hast du uns heute zu sagen?«, ruft einer von hinten. Doch der so Angerufene läßt sich nicht beirren und auch nicht ablenken.

»Es ist Gottes Wort, das ich euch zu sagen habe«, schallt seine Stimme über den Markt. »Hört Gottes Wort. Hört, was Gott selbst mir sagte. So spricht Gott: Stellt euch vor, einer fällt hin. Ist es da nicht selbstverständlich, daß er gerne wieder aufstehen möchte? Stellt euch vor, einer verirrt sich. Würde der nicht gerne wieder den richtigen Weg finden? Aber ihr Leute von Jerusalem, ihr verirrt euch andauernd. Ihr haltet fest am falschen Gottesdienst, kauft eure Sachen für die Götzenopfer und wollt und wollt nicht umkehren. Ich bin durch die ganze Stadt gegangen, habe Ohren und Augen aufgesperrt, ... und was habe ich gefunden: es gibt nicht einen, keinen einzigen, der seine Bosheit leid wäre, der zu sich selbst sagen würde: Was habe ich doch getan!? --« Dann schweigt Jeremia einen Moment. Stille breitet sich über den Platz, die Menschen schweigen. Gebannt schauen sie hin zu Jeremia, dem Propheten. Dann hören wir wieder seine Stimme: »Die Menschen sind wie Schlachtrosse, wie Pferde in einer Schlacht ... schauen nicht nach links und rechts, stürmen einfach vorwärts in ihr Unglück. Schaut euch die Tiere an, lernt von ihnen: Der Storch unter dem Himmel weiß seine Zeit. Turteltaube, Kranich und Schwalbe halten die Zeit ein, in der sie wiederkommen sollen. Aber mein Volk will das Recht des Herrn nicht wissen. Vergessen habt ihr die Gebote, die Gott selbst euch gab.« Jeremia seufzt, laut und deutlich. Es ist ihm anzusehen, wie schwer ihm die Worte fallen, wie schwer er leidet unter der Bosheit und Gottlosigkeit der Menschen. Ja, und die Leute, der Mann, die Frau auf der Straße, die haben sich schon längst wieder ihren alltäglichen Aufgaben zugewandt. Achselzukkend übergehen sie die Rede des Propheten Jeremia. Jeremia geht, hat seine Rede beendet. Er hat den Platz verlassen. Lachen und lautes Geschwätz überfluten uns wieder ... Und sie kaufen weiter: die Brote, die sie den Göttern opfern wollen, die Schafe, die dem Baal dargebracht werden. Und sie betrügen sich und belügen sich und hauen sich gegenseitig übers Ohr. Wen interessieren denn die Worte Gottes, wen interessieren schon Gottes Lebensregeln ... Unsere Regeln machen wir uns selbst. So, liebe Gemeinde, nun wollen wir Jerusalem wieder verlassen. Zurückkehren aus Raum und Zeit, hierher in das Jahr 1995, in unsere Kirche, unseren Ort.

So, oder ähnlich wie ich es erzählt habe, muß es gewesen sein, damals, als der Prophet die Worte Gottes den Leuten in Jerusalem sagte. Und zurückgekehrt von der Zeitreise geht uns die Rede des Jeremia durch den Kopf: »Ich sehe und höre, daß sie nicht die Wahrheit reden. Es gibt niemanden, dem seine Bosheit leid täte und der spräche: Was habe ich getan ... Der Storch unter dem Himmel weiß seine Zeit. Turteltaube, Kranich und Schwalbe halten die Zeit ein, in der sie wiederkommen sollen; aber mein Volk will das Recht des Herrn nicht wissen.« – Merkwürdig, diese Rede hat Jeremia vor 2600 Jahren gehalten, und mir kommt sie vor, als halte er sie uns. Als wären diese Worte ein Spiegel für uns: schau hinein, Mensch; so wie damals Jeremia den Menschen in Jerusalem den Spiegel vorgehalten hat. Sind wir nicht auch heute im Jahre 1995 nach Christi Geburt, im Jahre 1965 nach seinen Worten, die wir die Bergpredigt nennen, Worten der Liebe zu den Menschen und den Worten vom Gericht, sind wir nicht auch wie Schlachtrosse, die daherlaufen, immer auf der Suche nach Glück, Geld, Schönheit, Macht?

Was sind denn bei uns die Worte Gottes noch wert? Was sind die Lebensregeln, die Gott aufgestellt hat, die Gebote, was sind sie noch wert? Millionen Flüchtlinge gibt es weltweit, zumeist um irgendwelcher Profite willen vertrieben.

(Hier können aktuelle Beispiele eingebracht werden.)

»Du sollst nicht töten«, heißt es im Gebot, und »du sollst deinen Nächsten lieben wie dich selbst.« Richtet sich noch einer danach, oder sind wir zu einem Volk verkommen, das nur noch sich selbst, seinen eigenen Nutzen, seinen eigenen Profit sieht? Nach dem Motto »Jeder für sich und Gott für uns alle«, aber bitte nur dann, wenn wir ihn gerade gut gebrauchen können. Sonst kann er uns gestohlen bleiben. Ist das nicht die moderne, neue Devise nach der die meisten Menschen heute leben?

Aber, Sie haben recht, wenn Sie mir entgegenhalten: nicht alle stehlen, nicht alle betrügen. Wir versuchen die Regeln einzuhalten, mindestens das. So sagte auch die junge Frau, die ich vor einiger Zeit besuchte: »Frau Pastorin, ich glaube an Gott.« Und dann, etwas später, fragte sie: »Lesen Sie auch Horoskope? Ich bin Zwilling, da passe ich gut zu meinem Mann, der ist Löwe. Und Ihr Mann, was ist der?« »Glaube ich nicht dran«, meinte ich. Und die Frau daraufhin: »Aber man kann nie wissen. Ich lege meine Kette mit dem Amulett nie ab. Bringt Unglück, wissen Sie ...«

Die Frau steht nicht alleine da mit ihrem Glauben, das wissen wir. Horoskope zu befragen ist modern.

»Ich bin der Herr, dein Gott, der ich dich aus Ägypten aus der Knechtschaft geführt habe. Du sollst keine Götter haben neben mir.« Das ist das erste

Gebot, und viele haben es vergessen auf der Suche nach dem Lebenssinn und Geld, nach Macht und Streben nach dem bißchen Glück, das man auch abbekommen will vom Leben. Um nicht mißverstanden zu werden: auf der Suche nach Lebenssinn und Glück sind wir alle. Das ist gut und richtig. Aber um jeden Preis, - über Leichen gehen und alles heranziehen, Gott, die Götzen, Baale ...?

Ein wenig fühle ich mich heute wie die Leute in Jerusalem damals im Jahre 605 vor Christus, die ihre Opfer dem Baal und der Himmelsgöttin darbrachten. Wer weiß, wozu es nutzen kann, wer weiß, ob unser Gott der einzige ist?

Und in meinen Ohren klingen die Worte des Jeremia: »Der Storch unter dem Himmel weiß seine Zeit. Turteltaube, Kranich und Schwalbe halten die Zeit ein, in der sie wiederkommen sollen. Aber mein Volk will das Recht des Herrn nicht wissen.« Wollen wir das Recht des Herrn wirklich nicht wissen? Wollen wir das Recht des Herrn weiter mit Füßen treten und für kraftlos erklären? Und die vielen, die auf der Suche sind nach einem Sinn im Leben rufen »Was hilft es denn, das Recht des Herrn, was kann er denn, der Herr Gott, was kann er über die anderen Götter, die Götzen hinaus?«

Was er kann? Er kann dein Leben wieder lebenswert machen. Er kann dich heilen von der nie endenden Suche nach Macht und Konsum. Er kann dir zeigen den Weg ins Leben. Er kann dir die Augen öffnen für das Leben, für deinen Nächsten. Er kann dich erleben lassen: dieses Leben ist wunderschön. Und er kann dich sagen lassen: danke, daß ich jetzt und hier leben darf. Und dann kann er auch deine Ohren öffnen und deine Augen und dein Herz, und du siehst die Welt und wie widersinig vieles ist, und du erkennst die Bosheit und die Falschheit. Und du sagst: »Wenn Gott mein Leben segnet, dann will ich alles tun, daß andere diesen Segen auch erleben und spüren.«

Kontexte

»Wenn ich übersättigt bin, erstarren meine Augen und versteinert mein Herz. Konsum, Reichtum, Luxus im höchsten Grad - und ich sterbe als ‚Mensch'.«
(Phil Bosmans)

Stuttgarter Schuldbekenntnis 1945

Ohne Gott bin ich ein Fisch am Strand,
ohne Gott ein Tropfen in der Glut,
ohne Gott bin ich ein Gras im Sand
und ein Vogel, dessen Schwinge ruht.
Wenn mich Gott bei meinem Namen ruft,
bin ich Wasser, Feuer, Erde, Luft.
(Jochen Klepper)

Menschen werden zu Opfern

Rede zum Volkstrauertag *Wolfram Braselmann*

Immer noch stehen sie da in unsern Städten und Dörfern, die Kriegerdenkmäler mit all den Namen, die an die Toten der Kriege erinnern. Und morgen, am Volkstrauertag, werden manche sich besonders an die Opfer der Kriege erinnern.

Und dies Erinnern an die Menschen, die dem Krieg zum Opfer fielen, ist in der Tat das letzte, das einzige, was wir tun können. Wir können zwar auch noch eine Zukunft beschwören, in der es keine Kriege mehr geben soll, in der Frieden herrschen soll, und Gott gebe eine solche Zukunft. Für die Opfer, für die Angehörigen, denen der Schmerz immer noch nachgeht, kommt diese Hoffnung zu spät.

Das Erinnern an die Toten der Kriege: Es ist ein Erinnern daran, daß Menschen zum Opfer wurden. Daß irgendwo so entschieden wurde: daß es auf dies eine, einzigartige Menschenleben nicht so sehr ankommt, wenn Höheres auf dem Spiel steht, wie immer wir das Höhere nennen.

Wir können dies Höhere »Volk« nennen, oder »nationale Interessen«. Wir können es »Zivilisation« nennen oder den »Fortschritt der Menschheit«. Kriege werden um vielerlei höhere Dinge geführt. Und dann, wenn ein Krieg geführt wird, wenn Menschen in Kriegen ums Leben kommen, dann wird damit ganz deutlich dokumentiert, daß es eben manchmal auf ein Menschenleben nicht so ankommt. Und Menschen würden keine Kriege führen, wenn dieser Gedanke nicht manchmal eine schreckliche Macht über sie hätte.

Manchmal erinnern wir uns an die Opfer, die der Krieg forderte. Und der Volkstrauertag ist der Versuch, denen, auf deren Leben es zu einer bestimmten Zeit nicht ankam, ihre Würde zurückzugeben: Daß sie es uns wert sind und wert bleiben, erinnert zu werden.

Es ist ein ohnmächtiger, ein schwacher und eben doch sehr menschlicher Versuch, die Würde der Opfer zu bewahren.

Und wenn in unserer Zeit auf schreckliche Weise wieder deutlich wird, daß Kriege offenbar wieder führbar werden, wenn da und dort die militärische Option offengehalten wird – so nennt man das heute, wenn an einen Krieg gedacht wird –, wenn es manchmal so aussieht, als ob die Menschheit das Gespenst des Krieges nie loswird, so kann uns der Volkstrauertag doch daran erinnern, was wir tun, wenn wir dem Krieg, der Gewalt, dem Dreinschlagen als Mittel der Politik das Wort reden: Wir sind bereit, wieder solche zu Opfern zu machen, wie die es waren, die in den Kriegen blieben: An der Front gefallen. In Bombennächten erschlagen. Auf der Flucht verhungert. Beim Tieffliegerangriff umgekommen. Auf See ertrunken.

Gebe Gott, daß Menschen wissen, was sie tun, wenn sie über Krieg und Frieden zu entscheiden haben.

Buß- und Bettag

Annäherungen an den Predigttext Lukas 13,22-27,(28-30)

Klaus Zillessen

1. Ich habe den Predigttext zwei Gruppen vorgelegt: einem Seniorenkreis (meist Frauen, Menschen ohne größeren intellektuellen Anspruch) und einem Kirchengemeinderat (Techniker, Lehrerin, Handwerker ...). Erste *spontane Reaktion* bei allen: Jesus begegnet uns hier fremd, abweisend, streng, richtend. Der Bibelabschnitt wird als beunruhigend, bedrückend, angsteinflößend erlebt. Dann fast aggressive, zornige Reaktion: »Jesus sagt, wir sollen danach ringen, durch die enge Pforte einzugehen - aber er sagt überhaupt nicht, *wie* man das machen soll, was man denn eigentlich tun soll!«
   Andere etwas distanziert: »Ich bin gespannt, wie sich der Prediger bei diesem schwierigen Text aus der Affäre ziehen wird«. Wieder andere beunruhigt: »Befinde ich mich auf dem Weg zur engen Pforte? - Ich möchte doch bei ihm sein!«
2. Eine einfache ältere Frau aus dem Seniorenkreis hat eine seltsame (aber homiletisch vielleicht fruchtbare) *Assoziation* zu dem Satz »Ringet danach, daß ihr durch die enge Pforte geht«: Die Eingangspforte eines Warenhauses bei der Eröffnung des Winterschlußverkaufs: drängelnd, ellbogenschiebend stürmen Kunden herein, stürzen sich auf die Ladentische, sich vordrängend, andere zurückdrängend. Erste werden Letzte und Letzte werden Erste! Ist eigentlich die Pforte objektiv (von Gott?) zu eng (gemacht) oder erscheint sie mir nur subjektiv zu eng, weil ich - »zu dick« bin?
   Was ist mit der engen Pforte überhaupt gemeint? Der rechte Glaube, die 10 Gebote, das »Tun des Gerechten« und Guten, die Dankbarkeit (des »dankbaren Samariters«, der umkehrt und »Gott die Ehre gibt«) - oder ist die enge Pforte unser Kirchenportal! (Kommt es also auf das Mitfeiern des Gottesdienstes an)?
3. Nach all dieser Beunruhigung und Verunsicherung fragen wir uns: Wo gibt es in diesem herben Text überhaupt *»Evangelium«, gute Nachricht* zu entdecken? Man ist sich schnell einig: die beiden letzten Verse der Perikope »Es werden kommen von Osten nach Westen, Süden und Norden,

die zu Tische sitzen werden, im Reich Gottes. Letzte werden Erste sein ...« Wenn überhaupt, dann ist die gute Nachricht hier verborgen, wenigstens für die »Letzten« und für die »Fernen«, die Aussicht, in Gottes Reich zu kommen, die Chance der Langsamen, die Chance derer, die nicht mit Ellbogen und Fäusten sich in die erste Spitzenposition geboxt haben ... –

Und gegegnüber dem abweisenden Satz: »Ich kenne euch nicht« (V. 25) fällt einer alten Frau aus unserer Runde die tröstliche Gewißheit eines alten Liedes (von Spitta) ein: »Es kennt der Herr die Seinen und hat sie stets gekannt, die Großen und die Kleinen in jedem Volk und Land, er läßt sie nicht verderben, er führt sie ein und aus ...« (!).

4. Eine Beobachtung bringt uns weiter: Zweimal ist in diesem Abschnitt von *Essen und Trinken* (bzw. von der Tischgemeinschaft) die Rede (V. 26 und 29): »Wir haben vor dir gegessen und getrunken und auf unseren Gassen hast du gelehrt« – Ja, wir haben *»vor ihm«* gegessen und getrunken – aber nicht *»mit* ihm« und nicht mit den »letzten« (den Zöllnern, Dirnen und Sündern), mit denen er an einem Tisch saß. Wir haben ihn auf unseren Gassen reden lassen, aber wir sind weiter- und vorübergegangen und haben nicht zugehört ...

   Es darf doch wohl nicht mein ganzes und einziges Bestreben sein, daß *ich* mit ihm im Reich Gottes an einem Tisch sitze, sondern daß *wir* mit anderen zusammen, erste mit letzten, letzte mit ersten, Ossis und Wessis, Südländer mit Nordlichtern, ohne Vordrängen und Ellbogenarbeit, zusammen durch die enge Pforte gehen, um alle gemeinsam mit ihm an einem Tisch zu sitzen.

5. Der Predigttext wurde für den *Buß- und Bettag* ausgesucht. Ich frage die Gesprächsrunde: Was hat das mit Buß- und Bettag zu tun?

   a) An welche Schuld erinnert mich dieser Abschnitt, für die ich *»Buße* tun« müßte? Antworten: »Mache ich selbst für andere die Pforte zu eng, statt sie weit zu machen?« (»Machet die Tore weit und die Türen der Welt hoch«) – haben wir *vor* anderen und *vor* Christus gegessen und getrunken, aber nicht *mit ihnen* und *mit ihm* an einem Tisch? Haben wir nur »unser Süppchen gekocht«? – Haben wir Christus – sehr tolerant! – zwar auf unseren Gassen (und in unseren Kirchen und Medien) »zu Wort kommen lassen« – aber nicht auf ihn gehört? ...

   b) Buß- und *Bettag* – worum möchten wir *bitten,* wenn wir diesen Text gelesen haben? – »Daß der Herr die Seinen kennen möge, daß er die Pforte, das »Nadelöhr« weit mache (»allein aus Gnade«), daß erste mit letzten und letzte mit ersten in das Reich Gottes eintreten, schon jetzt und dann einmal mit ihm an einem Tisch sitzen mögen«.

Zum Gottesdienst

Klaus Dirschauer

Theologisch-homiletische Skizze und Ideen zur Predigt

Die Ein- und Überleitung (Vers 22 und 30) gehören bereits wie ein guter Rahmen zum Bild: Jesus unterwegs auf der Reise (lukanischer Reisebericht: Lukas 9,51–19,36) durch das geschäftige Treiben der Stadtmärkte – nach Jerusalem. Und die Stadt bietet alle Bilder der Gesamtkonzeption: Wegbahnung durch die Menge der Leute am Markttag, die enge Pforte, das Haus, den Hauswirt, die Tür, den Tisch, die Gasse und viel mehr. Auch die vielen eigenartigen Interaktionen in der Bewegung der Menschen. Diese eigene Dynamik des einzelnen Menschen, der unterwegs ist in der Menge, gezielt seinen Weg sucht, Zeit hat, sich hierhin oder dorthin treiben läßt: ringen, eingehen, trachten, hereinkommen, aufstehen, verschließen, stehen, klopfen, essen, trinken, weichen, sehen, hinausstoßen, kommen, sitzen.
Ich entdecke, wenn ich im Luther-Text lediglich die Tätigkeitswörter laut hintereinander lese, daß sich in ihrer Reihe eine Dramaturgie der Erzählung bereits ausdrucksstark abbildet. Und diese non-verbalen Verben tragen mit den verbalen Verben noch eine andere, die innere Dramaturgie des Geschehens: lehren, sprechen, fragen, sprechen, sagen, antworten, nicht kennen, sagen, lehren, sagen.
Damit sind die Farben des Bildes, ihr jeweiliger Tönungsgrad, der Gesamtrahmen sowie die ihm eigene, höchst eigenwillige Bewegung festgehalten. Jetzt sehe ich mir genauer die Dimension der Tiere an. Ich tue das so, daß ich aufhöre, das Gesamtbild im ganzen oder im Detail zu betrachten, sondern mich selbst hineinbegebe:
Ich bin einer, der Jesus fragt (Vers 23) und diese Antwort (Vers 24) erhält. Doch ist das überhaupt meine Frage? Wäre es die, hätte ich die Gelegenheit, Jesus etwas zu fragen? Was würde, möchte, sollte ich ihn fragen? Da fällt mir sogleich die Torheit der Fragenden in den Märchen ein, die einen – in der Regel, denn das ist bereits die Weisheit der Märchen selbst! – bis zu drei Wünsche offen haben. Sie enthalten die Chance, das töricht Erwünschte noch zu korrigieren. Nun, Jesus ist keine gute Fee, und sein freier Wunsch heißt: Umkehr. Und so kehrt er auch die törichten Fragen und mit ihnen die Frager selbst um: etwa im Gleichnis vom barmherzigen Samariter (Lukas 10,25–27) bei der Frage des Schriftgelehrten nach dem ewigen Leben. Ich bin mir noch nicht im klaren, ob es meine Frage in Vers 23 wäre, und um wie viel mehr befremdet mich Jesu Antwort. Selbstverständlich weiß ich um die Tradition und Wirkungsgeschichte dieser Frage und ihrer Antwort in der Kirche. Aber ich teile auch die spontane Reaktion,

daß hier ein *fremder Jesus* mir begegnet. Ist es ein *enger Jesus,* so eng wie die enge Pforte?
Ich möchte im Bild bleiben und Jesu Fremdheit erst einmal aushalten. In Vers 25 geschieht etwas Eigenartiges: Die Kategorie des Raumes in Vers 24 bekommt mit der bedrängenden Enge des Einlasses (= Pforte) nun in der Kategorie der Zeit ebenfalls eine bedrängende Enge des Einlasses (= Tür verschlossen). Der Außenansicht vor der Pforte folgt jetzt die Innenansicht des Raumes. Der Hauswirt ist aufgestanden, um die Tür zu verschließen. Draußen vor der Tür stehen Menschen, die klopfen und rufen. Alles wird vorstellbarer, konkreter, lebendiger aber auch dramatischer.
Die dritte Szene schließt sich im fließenden Übergang an. Dem »Herr, Herr, tu uns auf« der Klopfenden folgt die zweifache Antwort des Abweisenden: »Ich kenne euch nicht« und Fragenden: »woher seid ihr?« Und der Dialog geht zwischen dem Hauswirt und denen draußen vor der Tür weiter, im ganzen sich steigernd dreimal hin und her. Und ich werfe ein, hier draußen bin ich zu Hause. Diesen Jesus kenne ich in der Kirche: Der mit den Sündern ißt und trinkt, predigt und lehrt - auch mit mir! der ist mir wohl vertraut von den Kanzeln und Tischgemeinschaften her, aus dem ökumenischen und interreligiösen Dialog mit den Juden (die sich nicht wehren können) und sogar von den Moslems her (die sich nicht wehren wollen). Ich weiß, daß ich jetzt für einen Augenblick die Tür von außen geöffnet habe, die Geschichte nicht mehr stimmt. Doch mit dieser Unstimmigkeit tritt die entscheidende Frage zu Tage: Die kirchliche Rede und Praxis von der Tischgemeinschaft mit den Sündern, den Christen und Nichtchristen (um nicht Heiden zu sagen, die Juden ungefragt einzuschließen, die Moslems nicht auszuschließen) zeichnet sich immer den Heilshorizont der Mahlgemeinschaft im Reiche Gottes ein. Diese endzeitliche Hochrechnung des Heils geht offensichtlich - folge ich dem Hauswirt des Lukas - nicht auf. Jesu Urteil über dieses Modell von Gemeindeaufbau kann also lauten: draußen vor der Tür. »Ich kenne euch nicht, wo ihr her seid; weichet alle von mir, ihr Übeltäter!«
Die Kirche als Fortsetzung des frommen Israel? Ganz offensichtlich ist der *fremde bzw. enge Jesus* unter dem pietistischen Gebrauch der Herzenstür des Heilandes in Vergessenheit geraten, die eschatologische Dimension der Kirche abhanden gekommen. Die *Lehre von den letzten Dingen,* die ihren Ort im Übergang vom zweiten zum dritten Artikel hat (wobei es sich empfiehlt, Martin Luthers Erklärungen dazu vom dritten zum zweiten und ersten Artikel zu lesen!), fällt seit Ernst Blochs »Prinzip Hoffnung« und entsprechender Theologie, gleichsam als neue Variante der Paruisieverzögerung, aus. Dieser Ausfall - im zweifachen Sinne des Wortes - ist ein wesentlicher Grund für den quasi-religiösen und gesellschaftlichen Ausbruch von *apokalyptischer Panik.*
Ich greife als Grundtenor der Predigt am Buß- und Bettag das Bild der eschatologischen Tür auf, deren Noch-offen-Sein, Schon-verschlossen-

Sein und Nichtmehr-geöffnet-werden Jesus ankündigt. Dabei kann die Predigt wie die ganze Gottesdienstgestalt wie in einem Koordinatenkreuz in gegensätzlicher Entsprechung einmal die fragend-antwortende (Vers 23–24) und anklopfend-abweisende (Vers 25–28) Struktur und zum anderen die Bildstruktur der im Hause zum Reiche Gottes Versammelten (Vers 25,28–29 bzw. 30) wie der draußen Verbleibenen tragen. Eine prophetische Predigt im ausgehenden 20. Jahrhundert ist angesagt mit dem entscheidenden Charakter der Umkehr. Gegen ein theologisch-gesetzliches oder kirchlich-moralisches Verständnis des Büßens (vgl. Annäherungen 4 und 5) *das Lied der Freude der Umkehr anstimmen.* Das heißt für mich als Prediger: Jesus Christus kennt kein anderes Thema - soviel Themen, Probleme und Stoff ihm die Kirche auch anbieten mag - als das des Reiches seines Vaters. Und die Kirche trägt als kyriacae nur ihr Herr, der Kyrios. Matthäus 7 lesen!

Vorschläge zur Liturgie

Lieder
Die Lieder tragen dem Bußruf des Gottesdienstes Rechnung: EG 166 (Tut mir auf die schöne Pforte), EG 119 (Nimm von uns, Herr, du treuer Gott), EG 146 302 (Du meine Seele singe: nach der holländischen Melodie), EG 145 (Wach auf, wach auf, du deutsches Land), EG 163 (Unsern Ausgang segne Gott).

Lesungen
Statt des Eingangsspruchs in den Agenden den ganzen Eingangspsalm 51,3–21 gelesen (als einen heiligen Text im Luther-Wortlaut, nicht historisch relativierend) zum Altar gewandt, also gebetet. Die alttestamentliche Lesung - Jesaja 1,10–17 - als Schriftlesung des großen Propheten im Nachrichtenstil (Keine einleitenden Erläuterungen; der hörenden Gemeinde stellen sich die Zusammenhänge ganz von selbst her.) Auch den Predigttext ohne Kommentar oder vermeintlich eigene Übersetzung vorlesen: Und siehe, der »fremde Jesus« kommt in dieser Wegbahnung der Lesungen (Psalm, Jesaja, Lukas, Liturgie und Lieder) nicht unversehens und unvorbereitet daher.

Kyrie und Gloria
In den der Unionsagende folgenden Gottesdienstordnungen sind ein Sündenbekenntnis bzw. Bußruf sowie ein Gnadenspruch bzw. Vergebungswort vorgesehen. Ich nehme das »Herr-Herr-Wort« aus Vers 25 des Predigttextes auf und entscheide mich für Matthäus 7,21: »Es werden nicht alle, die zu mir sagen: ›Herr, Herr!‹ in das Himmelreich kommen, sondern die den Willen tun meines Vaters im Himmel.« Darauf respondiert die Gemeinde mit dem

»Herr, erbarme dich« von Peter Janssens, NEKG 178,11.
Das Gnadenwort - Römer 2,1–4 - nimmt die Wirklichkeit des Bußrufes auf und hält es mit EG 179,2 offen.

Kollektengebet
Herr-Gott, laß Du uns Buße tun, daß wir umkehren. So wie dieses Jahr der Kirche bald an sein Ende kommen wird, um einen neuen Anfang zu nehmen mit der Ankunft Deines Sohnes - so laß uns auch zu einem neuen Anfang unseres Lebens kommen. Bewahre uns vor aller Arroganz in unserer Kirche, die Deinen Namen trägt. Schenke uns die Gewißheit Deines Heiligen Geistes im Glauben und im Lieben. Amen.

Fürbittengebet
Gott-Vater,
Du weißt ja darum, wie oft Menschen auf der Strecke bleiben, unterwegs umkommen, das Ziel gar nicht erst erreichen. - Mit den grellen Farben des Elends (...) und den schrillen Tönen der Katastrophen (...) und Kriege (...) werden tagtäglich die fürchterlichen Bilder der Apokalyptik unserer Zeit gemalt und vor Augen gestellt. - In dieser bleiernen Zeit der Angst und Sorge, die den Alltag so vieler Menschen traurig und trostlos macht hinter den verschlossenen Türen und Fenstern und draußen vor der Tür für die, die anklopfen, um Brot und Arbeit und Hoffnung bitten - gib unseren Kirchen Deinen Heiligen Geist, daß er in sie wie ein Sturmwind aus Israels Zeiten hereinfahre, sie aus dem Schlaf der Sicherheit aufschrecke und ihr die heilsame Unruhe Deines heiligen Wortes und Sakramentes schenke. - Laß Du sie, Gott-Vater, Buße tun von ihrem gottlosen Wesen, auf daß ihr Umkehrruf glaubhaft in Deine Nachfolge rufe. - Wir Worte des Glaubens und Hände der Vergebung finden. -
Tröster-Heiliger-Geist,
nimm Du unser verzagtes Herz in Deine Hände. Stehe den Verzweifelten bei. Sei ein guter Anwalt der Zerstrittenen. Gehe an das Bett der Kranken, die nicht genesen wollen. Segne die Sterbenden und begleite die den Tod eines Menschen beklagen. Und laß uns alle erkennen, daß wir sterben müssen, auf daß wir klug werden. -
Vater-Unser. Amen.
Anmerkung
- : = Schweige-Pause;
(...) Hier kann zum Gottesdiensttermin *ein* aktuelles konkretes Beispiel als Nachricht jeweils eingearbeitet werden, gleichsam in Parenthese, jedoch ohne Kommentierung.

Segen
Zeichnet sich der gottesdienstliche Grundtenor vom Lied der Freude der Umkehr ab, könnte an die Stelle des pastoralen Schlußsegens ein durch die

Gemeinde gehender Friedensgruß stehen: Der Pastor geht, vom stillen Schlußgebet am Altar kommend, in den Hauptgang zur ersten Bankreihe rechts und dann links, in die nächste Reihe ... bis zur letzten Reihe und spricht zu dem ersten Gottesdienstbesucher in der Reihe: »Der Friede des Herrn sei mit Dir.« Das Gemeindeglied antwortet: »Und mit Dir« und gibt den Friedensgruß weiter.
Die Gemeinde steht dazu auf. Der Segensvorgang sollte nicht vorher angekündigt werden. Die Gemeinde versteht es von selbst. Das Orgelnachspiel kann entfallen.

Ewigkeitssonntag

Annäherungen an den Predigttext Markus 13,31-37

Christian Kollath

Meine Eindrücke habe ich gesammelt in zwei Konfirmandengruppen, in einem Basarkreis, der sich aus eher konservativen Frauen im Alter zwischen 50 und 70 zusammensetzt, die aber nicht zu regelmäßigen Kirchgängerinnen gehören, und bei Einzelpersonen.

Gebt acht, seid wachsam!
Der Appell dieses Abschnittes ist so direkt und so kräftig, daß sich kaum einer beim Zuhören dem entziehen kann; bei fast jedem rührt sich das (schlechte) Gewissen. Andererseits ist die Mahnung so allgemein, daß jeder sie mit dem füllt, was ihn gerade beschäftigt und bedrückt.
Dieses sind die beiden beherrschenden Ergebnisse, die sich in Gemeindegruppen (z. B. Konfirmanden und Basarkreis) beim Zusammentragen der Reaktionen auf diesen Text herauskristallisierten.
Einige Konkretionen:

1. Die spontanen Reaktionen reichten von heftiger Ablehnung bis zu nachdenklicher Zustimmung: »O Gott, o Gott, was für ein schrecklicher Text. Ich bin müde, ich will schlafen!« - »Stammt der Abschnitt von einer Sekte, die den Weltuntergang vorhersagt?« - »Nicht gerade sehr happy.« - »Ja, ja.« - »Das stimmt schon, man sollte mit offenen Augen durch die Welt gehen.« - »Ein Text voller Hoffnung.« - »Der Abschnitt erinnert mich daran, so zu leben, als wenn jeder Tag der letzte wäre.«
   Auffällig aber, daß überhaupt bei fast jedem eine Reaktion hervorgerufen wurde.
2. Nach wiederholtem Lesen bat ich die ZuhörerInnen, das Wort oder den Satzfetzen zu nennen, an dem sie hängen geblieben waren. Genannt wurden: seid wachsam (19x), gebt acht (18x), vergehen (5x), Engel (5x), ihr wißt nicht (5x), wann die Zeit ist (5x), Türhüter (5x), Himmel (3x), meine Worte (3x), Sohn (2x), Vater (2x), nicht schlafend (2x). (Man stelle sich einmal vor, man müsse eine Geschichte schreiben, in der diese Worte in der genannten Häufigkeit vorkommen!)

Anschließend wiederholte jeder »sein Wort« in von ihm selbst gewählten Abständen immer wieder. Dieses »Hörspiel« unterstrich noch einmal eindrucksvoll die bei den HörerInnen angekommene Botschaft: Gebt acht, seid wachsam!

3. Der Text wurde bezeichnet als nachdenklich, drohend, auffordernd, mahnend, schlecht verständlich, melancholisch, nicht sehr happy.
   Ich überlegte mit den ZuhörerInnen, welche Farbe wir diesem Abschnitt geben würden. Einige meinten, er müsse eine Signalfarbe bekommen, rot oder so, andere ordneten ihm mehr die kühlen Farben - grün, dunkelblau - oder die »Unfarben« - schwarz, weiß, grau - zu.
   Wir suchten weiter, was zu diesem Text passen würde. Als Geruch assoziierten einige moderndes Herbstlaub, andere eine frische, natürliche Luft, wie man sie einatmet, wenn man an einem etwas nebligen Tag durch das Moor spaziert. Herbstliche Erde wurde immer wieder genannt.
   Andere erlebten diesen Text wie ein rauhes Gebirge, in dem scharfkantige Felsen in die Kälte ragen, oder wie eine Wüstenlandschaft bei Nacht.
4. Auf diesem Hintergrund überrascht es nicht, daß der Abschnitt als geeignet empfunden wurde, Predigtabschnitt in einem Gottesdienst am Totensonntag/Ewigkeitssonntag zu sein. Allerdings regte sich vereinzelt auch Unmut, daß an einem ohnehin schon traurigen Tag ein solcher Text stehen sollte, der nicht gerade motiviert und aufmuntert, sondern Endzeitstimmung fördert.
5. Außerordentlich bemerkenswert fand ich dann die Gesprächsentwicklung, als ich fragte, ob dieser Text etwas mit der eigenen Lebenssituation/Lebenserfahrung zu tun hat.
   Spontane Antwort: »Eigentlich nicht!« (Ein Konfirmand sagte: »Ich hoffe nicht!«)
   »Naja, nach längerem Nachdenken vielleicht schon.« Und dann wurde der Text - sehr zögerlich - mit persönlichen und gesellschaftlichen Ereignissen in Beziehung gesetzt: »Irgendwie erinnert mich das an die Mahnungen meiner Mutter, daß ich rechtzeitig vor der Klassenarbeit üben soll.« - »Ich höre das immer umgekehrt: ›Geh ins Bett!‹« - »Ja, ja, das läßt sich eigentlich überall anwenden.« - »Also, mir fällt da schon einiges ein, aber das ist sehr persönlich.« - »Man könnte das auch so verstehen, daß es höchste Zeit wird, etwas zu tun, z. B. für den Umweltschutz, oder gegen Rechtsextremismus und Ausländerhaß oder gegen die fürchterlichen Kriege wie jetzt in Jugoslawien und so.« - Bei diesen »politischen« Themen angekommen wurde das Gespräch sehr viel lebhafter und kontroverser!
6. Zum Text zurückkehrend zeigte sich, daß er auch eine Menge Fragen aufwirft:
   »Wer hat das denn gesagt, und zu wem?« - »Ist das nur zu Männern gesagt worden, da kommen gar keine Frauen vor.« - »In welcher Situa-

tion ist das gesagt worden, und mit welcher Absicht?« – »Weshalb sollten die denn wachsam sein?« – »In welchem Zusammenhang steht der Text?« – »Den Mittelteil verstehe ich nicht, was ist damit gemeint? (Gerade bei jüngeren Jugendlichen zeigte sich, daß ihr Abstraktionsvermögen für den bildhaften Vergleich noch nicht ausreicht.)

7. Und schließlich hatten die »Estoriker« ihre große Stunde mit Fragen und Spekulationen, was sein wird am Ende. Von Wiedergeburt bis hin zu großen kosmischen Entwürfen regt dieser Text offenbar alles an, was man sich schon immer einmal vorgestellt hat.

Zusammenfassend gesagt: Dieser Text kommt an! Allerdings kommt er fast ausschließlich bei den schweren, dunklen und herunterziehenden Gefühlen an. Dabei löst er sehr unterschiedliche, von der Lebenssituation abhängige Eindrücke aus, die den Betreffenden selbst erst beim Nachdenken bewußt werden.

Ich meine, daß der Prediger/die Predigerin darauf achten muß, daß die Predigt nicht nur eine »Wendeltreppe in den Keller« wird, sondern daß die Tür zum Licht (1. Advent) zumindest auch einen kräftigen Spalt weit geöffnet wird. Bilder aus der Natur, wo gerade jetzt unter der ruhigen Oberfläche Kräfte zum neuen Erwachen gesammelt werden, dürften dabei hilfreich und auch nahe bei den Zuhörern sein.

Zum Gottesdienst

Klaus Zillessen

Theologisch-homiletische Skizze

1. Der »Ewigkeitssonntag« ist im Bewußtsein der meisten evangelischen Christen »Totengedenksonntag«. Die Angehörigen der Verstorbenen des letzten Jahres werden besonders eingeladen, die Namen der Toten verlesen, für die Verstorbenen und die Angehörigen wird gebetet.
   Dennoch entscheide ich mich diesmal (möglichst) konsequent dafür, keine Totensonntagspredigt, sondern Gottesdienst zum Ewigkeitssonntag vorzubereiten.
2. Das besondere homiletische Problem: Bei den ersten Hörern und Lesern der Markusapokalypse (Markus 13) lösten die Worte (Vor)Freude aus: Die Schrecken der angekündigten (nahen) Zukunft (Markus 13,1–25) waren zur Zeit der Entstehung des Evangeliums entweder (bedrükkende) Gegenwart oder schon Vergangenheit (vaticinium ex eventu). Und das andere (Vers 26 ff.) war Ankündigung von Erlösung, Grund zum Aufatmen und zu adventlicher Freude auf Neues, Bleibendes, herr-

liche Erfüllung. Unsere Zeitgenossen hören das aber ganz anders als jene ersten Leser. Die in den »Annäherungen« von Christian Kollath berichteten Äußerungen bestätigen das: »was für ein schrecklicher Text ... drohend ... melancholisch ... moderndes Herbstlaub ... (dabei wird im Kontext Markus 13,28 von Frühling und Sommer erzählt!) ... Kälte ... Wüstenlandschaft bei Nacht ... wie vor einer Klassenarbeit ... Endzeitstimmung ...«.

Zum Teil mögen wir Theologen und Prediger selbst schuld daran sein, wenn diese hoffnungsvollen Texte so negativ gehört werden: Wir sprechen von der »Endzeit« – dabei geht es doch vor allem um den Anbruch der *neuen* Welt. Wir reden von den »letzten (!) Dingen« statt von der neuen Schöpfung, der Vollendung und dem ewigen Leben. Und manch ein Prediger projiziert seine beruflichen und persönlichen Frustrationen und die daraus entstehenden Depressionen und Aggressionen in seine Predigten von der Endzeit und dem Jüngsten Gericht.

So oder so: Der heutige Hörer vernimmt aus Texten wie diesem eher, daß ihm etwas an Lebensfülle weggenommen werden soll (Ende der Welt), als daß hier Lebensfülle und Freude verheißen und gewonnen wird. – Unter »Lebenserwartung« versteht man heute lediglich die 78 Jahre, die man laut Statistik vor seinem Tode erhoffen kann, während die »Lebenserwartung« früherer Generationen sich zusammensetzte aus den möglicherweise nur 39 Jahren vor und dem unendlichen, ewigen Leben nach dem Tod.

3. Mein homiletisches Ziel wird es sein, dieses negative Vor- und Mißverständnis unseres Bibeltextes möglichst zu durchbrechen und die urprünglich mit diesen Worten ausgelöste Vorfreude wenigstens ahnen zu lassen. Ich möchte den Rat von Christian Kollath beherzigen, daß die Predigt nicht eine »Wendeltreppe in den Keller« wird, sondern »die Tür zum Licht zumindest einen Spalt zu öffnen«. Also nicht »Kirchenjahresende«, sondern Übergang zum neuen Kirchenjahr, Offenheit für den Advent, das Kommen des Herrn, für wache, frohe Erwartung seines Kommens.
4. In der Mitte unserer Perikope steht das Bild vom *wachen Türhüter.* Das soll auch für meine Predigtskizze (und für die Vorschläge zur Liturgie) das zentrale Bild sein, von dem her ich verschiedene Aspekte dieses Textes zum Ewigkeitssonntag entfalten möchte.

Vorschläge zur Liturgie

Eingangsspruch

Wir warten auf einen neuen Himmel und eine neue Erde, in denen Gerechtigkeit wohnt – nach seiner Verheißung. (2. Petrus, 3,13).

Bußgebet (vor dem Kyrie)
Herr, du willst kommen – aber rechnen wir wirklich damit? Wir sind müde – werden wir dein Kommen verschlafen? Erbarme dich über uns, weck uns auf, daß wir wach und bereit sind für dich zu jeder Stunde.

Gnadenspruch (vor dem Gloria)
Christus spricht: Siehe, ich stehe vor der Tür und klopfe an. Wer meine Stimme hört und die Tür auftut, zu dem werde ich kommen und das Abendmahl mit ihm halten und er mit mir. (Offenbarung 3,20).

Kollektengebet
Herr, wecke uns auf, damit wir bereit sind, dich voller Freude zu empfangen. –
Oder: Herr, du willst kommen. Mach uns wach, daß wir dir alle Türen und Tore weit öffnen, und erfülle uns mit Freude, die nie enttäuscht wird.

Als *Sonntagsevangelium*
(auf das die Predigt Bezug nimmt)
Matthäus 25,1 ff.

Lieder
EG 152: Wir warten dein, o Gottes Sohn (als Anfangslied, Vers 4 auch nach der Predigt); EK 147 »Wachet auf, ruft uns die Stimme (als Hauptlied nach dem Sonntagsevangelium); EG 148 Herzlich tut mich erfreuen die liebe Sommerzeit (= Ewigkeit); EG 153 Der Himmel, der ist … (nach der Predigt).

Fürbitten und Schlußgebet
Herr, du hast es versprochen. Du hast dein Wort gegeben. Du willst kommen, zu uns – in dein Eigentum. Werden wir dich einlassen?
Werden wir wach und bereit sein?
Du willst kommen. Vielleicht heute morgen in diesem Gottesdienst. Vielleicht aber auch mitten in den Nächten der Welt und unseres Lebens, wenn Dunkelheit, Schuld und ausweglose Sorge auf uns lasten.
Wann immer du kommst, bricht Morgenglanz der Ewigkeit, der frische helle Morgen deiner neuen Schöpfung in unserem Leben und in unserer Welt an.
Laß uns wach und bereit sein für dein Kommen und dir die Türen weit auftun. Dir und deinen Gästen, die dich begleiten, Armen, Hungernden, Zerbrochenen, Fremdlingen und Befreiten.
Dann laß dein großes Fest beginnen.
Hab Dank, daß sogar für die Türhüter Plätze an deinem Tisch bereit sind.
Laß die Vorfreude auf dein Fest uns wachhalten.
Amen, ja komm, Herr Jesu.

Vorschläge zur Predigt

Möglicher Anfang
In unserer Stadt ereignete sich kürzlich folgendes: Ein Firmenchef, der abends von einer Geschäftsreise zurückkam, wollte, bevor er seine Privatwohnung aufsuchte, in den Geschäftsräumen seiner Firma noch etwas erledigen. Es war kaum möglich: Ein neu eingestellter, noch unerfahrener Mitarbeiter der »Wach- und Schließgesellschaft« verhinderte um ein Haar den Eintritt des Firmenchefs in dessen eigene Räume! – Unser Bibelabschnitt erzählt zwar nicht von einem Angestellten der »Wach- und Schließgesellschaft«, aber doch von einem Türhüter, der (bitte) wachsam sein solle. Ja, der ganze Bibelabschnitt liest sich geradezu als eine »Dienstanweisung für Türhüter«. Und am Schluß wird ausdrücklich erklärt, daß mit den Türhütern nicht etwa nur Petrus (der himmlische Portier), die Jünger oder sonstige Zeitgenossen Jesu gemeint seien, sondern *alle:* »Was ich euch aber sage, das sage ich allen: Wachet!« Auch wir sind also »Gottes Türhüter« (– Sind wir's gerne, wie der Beter von Psalm 84,11?) –
Sehen wir uns also die einzelnen Punkte unserer »Dienstvorschrift für die Türhüter Gottes« genauer an ...

Gedankenskizze zum weiteren Verlauf der Predigt

a) Worüber haben die Türhüter zu wachen? –
Über *Bleibendes,* (V. 31) über das, was sein Wort an Gültigem und Bleibendem verheißt: seine nie endende Liebe.

b) Der Auftrag des Türhütens darf keinesfalls in der Weise mißverstanden werden, als sei die wichtigste Aufgabe des Türhüters, darauf zu achten, daß alle Türen immer fest verschlossen und verriegelt seien. (Das unterscheidet ihn grundlegend von jenem Angestellten der »Wach- und Schließgesellschaft«). Im Gegenteil: Die wichtigste Aufgabe der Türhüter Gottes ist es, die Tore und Türen zu *öffnen:* »Macht hoch die Tür, die Tor macht weit!« Darauf soll ihre Wachsamkeit ausgerichtet sein (viermal wird das in diesen wenigen Zeilen des Predigttextes ausgesprochen). Für diesen Auftrag haben sie umfassende *Vollmachten* bekommen (V. 34).

c) Aus welchem Anlaß soll geöffnet werden? –
Wenn der Hausherr kommt (V. 35). Sein plötzliches Kommen ist keine »böse Überraschung«, sondern eine freudig erwartete. – Er kommt, *um ein Fest auszurichten,* ein großes Abendessen (Lukas 14,1 ff.), eine Hochzeitsfeier (Sonntagsevangelium Matth. 25,1 ff.). Dazu hat er viele Gäste eingeladen; denen (auch den Geringsten und Verkrüppelten und Armen) sollen wir Türhüter den Zugang nicht verwehren, sondern öffnen.

d) Es gehört ausdrücklich *nicht* zu den Aufgaben der Türhüter Gottes, Vermutungen darüber anzustellen, *wann* der Herr wohl kommen könnte, ob des Abends, des Nachts, oder morgens in der Frühe. Vielleicht kommt er gar nicht nur ein einziges Mal (ganz am Ende aller Zeit), sondern immer wieder einmal. Es könnte am *Abend* sein (bei einer Abendmahlsfeier in unserer Kirche, an meinem Lebensabend, am Abend der Welt ...). Es könnte am *Morgen* sein (am Ostermorgen, im Gottesdienst am Sonntagmorgen oder beim »Morgenglanz der Ewigkeit«, wenn Gottes Ewigkeit und Neuschöpfung anbricht). Es könnte um die *Stunde des Hahnenschreis* sein (in bitteren Stunden meines Verleugnens und Verrats – wie bei Petrus). Es könnte auch *mitten in der Nacht* sein, mitten in meiner Nacht, mitten in der Nacht dieser Welt, wenn er kommt, um mit uns das große Hochzeitsfest zu feiern (Matthäus 25,6).

Möglicher Schluß
Sie, liebe Gottesdienstbesucher, haben gemerkt, daß dieser letzte Sonntag im Kirchenjahr gar nicht in erster Linie vom Ende reden will (vom Ende und Untergang dieser Welt, vom Ende der Zeit, vom Ende unseres Lebens, vom Abschließen und etwas Abschließendem). Der Ewigkeitssonntag erzählt vor allem vom *Öffnen* einer Tür. Er ist selbst ein offenes Tor für ein neues Kirchenjahr, ein offenes Tor für das Kommen des Herrn, für die Erfüllung seiner Verheißungen, für seine neue Schöpfung. Christus ruft uns zu: »Siehe ich stehe an der Tür und klopfe an. Wer meine Stimme hört und die Tür öffnet, zu dem werde ich kommen und das Abendmahl mit ihm halten und er mit mir. – Ihr, meine Türhüter, sollt jetzt schon die Tore öffnen: »Macht hoch die Tür, die Tor macht weit, es kommt der Herr der Herrlichkeit«. – (Wer Zeichen und Symbole schätzt, kann nach der Predigt jedem Gottesdienstbesucher einen – von den Konfirmanden aus Farbkarton gebastelten – Schlüssel überreichen, einen Schlüssel – nicht zum Zuschließen, sondern zum Aufschließen! – als Dienstzeichen der »Türhüter des Herrn«!).

Kontexte

1. Zum Motiv des Türhüters in der Literatur fiel mir (als Kontrast zu unserem Predigttext) Schikaneders Libretto zu Mozarts »Zauberflöte« ein, wo dies Motiv eine besondere Rolle spielt:

Tamino: Wo bin ich nun? Was wird mit mir?
Ist dies der Sitz der Götter hier?
Doch zeigen die Pforten, ... daß Klugkeit und Arbeit und Künste hier weilen ...

eine Stimme: Zurück!

Tamino: Zurück? So wag ich hier mein Glück (geht zur linken Pforte)

eine Stimme: zurück!

Tamino: Auch hier ruft man »zurück«. Da seh ich noch eine Tür. Vielleicht find ich den Eingang hier ...

die zwei Geharnischten: Der, welcher wandert diese Straße voll Beschwerden wird rein durch Feuer, Wasser, Luft und Erden. Wenn er des Todes Schrekken überwinden kann, schwingt er sich aus der Erde himmelan …

Tamino: … schließt mir die Schreckenspforten auf, so wag ich froh den kühnen Lauf!

Die beiden Geharnischten singen ihre Worte übrigens erstaunlicherweise auf die reformatorische Choralmelodie zu Luthers »Ach Gott vom Himmel, sieh darein« (EKG 177), eine großartige Choralbearbeitung Mozarts, meines Wissens die einzige!

2. Einen »Türhüter« (ganz anderer Art) zeigt die unten wiedergegebene Karikatur aus der »Wochenpost« (Berlin) v. 7. 4. 94. Das könnte eine alternative Predigtidee sein: Wir stellen einander drei (sehr unterschiedliche, gegensätzliche) »Türhüter« gegenüber:
a) Den Türhüter am Friedhofseingang, der stellvertretend und gegen Bezahlung, sozusagen als Service, zur »Trauerarbeit jeglicher Art« bereit ist und dafür seine Dienste anbietet!
b) Die schlafenden Hüter am Grab Jesu, im Dienst des Todes, die das Kommen des Lebens, das Kommen des Herrn vergeblich zu verhindern suchen (dargestellt zum Beispiel auf dem Osterbild des Isenheimer Altars).
c) Die Türhüter aus Markus 13,32–37, die wach und bereit dem kommenden Herrn und seinen Gästen die Türen öffnen …

Gedenktag der Entschlafenen

Annäherungen an den Predigttext Matthäus 22,23–33

Klaus Dirschauer

Ein Hauskreisabend im Oktober 1993
Sechs Ehepaare sind gekommen. Bibelarbeit ist angesagt. Szenisches Lesen: Der matthäische Erzähler (V. 23, 29 a, 33), einer der Sadduzäer (V. 24–28), eine Frau leiht Jesus (V. 29 b–32) die Stimme. Die anderen Teilnehmer der Runde legen die Bibel beiseite, um zu hören, zu- und hinzuhören. Nachdenkliches Schweigen. Dann fordert der Pfarrer auf: »Was fällt Ihnen beim Hören auf, was ein?«

Notieren, moderieren, ohne selbst deutend einzugreifen:
Erstaunen, entrüsten gegen zeitgeschichtliches Wissen: »Wer fragt die Frau, ob sie will?« Zu jener Zeit: mehr Frauen als Männer. Versprechen innerhalb der Sippe. Die Frage nach der Auferstehung (V. 23) ist auch heute noch aktuell. Die Frau geht von einem zum anderen Mann, sie ist die Überlebende. Die Auferstehungsfrage wird im Hinblick auf eine Frau (V. 28) gestellt.

Die Gesprächswende durch Jesu Antwort:
Eine andere Moral. Keine Lust auf Männer. Geschlechtslose Menschen? »Du lebst nur einmal!« Die Frau habe jedem die Ehe gehalten, mit jedem gelebt, jeden überlebt. Sie erscheint stärker als die Männer, die Männer erscheinen schwächer. Eine Versuchungsgeschichte Jesu?! »Gott ist nicht mehr im Tode (V. 32 b).« Und: »Gott ist jetzt im Leben. Nachher weiß ich nicht, wie das funktioniert, wenn ich als Engel durch die Gegend schwebe.« Wenn Gott ein Gott der Lebenden sei und nicht der Toten, sei dennoch festzustellen, daß Tote mächtiger leben würden, als zu ihren Lebzeiten. Genannt werden Jesus, Karl Marx ... und Willi Brandt. Da findet sich eine Gegengeschichte des einen mit seinen drei Frauen ein ... Wohin auferstanden? Bleibe ich nach dem Tode anerkannt, wenn mich keiner mehr kennt? Für mein Leben sind die Beziehungen, in denen ich lebe, lebenswichtig. Der Doppelsinn des bedrohlichen Wortes: »Ich nehme mir das Leben.«

»Dann bin ich: ich:«
Tote sind sehr lebendig, die mich begleiten. In der frühen Kindheit und im Altern sind sie wieder da. »In der Auferstehung nach dem Tode bin ich wie-

der lebendig. Dann lebe ich durch mich selbst, nicht durch andere.« Daß die Seele unsterblich sei, bedeute, daß etwas von mir bleibt in den Kindern und Kindeskindern.
Die Frauen geben zu denken, daß das Gefühl – »ich bin ich« – ohne Abhängigkeit und Beziehungen, die mich jetzt leben lassen, eine unglaubliche Befreiung bedeute. Eine ganz andere Existenz.
Die Männer halten daran fest, daß sie wohl in den Kindern weiterlebten, es aber auch auf das Hier und Jetzt allein ankomme: irgend etwas bewirkt zu haben, daß an sie gedacht werde. »Wenn ich da bin, wenn ich nicht mehr da bin.« Wichtig sind: die Familie und der Freundeskreis, besonders dieser Hauskreis, beachtet, anerkannt, beliebt zu sein, anständig zu leben, sich nichts zu schulden kommen zu lassen, etwas bewirkt zu haben.
Am Ende steht eine Zeitungsgeschichte aus Hamburg von einem alten Ehepaar. Es lebte ausschließlich mit und vor dem Fernseher. Die Telefonrechnung hätte gleichbleibend nur noch die Grundgebühr ausgewiesen.

Nachgespräch:
Am Ende dieses Hauskreisabends, als die Gäste gegangen waren, teilten meine Frau und ich unsere Verwunderung über dieses lebendige zweistündige Bibelgespräch. Daß ausnahmslos alle Ehepaare derartig offen und so persönlich über die »letzten Dinge« ihres Lebens gesprochen haben, macht mich nachdenklich. Da mag etwas von der Frucht kontinuierlicher Bibelarbeit dieses Hauskreises aufscheinen. Mir wird zugleich bewußt, daß ich mit meiner bisherigen schriftgelehrten Anleitung des Umgangs mit der Bibel auch viel Persönliches zugedeckt habe.

Zum Gottesdienst

Hermann Otto Geißler

Theologisch-homiletische Skizze

War es eine glückliche Entscheidung bei der letzten Perikopenrevision, diesen Text aus dem Osterfestkreis (früher: Quasimodogeniti) herauszunehmen und dem Gedenktag der Entschlafenen zuzuordnen, dazu noch in der strengeren Matthäusfassung? Als eine emotionale Sperre für den seelsorgerlichen Anlaß muß die befremdliche Sadduzäerfrage überwunden werden. Ich will versuchen, sie von der Leiderfahrung her aufzunehmen, ohne in Jenseitsspekulationen zu verfallen.
Nicht die Auferstehung Christi begründet in diesem Text die Hoffnung auf das Leben der Toten bei Gott, sondern eine nachvollziehbare schriftge-

lehrte Argumentation Jesu - übrigens neuerdings wieder als Grund für ihren Ursprung in der ältesten Jesustradition gewertet. Dem Argument, die Totenauferstehung sei nicht in der Tora belegt, begegnet Jesus mit dem Hinweis über die Erstoffenbarung Jahwes an Mose am Dornbusch, in der er sich als Vätergott vorstellt. Ich sehe in dieser Zitation der Patriarchennamen eine Chance, die »Geselligkeit« der Hoffnung zur Sprache zu bringen, die in der heutigen jüdischen Frömmigkeit durchaus ihren Platz hat, aber im christlichen Bereich durch die Ausschließlichkeit der Begegnung mit Christus verdrängt wurde, so daß wohl darum in den protestantischen leeren Himmel um so mehr die Geselligkeit im individualistischen Gedanken des Wiedersehens mit den Lieben eingeführt wurde. Menschliches Leben und Identität sind eben nicht ohne mitmenschliche Beziehungen vorstellbar. Das Mit-Sein ist kein Akzidenz des Da-Seins, sondern gehört zu dessen Grundstruktur.
Sehr anregend ist in den »Annäherungen« die Frage nach der Engelgleichheit, die als Geschlechtslosigkeit verstanden wurde. Ist es eine Täuschung, daß die unterschiedliche Interpretation geschlechtsspezifisch zu verstehen ist? Die Männer scheinen im idealistischen Verständnis vom Fortleben des Individuums auf dem Hintergrund des bürgerlichen Leistungsdenkens zu beharren (Schiller, Don Carlos II,2: »Schon 23 Jahre alt und nichts für die Unsterblichkeit getan!«). Die Frauen dagegen erkennen in der Aufhebung der Geschlechtsbindung »eine unglaubliche Befreiung«: »Ich bin ich.«
Dieser (vorfeministischen?) Frauentheologie folge ich gern. Sie motiviert mich, die Zielsetzung des Gottes der Lebendigen, der auf Befreiung aus ist, in mein Leben zu integrieren. Ich belasse dies aber bewußt mit Blick auf den seelsorgerlichen Aspekt des Anlasses im persönlichen Bereich, ohne die gesellschaftlichen Implikationen auszuführen, halte aber auch eine andersgeartete Entscheidung für möglich. Mir ist wichtig, mich nicht zu weit von den Menschen, die ihrer Entschlafenen gedenken, zu entfernen. Bei uns ist am Ewigkeitssonntag ein Nachmittagsgottesdienst üblich geworden, in dem zunächst das Abendmahl gefeiert wird, dann die Namen der Verstorbenen verlesen werden und die Predigt erst danach kommt (vgl. ZGP Gütersloh 11. Jg. 6/1993 S. 11). Ich würde gern auch andere zu dieser Abfolge ermutigen.

Vorschläge zur Liturgie

Begrüßung
Ich grüße Sie herzlich in diesem Gottesdienst am Ewigkeitssonntag. Unserer Toten wollen wir gedenken und die Namen der Verstorbenen des vergangenen Kirchenjahres noch einmal nennen. Zuvor aber werden wir das Mahl unseres Herrn Jesus Christus feiern, das Zeichen der Gemeinschaft,

die hinausreicht über diesen Raum, weit hinaus auch über unsere begrenzte Zeit, das Zeichen der lebendigen Gemeinschaft in der großen Familie Gottes.

Lied
EG 298

Eingangswort
Hosea 6,1

Gebet
Bist du es nicht, ewiger Gott, der allein Macht hat über den Tod? Bist du es nicht, der allem seine Grenze setzt, auch unserem Leben? Du warst es auch, der die Menschen rief, um die wir heute trauern. Wir bitten dich, daß du Schmerz in Trost, Leiden in Segen und Zerbrechen in Vollendung wandelst. Wir trauen auf deine Verheißung, dein ermutigendes Wort und deine lebenschaffende Kraft um Jesu Christi willen.

Lesung
Offenbarung 7,9–17

Lied
EG 150, 1.4.5

Einladung zum Abendmahl
Wo Hunger ist, nimmt das Abendmahl uns mit zur Sättigung; wo Flucht ist, zur Heimkehr; wo Verrat ist, zur Treue; wo Trennung ist, zur Gemeinschaft; wo Trauer ist, zum Trost; wo Tod ist, nimmt es uns mit zum Leben.
(Peter Balser, † 1994)

Praefation
Dir, ewiger, allmächtiger Gott, Schöpfer und Vollender der Welt, Vater und Tröster deines Volkes, dir bringen wir Preis und Ehre, Lob und Anbetung. In Jesus Christus hast du auch uns hineingenommen in dein Volk, dem die Verheißung deiner Treue gilt. Du willst uns teilhaben lassen an der Vollendung deines Werks und an deiner Herrlichkeit. Darum wollen wir schon jetzt einstimmen in den Lobgesang der sichtbaren und unsichtbaren Welt, die dich ohne Ende preist.

Vaterunser, Einsetzungsworte, Austeilung

Lied
EG 532

Verlesen der Namen

Orgel- oder Instrumentalmusik

Predigt

Lied
EG 523,5

Gebet
Dir, du barmherziger Gott, wollen wir uns nun anvertrauen mit unseren Sorgen und Befürchtungen, auch mit unserer Trauer und Verzagtheit. Laß die Hoffnung auf die Befreiung, die du uns verheißen hast, in unser Leben hineinleuchten als ein Licht, das uns in Dunkelheit tröstet und am Tage ermutigt und anspornt zu befreiendem, versöhnendem Tun und Leben. Die Menschen, die mit uns leben, befehlen wir deinem Schutz, die von uns gegangen sind, deinem Frieden. Für unsere Welt mit den großen Nöten und Ängsten so vieler Menschen erbitten wir deinen Geist, daß er die Herzen bewege zu Einigkeit, Versöhnung und Liebe.

Segen

Vorschlag zur Predigt

Möglicher Anfang
Die Namen unserer Toten haben wir genannt. Ehren wollen wir sie damit, jeden mit seinem gelebten Leben, geglückt oder mißlungen, ausgelebt oder vorzeitig abgebrochen. Lebendig geworden sind uns die Menschen, die wir kannten, für einen Moment. Ihr Bild trat uns vor die Seele, Erlebtes wurde aufgeweckt, Trauriges und Heiteres, eine Welle der Liebe und Dankbarkeit ging vielleicht durch unser Herz. Oder war es eher wie ein Stich, der den Schmerz und das Leid zurückbrachte?
Es ist gut und wichtig, daß wir die Erinnerung pflegen und unsere Toten ehren, statt ihre Namen zu verschweigen, das Erlebte zu vergessen und sie aus unserem Leben hinauszudrängen. Aber es ist genauso wichtig, daß wir sie nicht festhalten, ihren Tod wahr sein lassen und uns zu lösen lernen. Eine Stelle aus dem Evangelium kann uns dazu helfen, das eine mit dem anderen zu verbinden.
Textverlesung: Matthäus 22,23–33
»Gott ist nicht ein Gott der Toten, sondern der Lebendigen.« Lassen Sie es uns zunächst ganz so nehmen, wie es an unser Ohr kommt. Von Gott, dem Vater Jesu Christi, reden heißt, von dem Gott der Lebendigen sprechen, von unserem Gott, der für uns die Lebenden da ist: für uns die Lebenden und heute nun auch die Trauernden, die wir ehrend und dankbar unserer Toten gedenken. Unser Leben wird ganz ernst genommen, auch unsere Trauer und Tränen; ja, das ist der Raum, in dem Gott für uns da ist, mit uns

redet und handelt mit seiner ganzen Weisheit und Kraft. Unsere Geschicke sind das Feld, in dem er seine Kraft wirksam sein lassen will, die Böses in Gutes, Leiden in Frieden, Unheil in Segen, Tod in Leben verwandelt. Er kann dies vollbringen. Aber er braucht dazu uns, die Lebenden, die sich ins Leben rufen lassen und bereit sind, Neues zu entdecken, neue Schritte zu wagen, neu zu vertrauen und neu zu hoffen.

Möglicher Fortgang

Der Rechnung der Sadduzäer stelle ich das Erleben von Menschen gegenüber, die ein-, zwei- oder gar dreimal von einem Lebenspartner Abschied nehmen mußten mit der verzweifelten Frage: Gibt es für mich denn kein beständiges Glück? Wenn solche Menschen nicht bitter werden, ist mir das Grund zur Bewunderung.

Jesus läßt die herzlosen Frager abfahren. Gut so! Vorsichtig und zurückhaltend stellt er seine Überzeugung dagegen, die doch zugleich den zentralen Inhalt der Bibel widerspiegelt: den Gott der Lebendigen, der nichts anderes als Befreiung bewirkt. Eine Diskussion der Bedeutung von Heirat und Geschlechtlichkeit als Hilfe zur Meisterung und Fortpflanzung des Lebens lasse ich hier folgen, bezugnehmend auf die Erfahrungen von Zuneigung und Entfremdung, von Herrschaftsgelüsten und Unterdrükkung. Vielleicht kann gar das Gespräch in den »Annäherungen« herangezogen werden. Jesus erlaubt uns, auf Befreiung zu hoffen von allen Lasten und Leiden dieses Lebens.

Als Erlösung haben manche den Tod ihrer Angehörigen empfunden: Erlösung von schwerem Leiden. Hier zeigt das Wort Erlösung noch eine tiefere Schicht: Befreiung von all dem, was das Leben einengt und bedrückt. Die Vorstellung von einer Verlängerung unseres jetzigen Lebens nach dem Tod ist unserem biblischen Glauben nicht eigen. Da wird stets Verwandlung erwartet. »Da bin ich ganz ich«, so hat es jemand ausgedrückt, der unseren Text bedachte. Das meint »wie die Engel«. Wir bleiben, die wir sind, Frauen und Männern mit unserer besonderen Identität, nur eben befreit – von allen Zwängen, etwas leisten zu müssen, etwas zu sein, sich anderen anpassen zu müssen, um anerkannt zu werden, oder gar nach der Vorstellung anderer zu leben in unseren unterschiedlichen Rollen als Mütter, Väter, Ehefrauen, Alleinstehende, Junge, Alte, Hilfsbedürftige und Helfende.

Jesus nötigt uns keine Weltanschauung auf, schon gar keine Dogmatik über das, was nach dem Tod sein wird. Er lädt ein zu dem Vertrauen auf die Kraft Gottes, für die es keine Vergänglichkeit gibt, sondern nur Gegenwart, und auch das Vergangene lebendig bleibt.

Möglicher Schluß

Jesus lädt uns ein zu dieser Hoffnung. Damit will er uns auch gewinnen als Menschen, die sich an diesem Werk Gottes beteiligen. Immer sind wir dankbar, wenn wir in unserem Leben etwas von solcher Befreiung erfahren, Befreiung von Leiden und Mühsal. Unseren Toten bewahren wir tiefe Dankbarkeit, wenn sie uns nicht bloß Lasten zugemutet, sondern erleichtert oder gar abgenommen haben. Wir Menschen können solches füreinander tun. Ansprüche an andere können gesenkt werden, Erwartungen gelokkert, Entgegenkommen erweitert. Vor allem aber können wir die beschränkte Zeit, die wir miteinander haben, besser wahrnehmen und nutzen. Denn die Hoffnung, die uns Jesus öffnet, darf ja nicht bewirken, daß wir unser Leben mit all seinen Gaben und Aufgaben gering schätzen. Es bleibt die uns anvertraute Zeit, in der wir wirken und leben dürfen, bewegt und getragen von der Hoffnung, daß wir auch jetzt schon zu der großen Gemeinschaft der Lebendigen gehören bei Gott, dem Gott Abrahams und Isaaks, Israels und Jesu Christi und all der anderen, die vor ihm befreit leben.

Kontexte

Sidur Sefat Emet (Jüdisches Gebetbuch) Basel, S. 273: Seelengedächtnisfeier für den Vater (die Mutter): Gott gedenke der Seele meines Vaters und Lehrers (meiner Mutter und Lehrerin) ... der (die) in seine (ihre) Ewigkeit eingekehrt, dafür, daß ich für ihn (sie) ein Almosen gelobe. Als Lohn möge seine (ihre) Seele aufgenommen werden im Bunde des Lebens bei den Seelen Abrahams, Isaaks und Jakobs, Saras, Rifkas, Rachels und Leas und bei denen der übrigen frommen Männer und frommen Frauen im Garten Eden.

Michael Trowitsch, GPM 434/1989 Göttingen, S. 454 f.: Die Frage, ob wir die Gestorbenen, die wir geliebt haben, »wiedersehen« werden, ist keinesfalls abzuweisen. Warum auch? Ist Gott, der Gott der Lebenden, neidisch? Faßt die Hoffnung, von der Liebe Christi umfangen, in Gott geborgen zu werden ... erfahrene menschliche Liebe und Geborgenheit nicht in sich? Gott bleibt Abrahams Gott – bleibt Abraham nicht Abraham, bleibt er nicht Isaaks Vater? Das ewige Leben wird das irdische Glück nicht unterbieten.

Eric Clapton, Tears in Heaven – Song, London 1991: Would you know my name / if I saw you in heaven? / Would you be the same / if I saw you in heaven? / I must be strong / and carry on / 'cause I know / I don't belong here in Heaven. // Would you hold my hand / if I saw you in heaven? / Would you help me stand if I saw you in heaven? / I'll find my way / through night and day / 'cause I know I just can't stay / here in heaven. // Time can bring you down / Time can bend your knees. / Time can break the heart. / Keep you begging, please / begging, please. – // Beyond the door / there's peace, I'm sure / and I know there 'll be no more / tears in heaven. // Would you know my name if I saw you in heaven? / Would you be the same / if I saw you in heaven? / I must be strong / and carry on / 'cause I know / I don't belong here in heaven. (Tränen im Himmel: Würdest du meinen Namen kennen, wenn ich dich im Himmel sähe? Wärst du dieselbe, wenn ich dich im Himmel sähe? Ich muß stark sein und weitermachen, weil ich weiß: Ich gehöre nicht hier in den Himmel. // Würdest du meine Hand halten, wenn ich dich im Himmel sähe? Würdest du mir helfen zu stehen, wenn ich dich im Himmel sähe? Ich werde meinen Weg finden durch Nacht und Tag, weil ich weiß: Ich kann nicht hier im Himmel bleiben. // Zeit kann dich niederzwingen. Zeit kann deine Knie beugen. Zeit kann dein Herz brechen. Halt an am Bitten, bitte, am Betteln, bitte. // Jenseits der Tür gibt's Friede, das ist sicher, und ich weiß, da gibt es keine Tränen mehr im Himmel. // Würdest du meinen Namen kennen …

Die Autorinnen und Autoren

Pfarrerin Barbara Berg, Braunschweig; Pfarrer Wolfram Braselmann, Rehburg-Loccum; Pfarrer Stefan Claaß, Mainz; Superintendent Hans Werner Dannowski, Hannover; Pfarrer Dr. Klaus Dirschauer, Bremen; Pfarrer Hermann Otto Geißler, Wiesbaden; Pfarrer Bernd Giehl, Wiesbaden-Delkenheim; Pfarrerin Ute Gothmann-Kollath, Glinde; Pfarrerin Manuela Handelsmann, Kutenholz; Pfarrer Ralf Handelsmann, Kutenholz; Prof. Dr. Gert Hartmann, Herborn; Pfarrer Dr. Reiner Jansen, CH-Frenkendorf; Pfarrerin Ingrid Keßler-Woertel, Moormerland-Veenhusen; Pfarrerin Hanne Köhler, Frankfurt/Main; Pfarrer Christian Kollath, Glinde; Prof. Dr. Dietrich Korsch, Passau; Dipl. Psych. Christa Marahrens-Schürg, Hannover; Pfarrer Uli Müller-Weißner, Landau-Nußdorf; Pfarrer Wolfgang Roth, Klingenmünster; Pfarrer Christoph Schmidt-Ehmcke, Münster; Pfarrer i.R. Hans Schmiedehausen, Breuna; Pfarrer Helmut Siegel, Hildesheim; Pfarrer Traugott J. Simon, Marburg; Präses Hartmut Wenzel, Nürnberg; Dekan Klaus Zillessen, Waldshut-Tiengen; Pfarrerin Ute Zöllner, Passau.